ミネルヴァ日本評伝選

岩瀬忠震

五州何ぞ遠しと謂わん

小野寺龍太著

ミネルヴァ書房

刊行の趣意

「学問は歴史に極まり候ことに候」とは、先哲荻生徂徠のことばである。

歴史のなかにこそ人間の智恵は宿されている。人間の愚かさもそこにはあらわだ。この歴史を探り、歴史に学んでこそ、人間はようやくみずからの正体を知り、いくらかは賢くなることができる。新しい勇気を得て未来に向かうことができる。徂徠はそう言いたかったのだろう。

「ミネルヴァ日本評伝選」は、私たちの直接の先人について、この人間知を学びなおそうという試みである。日本列島の過去に生きた人々の言行を、深く、くわしく探って、そこに現代への批判を聴きとろうとする試みである。日本人ばかりではない。列島の歴史にかかわった多くの異国の人々の声にも耳を傾けよう。

先人たちの書き残した文章をそのひだにまで立ち入って読み、彼らの旅した跡をたどりなおし、彼らのなしとげた事業を広い文脈のなかで注意深く観察しなおす――そのとき、はじめて先人たちはいまの私たちのかたわらによみがえってくる。彼らのなまの声で歴史の智恵を、また人間であることのよろこびと苦しみを、私たちに伝えてくれもするだろう。

この「評伝選」のつらなりのなかから、列島の歴史はおのずからその複雑さと奥ゆきの深さをもって浮かび上がってくるはずだ。これを読むとき、私たちのなかに新たな自信と勇気が湧いてきて、その矜持と勇気をもって「グローバリゼーション」の世紀に立ち向かってゆくことができる――そのような「ミネルヴァ日本評伝選」にしたいと、私たちは願っている。

平成十五年（二〇〇三）九月

上横手雅敬
芳賀　徹

岩瀬忠震

布引瀑布図
（安政４〔1857〕年）

三童蹴鞠図
（嘉永５〔1852〕年）

雑叢八種図
（制作年不詳）

藤と芍薬
（文久元〔1861〕年）

日英修好通商条約交渉時の岩瀬忠震（後列左）
（*Japanese Commisioners*, 1858, by William Nassau Jocelyn, ヴィクトリアアンドアルバート美術館蔵）

日米修好通商条約（安政5〔1858〕年）（外務省外交資料館所蔵）

岩瀬忠震——五州何ぞ遠しと謂わん　目次

関係地図

目　次

目次

図版一覧

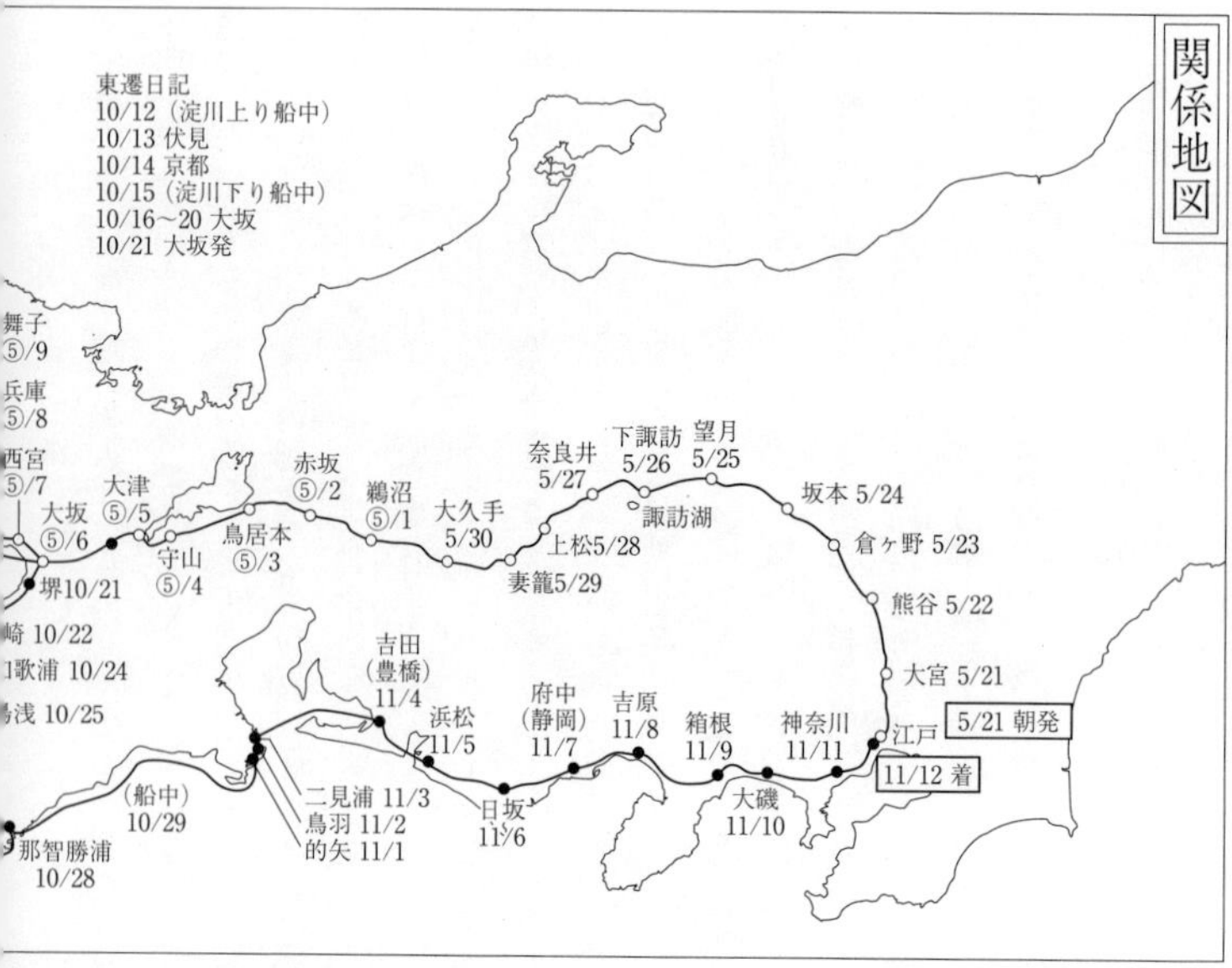

『丁巳征西輶中日乗』,『丁巳東還行程日乗』による。)

往　路

江戸（安政４年５月21日出発）　大宮 5/21　熊谷 5/22
倉ヶ野 5/23　坂本 5/24　望月 5/25　下諏訪 5/26
奈良井 5/27　上松 5/28　妻籠 5/29　大久手5/30　鵜沼 閏5/1
赤坂 閏5/2　鳥居本 閏5/3　守山 閏5/4　大津 閏5/5
大坂 閏5/6　西宮 閏5/7　兵庫 閏5/8　舞子 閏5/9
姫路 閏5/10　三石 閏5/11　岡山 閏5/12　矢掛 閏5/13
尾道 閏5/14　奴田本郷 閏5/15　西条四日市 閏5/16
廿日市 閏5/17　関戸 閏5/18　花岡（徳山）閏5/19
宮市（防府）閏5/20, 21　（船中）閏5/22　下関 閏5/23
飯塚 閏5/24　田代 閏5/25　佐賀 閏5/26　武雄 閏5/27
大村 閏5/28　長崎（閏５月29日着）

(日付は宿泊を示す。⑤は閏５月を意味する。)

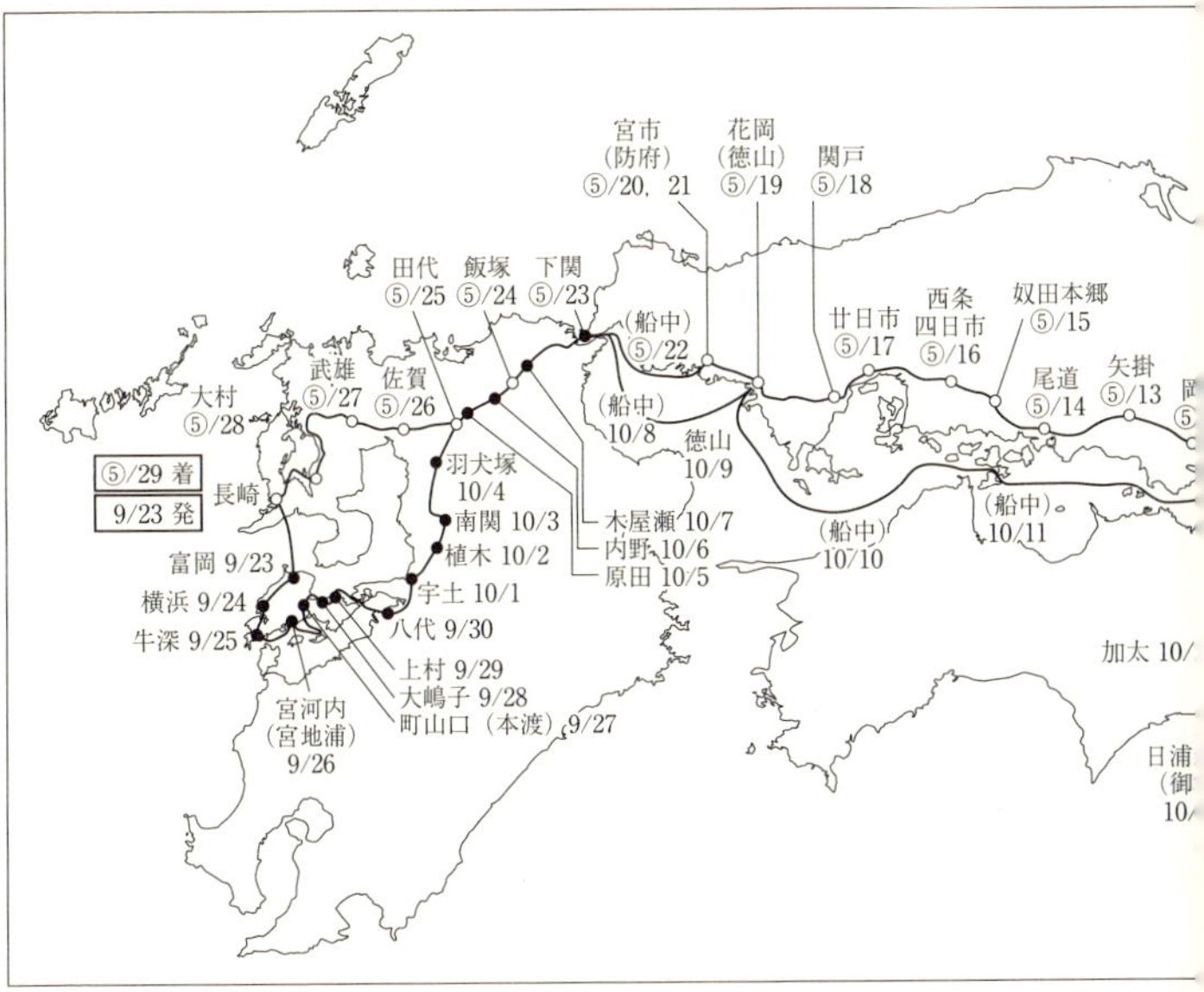

安政4年の岩瀬忠震の長崎出張（『岩瀬鷗所日記』 2～4巻,

帰　路

長崎（安政4年9月23日出発）　富岡 9/23　横浜 9/24
牛深 9/25　宮河内（宮地浦）9/26　町山口（本渡）9/27
大島子 9/28　上村 9/29　八代 9/30　宇土 10/1　植木 10/2
南関 10/3　羽犬塚 10/4　原田 10/5　内野 10/6
木屋瀬 10/7　（船中）10/8　徳山 10/9　（船中）10/10, 11
（淀川上り船中）10/12　伏見 10/13　京都 10/14
（淀川下り船中）10/15　大坂 10/16～20　堺 10/21
尾崎 10/22　加太 10/23　和歌浦 10/24　湯浅 10/25
日浦新町（御坊）10/26　串本 10/27　那智勝浦 10/28
（船中）10/29　的矢 11/1　鳥羽 11/2　二見浦 11/3
吉田（豊橋）11/4　浜松 11/5　日坂 11/6　府中（静岡）11/7
吉原 11/8　箱根 11/9　大磯 11/10　神奈川 11/11
江戸（11月12日着）

序　開国の立役者・岩瀬忠震

幕末第一の偉人

岩瀬忠震は幕末第一の偉人である。少なくとも日本の将来、すなわち開国、貿易、外国文明の移入、産業振興、富国強兵を安政の始めにはっきりと見通し、断固としてその道を推し進めたのは岩瀬を措いて他に見られない。彼が安政四年（一八五七）に書いた建白書を読めば、明治維新の精神はその十年以上前に岩瀬によって述べられていることに驚嘆する。維新後の日本の進路は彼によって明確に述べられており、西郷、大久保、木戸の三傑や近頃流行の坂本竜馬などは十年後に岩瀬の後を追ったまでである。彼らは元々、藩の武人であって己の藩の権力拡張を第一義とし、日本の将来を見通したわけではなかった。もちろん彼らも成長して立派な政治家になったが先見性という意味では岩瀬に百歩を譲る。

現在、岩瀬忠震の名は日米通商条約に調印した人物としてのみ史上に残っているが、彼は日米条約の前に長崎でオランダ・ロシアとの通商条約に調印していた。この条約は岩瀬のイニシアティブの下に日本側から蘭露に提示したものであって、ペリーとの日米和親条約調印後わずか三年で外国に通用する条約草案を作ったというのは驚くべき偉業であった。この素地があったからこそ日米条約もほぼ対等なものに仕上がったのである。また彼はこのような外国交渉に尽瘁《じんすい》している間も、出張の道中に炭鉱があれば坑道にもぐって石炭塊を掘り出し、港や海峡を通ればその地理を平面図に描き、砲台を見分し、西洋型船の建造に当たった。すなわち彼は日本最初の外交、防衛、通産各省の高級官僚であった。

人間的魅力

このように岩瀬は先見性のある官僚であったが、一方で彼には稀に見る人間的魅力があった。魅力の第一は彼の意気に満ちた爽快な生き方である。彼は開国貿易という政治的目的を達成するためには右顧左眄《うこさべん》せず思った通りに直言、実行し、自己保身などは一切考えなかった。「知って言わざるなく、言って尽さざるなし」と栗本鋤雲が評したように、彼は井伊直弼にも橋本左内にも幕府の小吏にも相手の身分の高下を問わず自分の信念を熱誠をもって披歴した。もちろん彼は儒教道徳に忠実で、主家の徳川家、特に遠祖家康を尊敬していたが、日本全体の興隆のためには徳川家を越えて、松平慶永（春嶽）、山内豊信（容堂）、伊達宗城などの諸藩主や橋本左内のような陪臣とも喜んで協力した。それが災いして井伊直弼によって永蟄居という重罰を加えられたが忠震は決して後悔しなかった。

しかし彼の魅力はこのような快活な性格に止まらない。彼には見ぬものに憧れるロマンティックな気分があり、真の自然愛好家でもあった。そしてそれを表現できる文学的才能と書画の才を持ち合わせていた。彼の絵画は日本画の専門家が嘆賞するほどのものであるし、彼の漢詩や和歌はその時々の彼の気分をよく表現している。海外雄飛の夢も単に論理から割り出したものではなく彼のロマンティックな性情にその萌芽があったとみるべきである。しかも彼は夢想家ではなく、快活な滑稽の才があって日本人外国人を問わずみなを笑わせた。

これまで利用されなかった資料

岩瀬の小伝は明治初期の栗本鋤雲のものから昭和後期の松岡英夫氏の評伝まで数種ある。それらはどれもよく書けているが短文なので彼の全貌を描くに至らず、また政治的方面から岩瀬を評価したものがほとんどであって、彼の自筆の資料である漢詩集や長崎往還日記などが充分に利用されてはいない。だから著者は本書で、彼の個人的魅力を含めて彼の全人物像を描きたいと思った。

ただ彼の心の中を描くにはどうしても自作の漢詩に依らざるを得ないが、現代は漢詩の鑑賞が難しい時代なので著者はその取扱いに苦慮した。それで漢詩の多くを読み下し文にしたり大意を説明するように心がけたが、第一章と終わりの二章では漢詩の数がやや多くなった。ただこれらの漢詩を読めば、日本の政治外交史の一部としての岩瀬の伝記とは別に、岩瀬忠震という人間を通して幕末の教養ある武士の精神生活を垣間見ることができると思う。漢詩が多いことに読者の御海容を願うとともに、できればその詩も味わっていただけると嬉しい。

第一章　無為の青年期

1　誕生と家系

設楽家

岩瀬忠震の名は「ただなり」と読む。忠震は諱《いみな》、すなわち本名である。幼名は篤三郎、後に愿三郎と名乗り、幕府の職に就いた三〇歳頃には修理と称した。また儒学を修めた人には諱と通称の他に字（あざな、敬称に近い）と号（自ら称する、書画の落款にはこれを用いる）があるが、忠震の字は善鳴あるいは百里（一時は君賓とも言ったらしい）、号ははじめ蟾洲、安政六年（一八五九）に逼塞を命じられた後は鷗所である。蟾洲《せんしゅう》とは忠震の住居が築地にあったことに由来する。蟾はヒキガエルのことで、シナの伝説では月にヒキガエルが住むので、築地を月地に掛けて名付けたのである。逼塞後は「鷗鷺《おうろ》を友とする」という意味で鷗所としたのだろう。

忠震は文政元年（一八一八）十一月二一日に旗本設楽貞丈の第三子として江戸で生まれた。勝海舟より五歳、西郷隆盛より九歳、大久保利通より十四歳年長である。設楽氏は戦国時代以前からの名家で今も設楽原（今の愛知県新城市、豊橋から飯田線で二〇キロくらいのところ）という地名が残っている。織田・徳川連合軍と武田勝頼が戦った長篠の戦いの真の激戦はこの地で行われた。戦国時代の設楽氏は豊川三人衆のひとりとして徳川氏に属し、設楽貞通は設楽原の合戦にも参加した。その後主家徳川氏とともに貞通も関東に移ったが、彼の次男貞信は設楽原に戻って竹広に陣屋を構え、設楽原付近の七〇〇石と下野（栃木県）の新領地七〇〇石をあわせて一四〇〇石取りの旗本となった。

忠震の父貞丈はこの竹広設楽氏の後裔であるが、旗本たちとその領地との関係は時代とともにだんだん薄れて江戸で生まれ生活するようになったから、忠震も設楽原を訪れたことはないと思われる。それでも領地には代官がいて年貢を取り立てたから、江戸の殿様と領地の代官の間には何かと連絡があった。忠震は後に岩瀬家の養子となり設楽家との縁は切れたのだが、それにもかかわらず彼は後々まで設楽家と関係を保っていたらしい。というのは、第五章に述べるように、彼は四〇歳の頃、設楽家の代官であった瀧川一清と吉田（今の豊橋）で会って色々相談するほど親しかったからである。

父の貞丈は幕府の小普請組徒頭《かちがしら》という職にあり、愛宕下の我善坊谷、現在の東京タワーの北西四〇〇メートル、西久保八幡の裏手に住んでいた。忠震もそこで生まれたのだろう。貞丈は歌にすぐれ、また本草学にも造詣があって『蒲桃《ほとう》図説』という植物学の本を著している。忠震が儒者には珍しく多くの短歌を残し、その旅行記に植物を写生し、また果実を描いた美しい掛軸があるのは父の感化であろう。なお貞丈は忠震が岩瀬家に養子に行く前の天保九年（一八三八）一月二一日に死んだ。忠震の兄弟には長兄の貞温《さだはる》、次兄の資敬《すけたか》、弟の貞晋《さだくに》がいたが、貞温は父の死後家を継いだものの遊びすぎて廃嫡となり、資敬は旗本篠山家に養子に行ったから天保十四年に末弟の貞晋が設楽家を継いだ。忠震は十七歳年下のこの弟を可愛がり、学問や生き方などで指導するところがあった。貞晋は文久年間に目付や開成所頭取などになっている。彼の号は我澗（澗は谷川、我善坊谷の意味）といい、忠震の文集には時々その名が出てくる。

母方の林家と岩瀬家への養子

父の貞丈は若い頃昌平黌で学んだのではなかろうか。というのは彼の妻（名は純）すなわち忠震の実母は、幕府の学校である昌平黌の校長大学頭林述斎（諱は衡）の三女だからである。述斎は美濃岩村藩主大給松平家の支族松平乗蘊《のりもり》の子であったが老中松平定信（白川楽翁）の命令で寛政五年（一七九三）二六歳の時、昌平黌祭酒（校長）林簡順の養子になった。見込まれて養子になっただけに述斎は名家の出には珍しい優秀な人であった。彼は昌平黌校長として寛政の改革の学政方面を担当し林家中興の祖と仰がれた。定信と述斎が行った「寛政異学の禁」に批判はあるだろうが、とにかく彼には学力と主義と実行力があった。述斎は天保十二年（一八四一）に七四歳で死んだが、その時忠震は既に二四歳だったから、彼は述斎をよく知っていただろう。

林述斎像
（『渡辺崋山・椿椿山が描く人物画』）

述斎に妻はなかったが数人の側室に十数人の子女があった。そのうち男子には父の跡を継いで昌平黌の祭酒となった檉宇《ていう》（諱は皝《こう》）と復斎（諱は韑《あきら》）、鳥居家の養子となった耀蔵《ようぞう》などがいた。耀蔵は後の町奉行鳥居甲斐守、蘭学と蘭学者を憎み、天保の改革の際に蛮社の獄を起して高野長英や渡辺崋山などを罰した人である。そのせいで悪名が高くヨーカイ（妖怪＝耀甲斐）とあだ名された。他方、弟の復斎は安政元年浦賀に出張してペリーとの和親条約に調印した。また堀利堅《としかた》に嫁した述斎の女《むすめ》は利熙《としひろ》（織部正）を生んだが、彼は後に忠震などとともに海防掛目付として日本の開国に尽力した。だから林家は鳥居耀蔵とともに復斎、利熙、忠震のような錚々たる開国主義者も出したのであって、人の考え方は家柄ばかりでは決まらないという好例である。ただ毀誉褒貶はあるにしろ忠震も耀蔵も「仕事のできる人」であって、これには述斎からの遺伝があったに違いない。

忠震は賢くもあり母方は学問の家柄、また彼は第三子で自分の力で身を立てる必要があったから昌平黌で学んだ。江戸時代、「学問」と言えば漢学、すなわちシナの思想（主に儒教）と歴史を学ぶだけであって理学、工学、農学（医学は別に学校があった）などの自然科学系は言うも更なり、日本の歴史や文学も講習しなかった。忠震が学友として親しかったのは従弟の林晃（鶯渓《おうけい》、忠震より五歳年少）と堀利熙（同庚）、他に永井尚志《なおしげ》（介堂、二歳上）、木村喜毅《よしたけ》（楷堂のちに芥舟《かいしゅう》、十二歳年少）などであった。

天保十一年（一八四〇）二三歳の時、忠震は書院番士岩瀬忠正（市兵衛）の養子となり、その娘孝子と結婚した。忠正に男の子はおらず忠震が岩瀬家の跡継ぎになったのである。忠正は安政三年（一八五六）に先手弓頭に昇進し、忠震と同じ年文久元年（一八六一）に六八歳で死んだ。岩瀬家も徳川譜代の臣であってその先祖は長篠の戦で討ち死にしている。岩瀬家は常陸と下総に八〇〇石の領地をもち、木挽町築地中通に五六〇坪の邸があった。この地は銀座四丁目から南東に走る晴海通りの歌舞伎座と西本願寺のちょうど真ん中あたりに当たっていて、下町の中心街に近接していた。

結婚後も忠震は昌平黌で学問を続けた。昌平黌でも試験はあって優秀者は表彰された。表彰には上下二つのランクがあって特に優れた者を甲科合格と言い、部屋住みの者（父親が家の当主）でも御番入りの権利を得られた（御番入りについては後述）。下の乙科合格は、学問も相応にできるが他に武芸ができるとか父親が年をとっているとかの理由のために選抜に値する、と判断された者である。忠震は天保十四年三月、二六歳の時乙科に合格し「学問出精に付き」銀十枚を拝領した。この時の甲は五人いて栗本鋤雲はその一人、乙は二五人で、その中には堀利熙、後に長崎海軍伝習所に行った永持享次郎などがいた。ちなみに永井尚志と木村喜毅は嘉永元年（一八四八）の甲科合格である。

乙科に合格したものの忠震は御番入りできず、従って役職にも就けなかった。彼が番入りして幕府の役職を宛てがわれたのはこれから六年も経った嘉永二年（一八四九）のことである。

幕府の組織と無為の旗本

ここで簡単に幕府の組織と当時の武士、特に幕臣の「仕事」について述べる。「幕府」というのはその名が示すようにもともと戦場の大将の居所である。徳川幕府はその戦場での仕事や役職をそのまま文民政治に移した。従って軍事に関すること以外幕府は大してする仕事がなかった。当時の組織を後の官僚組織に当てはめると、まず老中は総理大臣であると同時に将軍の行為に助言する役、宮内大臣でもあった。老中は政務全般を見たが、そのやり方については第三章で述べる（なお若年寄は相談に与るだけで実権はなかった）。官僚組織で重要だったのはまず側用人とか祐筆とか将軍の身近にいる役、次に大名と旗本の監視役たる大目付と目付であってこれは今の総務省のようなもの、次に重要なのが勘定奉行（勝手向き）でこれは財務省にあたる。

寺社と幕府直轄地の民政を管理するために寺社奉行と町奉行（江戸、大坂、京都）がおり、地方には代官が派遣された。町奉行や代官は県知事、警察、裁判所をスケールを小さくして合体させたようなもので、年貢の決定と徴収といった大蔵、農水省的仕事も少しした。また佐渡奉行のような鉱山管理業務もちょっとはあったが、外務、通産、厚生、労働、文部、科学技術などの仕事はないに等しかった。朝鮮通信使やオランダ商館長の出府は外交ではなく儀式に過ぎず、今の東大総長のような昌平黌祭酒（林家）がこれに当たった。陸軍の役人（武職）は役に立つかどうかは別にして沢山いたが海軍はなかった。

官僚組織はこのように非常に簡単なものだったから、本人の才覚力量が発揮できる仕事らしい仕事、すなわち奉行や目付あるいは代官のような役に就けるのは旗本全体の数から言えばほんの僅かだった。旗奉行や普請奉行になったり、大番組などに編入されて江戸城や二条城や大坂城の勤番として武職的な役目を勤めることもあるが、それらは過去の因習をそのままなぞる仕事に過ぎず、実務すなわち町の治安維持にあたる与力同心や会計を受け持つ勘定方などは身分の低い御家人が引き受けた。そして幕府は二五〇年間この組織を維持しただけで新規事業はほとんど行わなかったから新しい職が設けられることもなかった。要するに「お旗本」たちがする実務はほぼなかったのである。

このような体制下にあったから旗本たちの半数近くは仕事らしいものは何もしなかった。またしようと思ってもできなかった。武士の本分は主君のために戦うことであって自分の生活改善のために商業や農業に就く自由はなかったのである。この点では百姓や町人の方がずっと自由だった。また武士たちは働かなくても領地から年貢が入るか、あるいは幕府から俸禄（切米）が支給されたから食うだけなら何とかなった。このような状況は旗本たちをますます怠惰にし気力を失わせた。

これに加えて幕府の役職はほとんど世襲であって親の後を継げるのは惣領（長男）だけだったから、二、三男は養子の口があれば渡りに舟と養子に行った。養家の方では出来のいい人を養子に迎えたかったから、養子には才能のある人が多かった。忠震はその好例である。しかし惣領であっても親が現役の場合は職に就くのは容易でなかった。特に優秀で選ばれた者は「御番入り」といって大番や小姓番、書院番に入るのだが、その順番はなかなか廻って来なかったのである。二、三男に至っては職に就きたくても就きようがなかった。父の死後は当主である兄の家にゴロゴロしている外はなく、名実共に「厄介」（厄介というのは公式の身分である）であった。希に他の方面に才能をもつ人がいて黄表紙や人情本を書いたり浮世絵を描いたりもしたが、多くはただ遊んで暮らした。収入がないから結婚も難しい。江戸時代は才能のある二、三男にとっては不幸な時代だったのである。

2 『蟾洲詩稿』——天保時代

嘉永二年に番入りするまでの忠震の生活は至って平凡だった。昌平黌は「単位を取得して卒業」するような教育課程ではなく、一カ月に数度行われる、佐藤一斎や古賀侗庵などの先生の講義を聞きたければ聞き、あとは友人同士で詩を作り合ったり好きな漢籍を読んだりする勉強法であって、忠震もそのような生活を送っていた。この時代の彼の生活や思想を知る唯一の手掛りは『蟾洲詩稿』(全四巻)という漢詩集である。『蟾洲詩稿』には天保十三年(忠震二五歳)から嘉永四年(三四歳)まで、毎年五〇首から百首くらいの漢詩が載せられている。大体一カ月に四~八首ほどを作っていた訳で、漢詩に詠めるような事柄に限ればこの時期の忠震の心生活はこの詩集からほぼ窺い知ることができる。漢詩は我々に馴染が薄いが、年代を追ってできるだけ分かりやすく紹介する(注——以下で春というのは一~三月、夏は四~六月、秋は七~九月、冬は十~十二月である。江戸時代は陰暦だから気候的には春は現在の二月から四月頃に当たり、夏秋冬はこれに準じる)。

無聊と昂然

忠震は毎年元日に所懐を詩に託した。天保十三年の七言律詩(七律)は「城皷聲中旭影新」で始まり尋常の頌句を連ねた後「羞ず、吾、碌々何事をか成す、馬歯徒らに廿五と為る人」で終っている。この時はまだ二五歳であるからそれほどの切実感はないが、このような「成す事もなく年光のみ過ぎて行く」という詠嘆はこの後七年間、年を追う毎に切迫した気分で何度も繰り返される。このような心境を詠んだ「秋夜書懐」と題された詩を読み下しで掲げる。

〇曾て一事を成すなく、又秋風の促がすに値《あ》う。自ら奮い且つ自ら愧づ。廿五、徒らに碌々。然りと雖も緩迂に甘んぜん。人に向って豈に屈曲せんや。英気、斗牛を衝き、壮志は山嶽を排す。宿願若し伸ぶるを得ば、この身死して亦足る。古人何人我何人、丹心は同じ、寵辱に在らず。嗚呼、百歳、人のこの情を知るなし。空しく心事をもって策学に寄す。

「古人なんびと我なんびと」がこの詩の骨子である。忠震は「英気と壮志」において誰にも負けないという自負心をもっていたが為すべき仕事がなかった。彼は髀肉の嘆に堪えなかったのである。

翌天保十四年にも剣に託して自分が用いられることのないのを悲しんだ「孤剣歌」がある。それは「吾に三尺の剣あり。百錬、最も超絶」で始まり、「その鋭い刃先は夷人を恐れさせ、虎穴にも入るべく泰山をも裂けるほどである」と続き、「この剣の光を天下に閃かせる英雄の出現を願うが時が熟さぬ。空しく柄を摩るばかりで剣は匣の底に死蔵され、時のみが経っていく」で終わっている。

なすべき仕事がない忠震ではあったが、有力者に賄賂を贈ったり御機嫌伺いをしたりはしなかった。江戸時代は田沼意次など賄賂政治で有名な老中がいたように、「袖の下」がモノを言う時代だった。だからそれぞれの身分に応じて老中とか奉行とか組頭とかに付け届けをすれば早く役にありつけた。しかし忠震はそのような裏手段によって地位を得るには自尊心が強すぎた。前の詩の「人に向って豈に屈曲せんや」はこのことを言っている。だから彼は「商人が僅かの利を争うように武士も官職に就こうと争っている、しかし棄てる神があれば拾う神もある、今は落ち着いて好きな本を読んでいよう」というような名利に奔走する人を冷眼視する詩をよく作っている。このように青年時代の忠震の気分は「無聊と昂然」という言葉が最もよく当てはまった。

広尾原風景（『江戸名所図会』）

出遊と私事

シナや日本の歴史の書物を読み、画巻を披《ひら》き、庭の花を愛で、友人と詩を作る、という閑適の境地は繰り返し『蟾洲詩稿』に現れているが、忠震は出遊、今でいうハイキングも好きで、年に数回は友人たちと出かけている。天保十三年三月三日には、御殿山から大井、品川、目黒、広尾を歩き回った。江戸時代の風景を詠んだ七絶を二首引く。

○吟筇（筇は杖）相い伴って都城を出ず。春色、人を迎えて眼界明らかなり。
望を菜畦麦田の外に極むれば、滄波千里、布帆行く。
（八景坂）

○行は平原に傍うて一路斜なり。東風到る処、春華を簇《あつ》む。
錦張の桃杏は郁樹に連なり、金疊の蕪菁、幾圃の花。
（品川より中目黒邨に赴く途中）

山手線沿線は江戸時代には菜種の花盛りだったらしい。

雄心勃々たる忠震であったが、彼に自然を愛する一面があった。シナ人には竹林の七賢のように「世の喧噪を低く見、花鳥風月を友として悠々と過ごす」という出世間的態度を高いとする思想があってこれが日本の漢学者にも真似されたから、忠震ももちろんその風を受け継ぐ面はあっただろう。しかし彼が自然を詠んだ漢詩や花卉や風景を描いた絵画を見れば、彼が真の愛情を持って自然を観察したことが分かる。すなわち彼の自然愛好、美術愛好は「衒い」ではなく本物であった。以下に天保十四年の詩の中から一つだけ抜き出してみる。

芭蕉雨

○細雨涼風、夜、寂寥。間窓耳を傾けて黄嬌に對す。（黄嬌は酒のこと）
蕭騒、誰か識る両般の響。滴灑両《とも》に打つ舊新の梢。
（小雨で風も涼しく寂しい夜だ。窓辺で静かに外の音に耳を傾けながら酒を飲んでいる。寂しい音と騒がしい音とが聞えるのはなぜだろう、雨だれが古葉と新葉に当たるのだ）

忠震は時々病気した。結核だったのではなかろうか。この年八月には次のような七絶を作っている。

○唇は焦し口は燥し、體、将に枯れんとす。神氣羸々たり、一瘦軀。

惟だ雄心の銷えて盡ざるあり。燈を挑げて夜半孫呉を讀む。

病気でも孫子の兵法を読んだのだ。また天保十三年の冬に子供をなくした時は次の詩を作っている。

○闐牖風凄戦歯牙　一番愁緒乱如麻　非真非幻阿兒態　笑引裳端喚阿爺

「寝間の窓が風でガタガタと鳴り歯の根が戦く。悲しみで心が麻のように乱れる。夢か現つか、子供が笑いながら『トトサマ、トトサマ』と着物の裾を引っ張る気がする」という意味である。

豪放・雄大の気分

忠震の詩の中で特色があるのは豪放・雄大の気分である。彼は海や空の広々とした景色を好み、また空想や神秘の世界に憧れを持った。例えば、秋夜、湖に舟を浮かべて酒を飲んだ際に作った詩の終りには、

吾将に漁竿を把って烟濤を凌ぎ、千尋波底に巨鼇を釣らん、
然らざれば棹を深潭幽淵の裏に進め、玉笛を吹破して潜蛟を起さんと欲す。

と、幻の怪獣を見てみたい、と歌っているし、また品川の海に朝日が昇るのを見ては、

○海霧、暁に未だ散ぜず、六合（世界）尚濛々。蒼茫たり、大瀛海、天と水と西東に迷う。
須臾にして燭龍（太陽のこと）光焔を迸らせ、光焔、影を倒して滄漭を照らす。

日光と波光と、両つながら激射。紅暈千道、蒼穹を焼く。

滄波忽ち湧いて蔚藍（濃い藍色）の影。萬象陸離として指顧の中。

望眼、此に到って曠として無礙。総眉房黛（上総と安房の山々）青葱（遠い山影）を争う。

回首すれば身世総て夢の如し。興来って放歌すれば心胸蕩す。

蓬莱三山は已むと雖も、鯨背去って訪わん、龍伯の宮。

潮見坂から品川海の眺め
（『江戸名所図会』）

と光彩陸離たる日の出の風景を華麗に描き出した。この詩が作られたのはペリー来航の十年前であるが、この最終句「蓬莱三山雖已矣鯨背去訪龍伯宮」や前詩の最終四句には、狭い日本を飛び出してまだ見ぬ世界を見てみたい、という気分が感じられる。学問として知る外国、すなわち蘭学には興味をもたずとも、忠震は現実の外国は見てみたかった。このような憧れに似た気分があったからこそ、忠震はペリー来航を機として開国を主導したのだろう。彼の開国主義は、論理から割り出したものというよりロマンティックな感性から生まれたものと筆者は感じる。

3 『蟾洲詩稿』——弘化時代

病気と「竹の清」　弘化二、三年忠震は病気がちだった。弘化二年（一八四五）、林鶯溪に贈った詩の前半に「交場隔絶、馬牛の風。半歳の光陰、蕭索の中」という所があり、重陽の節句に作った詩の後半には「自ら愧ず、病軀、底事《なにごと》をか成す。」という箇所がある。また弘化三年初夏には「鳥の声を聴き香を焚き書を作るだけ、『病後の詩編、感慨多し』」という詩があり、六月二十五日、鶯溪宅での詩会には微恙（軽い病気）で欠席した。忠震はこんな場合の欠席届も漢詩で出している。

○病牀蕭索、柴荆を掩う。忽ち怪しむ、蟬吹の満耳に清きを。（柴荆は庭の門）
癡夢、醒め來って覓むる（求める）に處なし　窓外の梧葉、雨来の聲。

病気で寝ていて蟬の声で目が覚めたと思ったら雨音だった、という意味である。この他、秋の詩にも「痾多」というところがあるから、夏秋の頃忠震は多く病床にあったのである。

忠震は松竹梅や蓮、菊など儒者や隠逸者が愛する植物を好んだが、中でも竹が好きだった。彼はこの年友人のために「愛竹居記」を撰したがこれは自分のために書いたのだろう。筆者がそう思うのは、儒者が友人の新居を祝う文を書く時はその個人名を隠さず書くことが多いが、この文には「友人某、この頃一室を営む」と書いてあるだけだからである。この文で忠震は、

植物の中でただ竹だけが「清」である。しかしそれは「竹の清」を理解する君（友人某のこと）があってのことである。すなわち君と竹とは類を殊にする異物であるがその心は同じである。他日、幕閣が人才を必要とした時、君はあるいは選ばれるかもしれない。その時君がこの竹のような清く高潔な心をもって事に当れば人々は君を褒め、為した仕事を書き残すだろう。そうすれば君の勲業は長く湮滅することはない。竹の清はその形がある時だけのもの、すなわち有限だが、君の清は形がないだけにかえって無窮に伝わる。これが君と竹との違いである。

と自分の夢を述べている（原漢文）。

この「愛竹居記」はその後の忠震を予言した。彼は常に「大きな舞台で国のために尽くしたい」と希望し老中阿部正弘のお蔭でそれは実現された。そして目付になってからの忠震は竹のような清い心で日本の為に働いた。忠震は死ぬまで自分の心を竹に比したから最終章にも竹の詩が出てくる。

アヘン戦争

　この頃の詩も天保時代と大同小異だが、後の忠震の活躍と関係のあるものが少しある。それはアヘン戦争の影響であって、清帝国の敗北が忠震を含む日本人に大きなショックを与えたことを示している。アヘン戦争の結果としての南京条約（一八四二［天保十三年］）で清はイギリスに対し、香港の割譲や上海などの開港それに賠償金の支払いを約束させられた。これ以前から日本人は南米やインドがヨーロッパ人の植民地にされたことを知っていたが、儒学の本場である中国にまでその魔手が伸びてきたと実感させたのがアヘン戦争だった。これに触発された忠震は、

○読罷めて儵然（悠然とほぼ同じ）夕扉に坐す。千古を睨看すれば、計、多く違う。
　近ごろ聞く、元靼の逼警を傳うと。世上豈に一岳飛無からんや。

という詩を作った。昔蒙古（元という韃靼）が迫ってきた時岳飛がいち早くその危険を言ったが、現在も同じ事を言うものがいないのではない、という意味で、暗に自らを岳飛に比したのである。また弘化三年にはよりはっきりと西洋の大船の脅威とアヘンの害を詠んでいる。

○蛮瘴、秋、腥し、闔厦門。浩洋、波黒くして城船を漾わす。（蛮瘴は夷狄の毒気）
　将軍、力尽き兵威挫く。辺海、晝も昏し阿片の煙。

忠震は当時のほとんどの武士や儒者と同じく、西洋の侵略から東洋を守らなければならない、その先頭に立つのは我々日本人だ、と思った。次の詩は日本刀をそのシンボルとした決意表明である。

○陸には犀虎を劖し水には黿鼉《げんだ》。萬丈の光芒、幾たび砥磨。（劖は切ること）
東鍉、久しく誇る神物の利。知麼（知るや）、西海の大貪魔。（東鍉は日本のこと）

「光り輝く日本刀はどんな凶悪な物でも一刀両断だ、毛唐どもはそれを知っているか」という意味である。他に「英雄の手を借りて日本刀で西洋大夜叉を鏖《ころ》し盡《つく》そう」という詩もある。この頃までの忠震の口付きは他の攘夷家と同じで、西洋人は鏖殺《おうさつ》すべき「西海大貪魔」「西洋大夜叉」であった。

詩会の場所とシナの歴史

弘化五年から忠震は元気になったらしく漢詩に無聊を喞《かこ》つことが少なくなった。そして春には桜や月、夏には柘榴の花、ホトトギス、花火、蓮、雨、秋にはサルスベリ、コオロギ、月、雨、萩、冬には霜、小春、炬燵（地爐）、歳寒三友（松竹梅）、水仙、雪など、自然界の事物を次々に漢詩に詠み、この他に題畫（掛軸の絵を見て作る詩）や咏史（シナ歴史上の有名人物を詠んだ詩）も多く、全部で一五〇首ほどの漢詩を作っている。詩はひとり自宅で作ることもあるが、気の置けない友人たちがどこかの邸宅で詩会を催すことも多かった。その場所は、学館または茗黌《めいこう》（昌平黌）、鶯溪書院または鶯溪社（従弟の林晃の宅）、永井契（永井尚志か）、楷堂（木村喜毅か）、有楳堂（堀利煕か）など十カ所以上ある。十一月には自宅の書斎、天香居が落成したのでそこで詩会を開き、

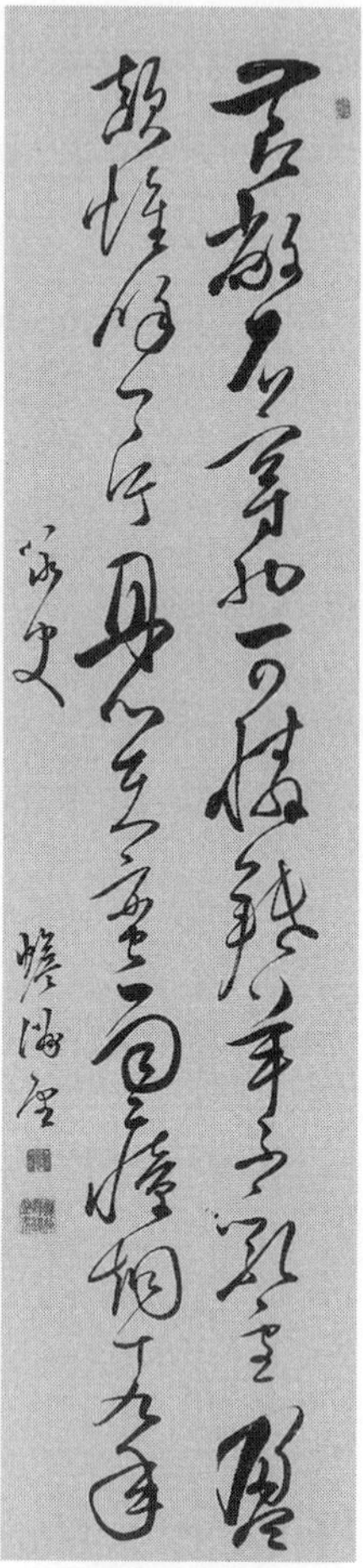

七言絶句（蘇武）
「節澈衣穿也可憐」
（『開国の星・岩瀬忠震』）

次のような詩を詠んだ。

○吟房窄しと雖も塵を容れず。数尺の欄干、竹色新たなり。
自から喜ぶ、主人、厚福の多きを。開筵、第一に清賓を得たり。

この年、忠震が詠んだ詩の中で特色のあるのは咏史である。当時の儒者は日本史よりもシナ史に詳しかった。忠震は儒者の中では日本史に詳しい方だったが、それでも『蟾洲詩稿』に出てくる日本の武将は那須与一、太田道灌、楠木正成など三、四人に過ぎない。これに対してシナの人物は、

○抜山蓋世也何爲　雎不逝兮涕涙垂　憤恨千年流未盡　烏江秋満雨聲悲　（項羽）

をはじめとして、張良、樊噲、蘇武、光武帝、蘇東坡、郭子儀、杜甫、林和靖など四〇人におよぶ。大正昭和の我が国の歴史学者の日本史解釈が西洋人の学説に限られていたように、江戸時代に「歴史に学ぼう」と志す人々はシナの歴史だけがそのお手本だったのである。

滑稽の才など ——若き日の忠震

以上『蟾洲詩稿』から忠震二五歳から七年間の生活を見てきたが、忠震の人となり全てがこれらの詩に描き出されている訳ではない。栗本鋤雲が『岩瀬肥後守の事歴』の中に「人と為り明断果決にして胸次晶潔、更に崖岸を見ず」と書いているように、忠震は明るく威張らずに誰とでも腹蔵なく語り合い、自分の考えを隠すところなく話す人であった。そしてまた茶目気たっぷりで滑稽を好み、おかしなことを言って人々の腹の皮をよじらせた。そのいくつかが木村芥舟（喜毅、楷堂、摂津守、咸臨丸で渡米した軍艦奉行）の『黄粱一夢』の中に漢文で書き残されていて、彼は、

> 若い頃、堀（織部）や岩瀬（忠震）と共に探梅（早咲きの梅を探すこと）して広尾原に至ったことがある。途上、水車小屋で搗く石臼の音が耳を聾《ろう》するように喧しい。周りを回ってみると側に水門がある。面白かったから試みに水門の扉を閉じると喧しい音がピタリと止まった。すると中から「誰か」と叱りつける声がした。皆で大笑いして逃げ出した。
>
> また大晦日に隅田川土手を歩いたことがある。舟も葦もなく、ただ鷗が浮かんでいるばかりで都会に居るとは思えなかった。帰り道に蔵前を通ると燈火煌然、易者が帷を下ろして客を呼んでいる。

岩瀬君は「面白い、見て貰おう」と数文銭を出して「オイ、俺の死んだ後はどうなるんだ」と聞いた。易者は岩瀬君が儒学生であることを見てとって笑うばかりで易断を避けた。とても面白かった。

と若い頃のことを懐かしんでいる。

また芥舟は忠震の滑稽の才については次のように書いている。

岩瀬君はおかしなことを言って人をからかうことを喜んだが、相手の人が本気になって怒らないのは天性の人徳があったからだろう。昔、私と一緒に藕潢《ぐうこう》書院（林復斎の私塾）で勉強していた頃、そこに卜斎という人がいた。年も一番上で辺幅を修める（立派そうに見せたがる）人だった。ある時講義が終わった後、岩瀬君が僕に向って低い声で次のように言った、「木村君、ちょっと考えたんだが、もし卜斎さんの上に慕《したう》という字を重ねてみたら（慕卜斎）どんなものだろう」。聞いていた周りの人は腹を抱えて笑い出した。卜斎さんの顔は朱を注いだように真っ赤になった（注——ぼぼ臭い、ぼぼは女陰の隠語）。

このように忠震には他の人を笑わせる茶目っ気があった。

第二章　儒者としての四年間

1　甲府での一年間

御番入りと甲府徽典館学頭

嘉永二年（一八四九）の正月も忠震はまだ部屋住み（無職で父の家にいること）だった。元日は「新歳依然舊懶生　暁牀貪睡亦多情　遙知城闕人如湧　五百八十七皷聲」のように床の中で江戸城の登城の太鼓を聞き、その後も木村喜毅などと蒲田に梅見に行ったり、あるいは馬の絵に「堂々一躍、風を生ぜんとす。沙漠、霜深く、汗血、紅なり。世上の狂童、無眼孔。龍孫（竜馬）徒らに老ゆ、罷駑（疲れ切った老馬）の中」と自分を竜馬に見立てて満腔の不平を漏らしたりしていた。

しかし忠震にも漸く春がめぐってきて、二月三日に「学問出精の段（将軍家慶公の）御聴に達し」、召出されて両番の内に「御番入り」を仰せ付けられた。両番とは書院番と小姓組番のことで、番入りするると将軍警護の士としてお城に出仕し米三〇〇俵を下されるのである。この時番入りしたのは両番四九名、大番四一名、小十人組十二名、合計一〇二名だった。天保十四年の昌平黌試験に合格してから六年、忠震はすでに三二歳であった。忠震が編入されたのは西の丸御小姓組斎藤伊豆守組で、西の丸というのは江戸城内にある世子（次代の将軍、家祥［のちの家定］）の居所である。

番入りしても忠震の生活はあまり変わらず友人と出遊したり漢詩を作ったりしていたが、この年の漢詩は風景や花などの自然詠がほとんどで無聊を嘆いた作は全くない。そして十一月十八日、忠震は「甲府徽典館学頭」として嘉永三年いっぱい（嘉永四年正月まで）甲府で勤めるよう命じられ、その役職「手当として三〇人扶持（一五〇俵くらい）を下された。忠震は御番入りした者の中から選抜された訳で、やっと「本務」を得たのである。徽典館学頭という職は一、二年ほど勤めると江戸に呼び戻されることが多く、忠震は一年、その後任の永井尚志も二年で江戸に呼び戻されている。

来年早々からは江戸を離れて甲斐（山梨県）に赴任しなければならないと思うと忠震は、三〇年住んだ江戸の街と友人たちに名残りが惜しまれ、十二月十九日仲のよい友人たちと毎年恒例となっている江東の新旧梅屋敷（新屋敷は今の百花園）に遊んだ際には「友人たちとの出遊や花鳥諷詠に明け暮れた三〇年、本当に飄蕩の生活だったなあ」と笑いがこみ上げた。そして大晦日に忠震は「三十年を振り返ってみるが未だ学は成らない。そしてまた年の暮れだと驚く。そんな自分も厚い君恩に浴し甲斐の学頭になった」という詩を作った。徽典館に職を得てホッと安堵したことが読み取れる。

甲府へ

嘉永三年（一八五〇）の元旦、忠震は初めて江戸城の儀式に参加して「美しい春光が吾が身に及んだ。今まで想像するだけだった新年の儀式は本当に立派だなあ」と素直に喜んだ。そして正月二二日、江戸城御右筆部屋縁頬《えんがわ》で松平伊賀守から「文学教授の為甲府表へ罷り越し教授方行届き骨折り候に付き」（これから骨を折るという意味）白銀十五枚を拝領し、一月末梅花が満開の頃いよいよ甲府に出発した。家を出る時にはさすがに感慨があった。当時の武士は公務以外で遠くに旅行することはなかったから忠震も江戸近郊以外はまるで知らず、甲府といえども「遠いところ」だった。そのうえ今回は長期出張で、これも彼には初体験だった。だから忠震は「馬鹿なことだと思うがやはり心配だ。選ばれて教授になったが、微力な自分がやっていけるだろうか」とか「家族に別れるのはつらいがこの旅立ちができることこそ君恩というものだ」という意味の漢詩を作って自分を励まし、故郷江戸の記念として梅の一枝を駕籠に挿して家を後にした（一枝長伴故郷春）。

荻窪まで見送ってくれた昌平黌の学友たちに忠震は次の詩を贈った。

〇君は茶黌に在り、我は介賓《カイ》（甲斐である）。東西の文海、各々津を尋ねん。
共に期す、明歳相逢うの日、復た今朝の白面人に非ざるを。（津は学問の淵源という意味）

君らと東西に分かれて文学の勉強をするが、来年会う時にはそれだけの成果を上げていたいものだ、という意味である。府中、日野を通って八王子宿に入った夜は雨、忠震は雨音を聞きながらなかなか寝付かれず、枕元に挿した梅の香りに故郷を思い出した。翌日は小佛峠（高尾山の西）を越えて桂川に沿って進んだ。小佛峠では遠くに金仙嶺（金峰山だろう）を臨んで、その雄大な景色を喜んだ。

○危壁空に逼って途窮まらんとす。白雲海の如く、望、鴻溶たり。
　天風吹き上ぐ金仙嶺。俯視す、介《かい》賓の千百峯。

しかしまた「朝行暮宿、路悠々。無数の青山、客愁を送る。最も是、心に關るは桂川の水。滔々として日夜東に向って流る」と早くも江戸を懐かしんでいる。発途後数泊して忠震は甲府に着いた。甲府は八代将軍吉宗の時（十八世紀初め）に天領（幕府直轄地）となり、お城には勤番の武士（旗本御家人）がいた。甲府徽典館はこれら勤番の士に学問や武道を教えるために忠震の祖父の林述斎の時に創設された学校であるが、天保十四年（一八四三）には昌平黌の分校となって二人の学頭が昌平黌から派遣されるようになった。だから忠震の仕事は徽典館で学ぶ青年武士たちに教授することであったが、それに関連した詩は一つもないから甲府での忠震の仕事について我々は何も知ることはできない。ただ忠震はこの地で、その後生涯彼のために働いてくれた忠実な学僕今泉耕作（後の白野夏雲）を得た。耕作については最終章で述べる。

御嶽の詩画と懐かしい江戸

甲府での学校生活は平凡だったらしいが、山水の美に富む甲州という土地は忠震に新しい境地を開いてくれた。これまでも甲府を訪れた儒者たちは富士山に登ったり風景を楽しんだりしたが、忠震も赴任後間もなく御嶽昇仙峡を訪れた。次々に現れる奇岩や点在する瀑布は忠震を喜ばせ、彼は『御嶽遊記』という紀行文と四〇首にあまる詩を作った。その一つ、

〇路は雲巒霧嶂の間に入り、眼前の奇勝、繊塵を絶つ。
　自ら疑う、車馬城中の客、来りて金鰲背上の人と作《な》るかと。

は、江戸から御嶽に来てみると仙境（金鰲《きんごう》の背上は仙人の居所）に入ったようだ、という意味である。忠震は「自分が紀行を作り風景画を描くのはただ好きだからというのではなく御嶽の恩に酬いるのだ」という意味の詩も作っているが、これは彼の本当の気持ちであって、その恩返しが『御嶽遊記』や沢山の絵画となったのである。そしてこのような風景愛好の気分は彼の一生を貫いて流れた。

忠震は暇があると画筆をとって甲州の山水を描いたが、その絵が自己流なのを笑って「画の本も読まず秘訣も知らず。昔の人の跡も追わず。勝手に胸中にあるものを紙上に描くのだ。自ら娯しめばいいので他人の誚なんか気にしない。他の画家は人真似ばかりして気の毒なものだ」という画賛を書いている（画人忠震については第十一章参照）。

「御嶽行」という長詩の終りの方に「自分は昔、御嶽の路はでこぼこで重荷を負う人は大変だ、と聞いたが、近来は便利な路ができて雉や兎まで生活が容易になっている。これは圓右衛門が巧みな業で山道を切り開いたお蔭だ。彼は万民の為に二〇年間苦心し、家産を抛ってこの道を作った。嗚呼、

嘉永三年甲府の客舎で描いた山水図
（『開国の星・岩瀬忠震』）

老農にもこのような志がある。自分は今、百里（一里は七〇〇メートルくらい）の道を来て生徒に句読を授けている、と誇っているが、円右衛門に対して恥入るばかりだ」というところがある。井狩村の長田円右衛門は御嶽昇仙峡の道を作った篤志家で甲府一帯の有名人であった。

春から秋にかけて忠震は僑居（旅先の住まい）の感慨や甲州の風物などを詩に作った。躑躅崎《つつじざき》（現在の甲府市古府中、武田氏の居城）では武田氏の昔を偲んで、次の七絶を詠んだ。

○往事茫々一夢過　藍川流盡舊繁華　春風落日人千古　覇迹空開躑躅花　（藍川は相川）

月並みな感慨ではあるが武士的気風の現れでもある。この頃の詩には歴史や風景を詠んだものが多いが、まれには庶民の生活詩もある。例えば「軀蝗《くこう》」と題して虫送りの行事を詠んだ詩、

○撃皷は鼕々、鉦は緊々。塍間噪殺す、被蓑の人。（塍はあぜ）
昨来の蒸溽、果して祟を為し、炬を繞る雲霞、乱塵の如し。

は「蓑を着た人が鉦や太鼓を打ち鳴らし畦道で騒いでいる、最近蒸し暑いから蝗などが大発生して松明のまわりは虫だらけ」という意味である。また忘川で螢狩りを見た詩もある。このように秋のはじめまで忠震は新しい土地の風物を「僑居の風物、荒涼ならず。到る處の乾坤、是、我が郷」と喜び、「詩が沢山できた。来年の春をお楽しみに」と江戸の学友に書き送っている。

しかし秋になると忠震は江戸が懐かしくて堪らなかった。彼の心は、

○光陰、一逝波。節物、愁魔を引く。客舎、秋を知ること早く、家郷、夢に入ること多し。
風は飄し、蟲は律呂。雨は戞ち、竹は鸞和。何れの日か蟾洲の畔に于帰して釣蓑を着せん。

という蟾洲（築地）を思う詩や、「留守宅へ長い手紙を書いたが、郷愁で涙がこぼれる。だが東（江戸）の方を望んでも天にそびえる篠嶺が故郷を隔てている」という詩に現れている。また「昨年の七夕には堀織部などと佃島に舟をだして泳いだり釣りをしたりした」と一年前を思い出したり、病気したときは特に心細かったから「平生作さず、家郷の夢。偏えに養痾牀上に到ること多し」と江戸の家庭を夢にまで見た。

このように江戸に生まれ育った幕臣は女々しいほどに江戸に戻りたがった。望郷の念は漢詩のひとつのパターンでもあるが、当時は今と違って都会と田舎の違いが際立っていたから、旅の興味が深かった一方、文化の落差が大きい田舎に行くと江戸っ子は淋しさに耐えられなかったのである。

2　昌平黌の生活とペリーの来航

昼寝と「酔亦荘」

忠震が一年間の甲府出役を終えて江戸に向けて出立したのは嘉永四年（一八五一）二月半ばの満月の頃であった。江戸に戻って二カ月後の四月二三日、忠震は「昌平坂学問所教授方出役」を仰せつかった。今なら東大文学部准教授というくらいの役職である。とにかく仕事があるから忠震はこれまでのように無聊を嘆くことはなかったが、生活自体は昔とそれほど変わらなかった。昼は昌平黌で漢学の勉強や指導をして、月に一、二度、「溜池会」「我渓会」「錫秋堂」「藕潢先生の会」などの詩会に出る平生だったらしい。昌平黌の生活を詠んだ詩は、たったひとつ「柳陰午睡至夕」がある。

○六人館役碧葉寒　残蟬聲裏夢猶閑　悠然眠醒清如水　柳靄輕蔵月一弯

学校には教官や事務官六人が居て、忠震が蟬の声で昼寝から覚めてみると柳の陰に三日月が見えた、という詩である。昔の学校の先生は長閑なものであった。この年に作った詩の中で面白いのは「獨酌漫吟」である。忠震は数杯呑むと酔うくらい、酒に弱かったが、「酒は二、三杯、ちょっと酔う位で止める。量の多さではなく、その気分を味わうのだ」という詩があるように、酒中の趣は解した。そして酒を飲むと「恢」すなわち広々とした気持になった。忠震の諡は「爽恢」であるが、忠震自身もこの「恢」という気分が好きだった。次のような詩もある。

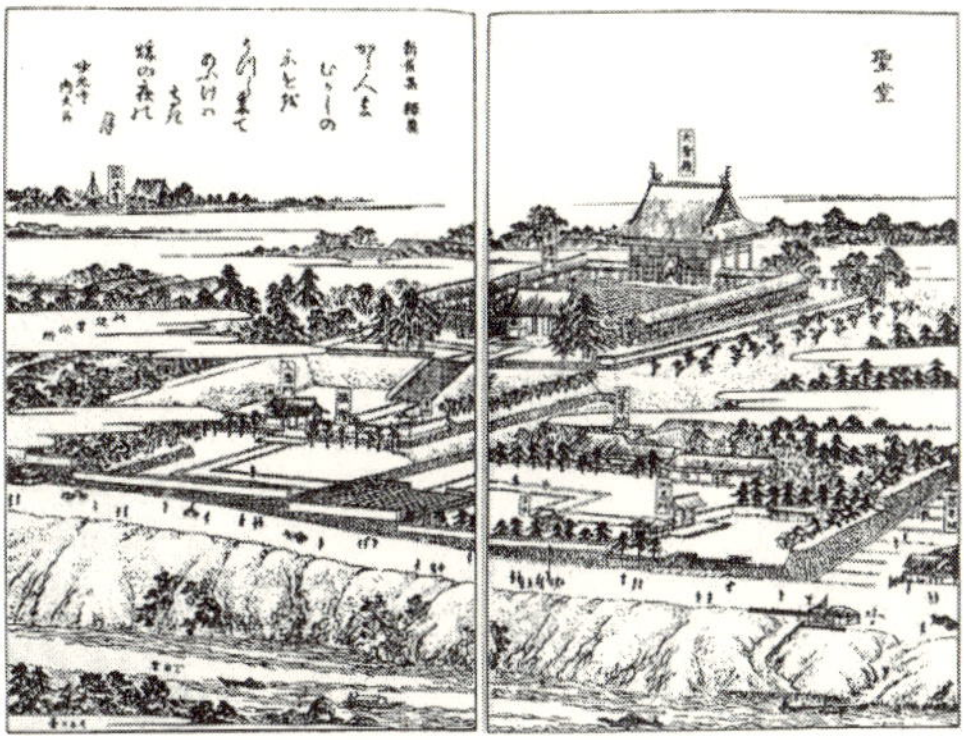

湯島の聖堂全図（『江戸名所図会』）

○世人醒亦蕩　先生酔亦荘　荘蕩作因酒　醒酔心自蔵

「世の人は醒めてフラフラしているが、自分は酔って厳かである。フラフラか厳かかは酒のせいだが、醒めているか酔っているかは心の本然だ」という意味である。荘蕩が心の本然、醒酔が酒のせいというなら分かるが、それを逆転した所にこの詩の面白さがある。忠震は、世人は因習に捕われて平凡な考え方しかできない（醒）が、自分は世の常識に逆らうから「酔」である、と思っていた。「酔」は「狂」と表現されることもあるが、忠震は生涯「自分は狂」と自任していた。後に日本中の反対を押し切って「開国」

を主導したのは、この「狂」のなせる業であったのだ。

男子一生の仕事

嘉永四年にはこの他にもちょっと面白い詩がある。例えば螢を見て「今の螢は徒らに明滅するのみだ。昔はその光で高潔な人が夜間読書するのを助けたものなのに（晉の車胤の故事、『螢の光』の語源）」と道徳的な感懐を漏らしたり、囲碁を観戦して「蛙黠蟬癡各一途　錐刀何事説贏輸（ずるい奴も愚かな奴も一生懸命、些細な利益を争って勝った負けたと騒いでいる）」と馬鹿にしたような詩を書いている。忠震は碁を打たなかったのだろう。時には杜鵑《ほととぎす》の声を聞いて「憶昨甲僑孤枕夜　一窓聞雨写郷書」と昨年の甲州を思い出したりもした。

しかし歳末になると忠震は、また今年も為す事なく過ぎて行く、という感慨を懐かない訳にはいかなかった。「男子三十、何の就く所ぞ、花月に逍遙して一年々」「微官畢竟、清楽に饒《ゆた》かなり。最も好し、優游として暮年を送る」などの詩には「せいぜい昌平黌の先生くらいか」という諦観自嘲がにじみ出ているし、あるいは「男児は有為を貴ぶ。溝壑も避くる所にあらず。強壮、爾は何如《いかん》、虚生、天賜を曠しゅうす」と自らを叱咤した所もある。前にも書いたが徳川時代の武士は全身全霊を挙げて打ち込む仕事がなかった。だから彼らに生き甲斐を与えたという意味でペリーの来航は天からの贈物とさえ言えたのであるが、面白いことに忠震の詩にそれを予感した所がある。

それは鍾馗《しょうき》の図に題した長詩で「恐ろしい鬼たちが人間を食い殺していたが、そこに鍾馗が神剣を振るって鬼たちを蹴散らした。恐れ戦いた鬼群は西へ西へと逃げたが、西海で再び足掛かりを得て餘炎をあげ始めた。その一隊は英国、一隊は佛国となり、我が物顔に大海を乗り回し、揚子江や厦門を席巻した。城のような戦艦が何隻も来て、石炭の煙が日光を遮り、雷鳴の如き大砲が響いて人は吹っ飛ぶ」と西洋人たちを鬼の一群と見なしている。そして続けて「清（満州族）の兵隊は無力、家来の漢人は忽ち降参、国に殉じる人はいない。英仏の鬼群は飽くことを知らず、日本の沿海に現れては鵜の目鷹の目で次の機会を狙っている」と弱体の清国と危険な日本の現状を描いたが、一転して、

○汝（鬼）聞かずや、日本刀の利きこと天下に冠たるを。彼の肢、斫《き》るべし、頭、摧くべし。
況んやまた當今濟々として人を得ること多きおや。威烈、何ぞ啻に百の鍾馗のみならん。

予（忠震自身）、此の圖を展じて大白（酒杯）を傾け、満胸の磊磈（不平）忽然と遣る。

欽仰す、聖世廣漠として遠きを。満宇の春光、鎮まりて熙々たり。


と締めくくった。この時まで忠震は「西洋人が来たらわが大和魂を見せつけて、鬱屈した気分を晴らしてやる」と思っていたし、心ひそかに「やって来ないかな」と期待していたようでもある。そしてこのような気分は、幕府から諸藩まで多くの中級、下級の武士たちに分かち持たれていた。

ペリー来航と妻の死

嘉永五年（一八五二）、忠震三五歳である。昌平黌に勤務して二年目、忠震は「このまま儒官で終わるのか」という想いを禁じ得なかった。それは「鳩懶、宜しく拙を守るべし、鵬搏、何ぞ先を争わん」「兎園の事業、斃るるを期すべし、麟閣の功名、豈に身に管せん」あるいは「文園、地に痴蠹（馬鹿な虫）を住するあり、官海、廷に縦鱗（勝手に飛び回る魚）を容るる無

し」などの句がこの年の詩に散見することから読み取れる。鳩懶、兎園、文園などは詩文を作ってのんびり過ごす生活を意味し、鵬搏、麟閣、官海などは国家を運営する立場である。両者を対立させたところに忠震の「政治への傾倒」がにじみ出ている。

嘉永六年（一八五三）忠震は三六才になった。この年も彼にとっては静かに明け、淡々と過ぎて行った。詩集にはこの年前半までの詩が二〇首ほどあるが、そのどれにもペリー来航を予感させるようなものはない。一首だけ挙げれば、

○繁聲是疾緩聲徐　初聴如密再聴疎　貧巷堪誇耳根福　此聲不到貴人居

「忙しく鳴き交わす時は早いが、だんだんゆっくりになる。初めはうるさいようだがあとはまばらだ。貧乏人の住まいだからこんな面白いものが聞かれる。身分が高いとカエルの声も聴けない、気の毒なものだ」のように、蛙の声を丹念に聞いて面白がっている長閑なものが多い。

しかしこのような長閑な気分は秋になると一変した。秋より後の詩は「失内寫情」一首と「無題」二首の計三首のみであるが、この三首は忠震にとって重大な意味がある。後の二首は次章に回すが、初めの詩は忠震の妻岩瀬氏孝子が死んだ時に作られた。

○驀然商氣萎蕙芝　十四秋風電一馳　瑩次又開新冢宇　眼中猶住舊容儀

仙家縦有回魂術　人生奈無重覿期　最是傷心鰥子涙　強含微笑慰群児

「突然の秋風（商気は秋の気）が良妻を連れ去ってしまった。十四年もあっという間だ（結婚した天保十一年〔一八四〇〕から嘉永六年〔一八五三〕まで十四年）。岩瀬家の墓地にまた新墓できた。家内の顔はまだ目に浮かぶ、仙人の生き返りの術があればまた会うこともできるのだが。自分はやもめになってしまってそれも悲しいが、子供たちには強いて笑顔で接している」という意味である。

しかし忠震は悲しみに浸っている暇はなかった。それはこの年の六月三日ペリー提督率いるアメリカ艦隊が浦賀に闖入したためである。アメリカの要求は、難破船の保護、薪水や石炭の供給、それにいくつかの港で貨物の売却と物々交換を行う権利を得ることであった。浦賀に投錨したペリーは船舶の安全のためと称して東京湾沿岸を測量したりしたが、幕府にアメリカ国書を受け取らせると「返事は来年でよい」と言って十日ほどで日本から退去したから幕府はひとまずホッとした。しかしすぐ後の七月半ば、今度はロシア使節プチャーチンが長崎に現れた。ロシアの要求には樺太《からふと》と千島列島の国

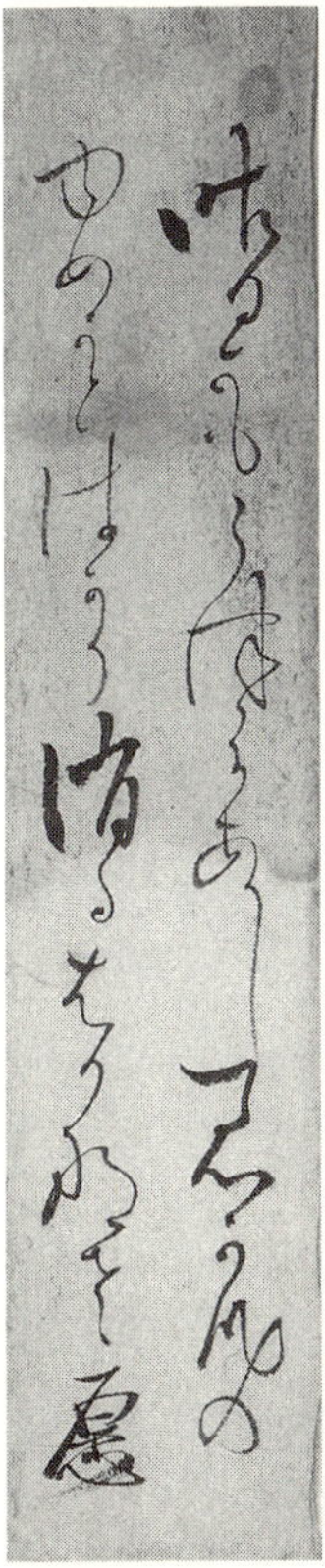

短冊（妻を亡くした時か）
「昨日かもうつつにありし君が身のゆめかとばかり消ゆるはかなさ」
（『開国の星・岩瀬忠震』）

境の画定が含まれていたから幕府としても放っておくことはできず、老中首座の阿部正弘は大目付格の筒井政憲と勘定奉行の川路聖謨《としあきら》を長崎に派遣して交渉に当たらせた。

このように嘉永六年は日本にとって「西力東漸」が現実のものとなった年であった。だから阿部正弘は、もはや古格に泥《なず》み前例を踏襲するような政治を続けるわけにはいかない、新しい政治体制に改めなくてはならない、と覚った。それには何よりも人材が必要だった。だから嘉永六年の後半から彼は本気になって優秀な人を発掘し始めた。この正弘の決断があったからこそ忠震は日本の政治の中心に躍り出ることができたのである。

ペリー横浜上陸図（『横浜・歴史と文化』）

ペリー来航に対する日本の国論

ペリーやプチャーチン来航の意図など世界情勢に関する論考、あるいは来航に対する日本国内の反応についての研究は数多くあるし、幕末のことを書いた多くの通俗歴史小説にもこの時の国内の様子が描かれている。だから本書でそれを再説する必要はないと思うが、忠震の突出した明るさ、爽快さの対極にある当時の攘夷思潮に少しだけ触れておく。

欧米諸国の日本接近に対して、日本人は誰も彼も「夷狄の力が日本に及んで来た。グズグズしていると国を奪われるぞ」と思った。ただこの当時、農工商は「お上のご政道」に口を出すものではなかったから一般の農民、細工人、商人などの意見は無いに等しく、意見を言うのは武士の他は儒者、神官、武道者、郷士などであった。そして「グズグズしてはいられない」危機感を抱いたという点では、古賀謹一郎のような開明派から真木和泉守のような尊皇攘夷派まで全員の意見が一致した。

しかし「グズグズしない」方策については人々の考えはバラバラだった。バラバラといってもほとんど全員は攘夷、すなわち「外国人打拂い」主義だった。特に身分の低い層はそうだった。彼らは知識もなかったし深く考えた訳でもない。ただ勢いでそう主張したのである。家老など上級の武士たちも識見がないのは下級武士と同じだったが、彼らは生活に困らなかったから「打拂いを実行して戦争になったら大変だ、今は西洋の鋭峰を避け難破船救助などは認めておいて、砲台や武備が整ったら『鎖国の良法』に戻ろう」と考えた。ただ攘夷派も日和見人士も西洋の武器の優越は認めざるを得なかったから、大砲と軍艦だけは西洋に倣いそれで西洋人を追い払おうと思っていた。当時の日本人は「科学」が全体的システムであることを理解できず、大砲と軍艦だけを製造できると思ったのである。

高島秋帆《しゅうはん》や昌平黌の儒者古賀謹一郎のように「打拂い」などは不可能だ、開国貿易すべしと主張するものも居るには居たが、そのような人士は全国を見渡しても指を折って数えられる程度だった。「貿易によって財源を豊富にできる」という考えはほとんどの武士たちには思い浮かばなかったのである。ペリー来航直後六月十日の古賀謹一郎の日記には「ペリー艦隊の取り扱いについて相談したが、昌平黌教官は実務に疎くその場逃れの策略ばかりだ。国家衰亡の時代とはこんなものか」という個所がある。忠震個人の考えは分からないが、この当時までは彼の意見もそれに近かったと思われる。

ペリー来航後十年ほど、すなわち文久の頃まで下級武士たちが「断乎攘夷」だったのは、彼らが不満のはけ口をそこに見出したからである。身分社会であった当時はどんなに出来が良くてやる気があっても、生まれが賤しければ人の上に立つことはできなかった。だから上に立つ者が逡巡するような事柄に出会うと下級武士たちは、時こそ来たれ、自己の武勇で彼らを見返してやる、と思った。この気分が全国に瀰漫《びまん》していたから尊皇攘夷運動があれほど猖獗《しょうけつ》を極めたのである。

だが下関戦争（元治元年、一八六四）を機に攘夷熱は瘧《おこり》が落ちたように急激に冷めた。その理由は、彼らが攘夷でなく「尊皇討幕」によって政治の中心に立てそうな見通しが出てきたからである。この気分は、昭和三五年から四五年にかけての学生運動と似ていた。この時の学生の不満は、身分制に対するものではなく貧乏に対するものだったが、とにかくそれは「昭和期の攘夷」と見なしうる「日米安保反対」として始まり、高度経済成長によって各人の物質的欲望が満足されそうになると終熄した。幕末でも昭和でも、外交問題はむしろ内政問題だったのだ。

第三章　鯤、化して鵬となる

1　海防掛目付への抜擢

欲奮圖南馭風翼

人材を求めていた阿部正弘は嘉永六年（一八五三）十月八日、忠震を徒頭《かちがしら》に任命した。今でいえば教育職である大学の先生から防衛省（あるいは陸軍）の局長（大佐）に転身したようなものである。この転職によって忠震は念願の政治の世界に入ることができた。すでに三六歳であった。徒頭に任じられた直後の漢詩が二首ある。ひとつは「暴風を捲き起こせるほどの翼をむなしく収めてただ青空を眺めていたが、もし風の神が来てくれれば築地の浜も北海に変じるぞ（大魚の鯤が北海で化して鵬になったことを踏まえている）」というもの、もうひとつは、

○低頭、寧ぞ斥鷃と肩せん。鯤、化して自ら占む、蟾海の天。

奮わんと欲す、圖南馭風の翼。長空萬里、浩、無邊。

「いつまでも小鳥どもと肩を並べてはいないぞ、鯤は化して鵬になり築地の空に昇った。さあこれからは大業（圖南鵬翼は大業を企てること）を為そう。世界はどこまでも広いのだ」という意味である。忠震のこれまでの鬱屈を一挙に吹き飛ばす、明るい意欲に満ちた詩である。そしてこの詩の通りこれ以後忠震は大鵬に化して日本中を駆け回り、世界にまでその翼を広げようと企図した。この詩と半年前の詩「尸禄（無駄な禄をもらって）明時に半生を送る。（中略）茶烟、消え盡して午風暖かし。獨り幽鶯の友を求むる聲を聴く」と比べると同人の作とは思えないほど気分が変わっている。

阿部正弘像（『阿部正弘事蹟』）

十月に徒頭になった忠震は十一月に布衣《ほい》になった。布衣は役職ではなく、江戸時代には六位以下の身分の官僚を指し、布衣になると江戸城で行われる高官たちの儀式に参列することができた。そして徒頭任命からわずか百余日、嘉永七年（十一月に改元して安政元年）一月二二日に阿部正弘は忠震を「海岸防御用筋取扱」（以下、海防掛）という特化された形の目付に昇進させた。これにはペリーが早々と浦賀に再来したことが影響したのかもしれない。ペリーは日本側の予期よりずっと早く一月十六日に再来したのである。忠震の目付抜擢は堀利煕、永井尚志に続く三人目であった。

江戸時代は子の職位が父の職位より上になることを許さなかった。忠震の父忠正は嘉永五年に書院番組頭に昇進していたから忠震の徒頭昇任（嘉永六年）には問題がなかったが、目付への抜擢はこの不文律を破るものだった。これを敢えて行ったところに阿部正弘の偉さがあった。

海防掛目付

忠震が任命された目付という役職を簡単に説明する。幕府は戦場での役職名をそのまま用いたから江戸時代の行政職の名前も多くは武職的だった。目付という職ももとは戦国武将が家来たちの戦場での働きを検分するために派遣したいわゆる「お目付け役」だったが、平和な時代になるとその仕事は、旗本たちの行為行動を監視することと、政務を行う老中や諸奉行が非違を行わないように監査することに変わった。だから目付は多くの重要な政務の座に同席し、その結果段々と老中や奉行の相談役になった。栗本鋤雲によれば目付の役が重いことは次のようだった。

幕府では軍国の仕来りとして特別に目付の役を重んじた。この官は俸給はそれほど高くない（千石くらい）が、全ての部局に関係するから極めて威権があった。老中はじめ三奉行（寺社、勘定、町奉行）であっても目付の同意を得なければ事を決行することはできない。もし目付の異論を顧慮せずに事を断行すれば、目付は直ちに将軍あるいは老中に訴えることができた。だから旗本たちの間で役職として一番羨まれるのは目付職だった。しかし一方、その役職は、他人を顧慮せず直言する必要があるので（人に恨まれやすく）罷免や転役もしばしばだった。もし老中が政治を変革しようとすればまずこの部局を一変し然る後に他の役職に及んだ。だから諸有司は、目付の考えに自分を合わせるよう努めた。すなわち目付に人を得ると得ざるとは一世の盛衰に関係した。

このようであったから政策の一変を図ろうとした阿部正弘は優秀な人材を目付に抜擢したのである。目付の人選は現職目付たちの推薦という形ではあったが、そこに正弘の意向が強く影響したのは明らかである。

次に「海防掛」について述べる。第一章で述べたように江戸幕府の為すべき政務は少なく、そのせいで大目付目付三奉行に補佐してもらえば老中が政務万般を統括することができた。重要事項は合議制であったが、普通は月番老中がひと月交代で万事を決裁した。だから老中ひとりひとりが政務全般に通暁していた。しかしこういう状況は、ペリーが来て外交が必須になりまた科学技術振興や国防強化が政治問題化してくるとさすがに維持できなくなった。これを察した阿部正弘は外交・国防問題を一手に引き受ける部署を設けようと考え、安政六年、これまでもあった「海防掛」を抜本的に改革し、頭の良い若手の幕臣を抜擢してそのメンバーに充てたのである。なお海防掛には目付系の人々と勘定奉行系の人々がいたが、これについては後述する。

海防掛という名前からは、砲台を築いたり外国人を追い払ったりする海上保安庁のような職務が想像されるが、正弘の意図はもっと広かったし、時とともにその管轄範囲はどんどん広がった。外国使節と交渉し条約を締結するのも、砲台や軍艦を配置して沿岸防備を固めるのも、そのために必要な鉄鉱石や石炭を採掘して大砲や艦船を作るのも、港と居留地を作り、外国人の安全を守り、貿易品を検

米艦野島沖碇泊図（『幕末外交関係文書之四』）

査し、関税を徴収するのも、すべて海防掛の仕事であった。今でいえば外務、通産、科学技術の全部と、文部、運輸、警察などの仕事の一部も引き受けたのである。海防掛こそ近代日本官僚の嚆矢であり、安政五年（一八五八）に外国奉行が設置されるまで外国文化移入の中心として機能した。

初の外交現場

目付になった忠震の最初の仕事は浦賀への出張だった。ペリー艦隊は嘉永七年（一八五四）正月十六日に小柴沖、すなわち浦賀から東京湾を十五キロほど北西に入った三浦半島の付け根あたり（今の京浜急行金沢八景駅付近）に投錨したが、幕府はペリーとの会見場所を浦賀に押し戻そうと試み、二一日に林大学頭（復斎）以下の談判委員を浦賀に行かせ、ペリーにそこに戻って談判するよう要求させた。しかしペリーは承知せず、艦長アダムスを浦賀に派遣して「自分は江戸の近くでなければ決して交渉に応じない」と言わせた。ペリーは、東洋人と交渉する時は自分を偉く見せなければならない、と知っていたから、本人は容易に姿を現さずアダムスを行かせたのである。アダムスが浦賀に着いたのは二四日だったがこの日は昼ごろから海が荒れだした。それでアダムスの乗船バンダリア号は浦賀に入港できず近くの岬の下に投錨した。

この時のことを詠んだ「船将浦賀に抵（到）る」という忠震の漢詩がある。

それは「急な雨、突然の雷が海岸に鳴り響き、船の煙は水面に漂い、船の押し分ける波が山のようにうねる。船はたちまち方向を転じて猿島（横須賀沖にある小島）の方に向かった。夕靄の中、我々は大砲の間から船の様子を覗っている」というもので、臨場感にあふれている。二二日に目付に任じられた忠震は浦賀での林大学頭とアダムスの談判の成り行きを幕閣に報じるため、その翌日浦賀に急派されたのだろう。大学頭が忠震の伯父、また先生でもあったことが関係したかもしれない。

結局ペリーはきわめて強硬な態度を保持したまま日本側と交渉し、交渉場所を横浜に移させ、三月三日に日米和親条約（神奈川条約）を結ばせることに成功した。神奈川条約は日米両国の和親と通信、難破船の救助と必要物品の供給など「人道的支援」を約束したものであった。また条約の中にはもう一つ「必要があれば日本に領事を置く」という、後に問題化する条項が含まれていたが、国内の反対運動はそれほどでもなかった。それは、内政的手腕に長けた阿部正弘が攘夷主義の本尊徳川斉昭（水戸烈公）をうまく懐柔し、また朝廷にも使者を送って同意を取り付けたからでもあったが、儒教の徳目「仁恕」に近い人道援助には当時の日本人もそれほど反対しなかったせいもある。

このように安政元年春の頃の日本の大勢は「潜在的攘夷」であって、それは「欲奮圖南馭風翼」と意欲に満ち「長空萬里浩無邊」と世界に羽ばたこうとした忠震とて

「劃取黒龍江」

同じであった。彼が「万里を駆ける翼」でしようとしたことは、世界各国と懇親を結び西洋文明を移入し産業を興すことではなく、「外国をやっつける」ことだった。「孤剣歌」は目付になる直前の作と思われるが、その内容は「この日本刀は盛頓《ワシントン》の頭を断つことも羅刹《ロシア》の魄を奪うこともできるのに、

これを揮ってその精神を発揮する人がいない、残念だ」というものである。この時G・ワシントンはとっくに死んでいたが、父子相伝の徳川政権の中にいた忠震は、米国でもワシントンの子孫が国を治めている、と思ったのかもしれない。また目付になった直後の作と思われる二首は次のようである。

○夢に太一の詔を受け、鶴に駕して九閎に騰る。長風、千萬里。下に聖東城を覜（眺）む。
○時なる哉、定疆の議。漸く吾邦を益《ま》すべし。吾、願わくば巨艦を得て、劃取せん、黒龍江。

前者は「国命を受けて大空を駆け、ワシントン城を俯瞰しよう」という意味、後者は「ロシアと国境を定める時が来た。今が国を広げるチャンスだ。自分は大戦艦を得て黒竜江（アムール川）一帯の地を奪ってみたい」という意味である。前者はペリーが和親条約を強要したことに対する反発、後者はロシア（プチャーチン）に樺太《からふと》を取られるのではないかという危惧に触発されたのであろう。ともに戦国武士的な発想で、元気はいいがあまり現実的ではなかった。

しかし忠震の攘夷は他の攘夷主義者と違って明るい気分が漲っていた。他の武士は日本に来た外国人を切り殺す内向きの攘夷だったが、忠震のは世界に覇を唱える外向きの攘夷だったとも言えよう。天保十四年二六歳の時の漢詩に「蓬萊三山雖已矣　鯨背去訪龍伯宮」と詠んだ彼の気分は十年を経た今、ワシントン城や黒竜江となって現実化したのである。

阿部正弘は次々に任務を与える

目付になった忠震は嘉永七年四月頃から品川台場建設、大砲鋳造、西洋型船の製造と次々に仕事を命じられた。ただこれは「目付として監督せよ」というものので忠震自身が主管したのではない。五月九日には「下田港の取締り御用」を務めるよう命じられたから、翌年から彼は下田にしばしば出張した。また同じ頃、蝦夷地の御用取り扱いも命じられた。しかし蝦夷地に関しては、ほとんどのことを箱館奉行の竹内保徳と堀利熙（忠震の従兄）が行ったから忠震はあまり関与しなかった。

同年六月十七日には、幕府製造の西洋型船の操船や大砲打ち訓練の際に船に乗り組み見分するよう申し渡しがあった。寛永時代に幕府は海外渡航禁止令を出し、そのために大型船の建造も禁止したが、ペリー来航の少し前からそのような政策は時代遅れだ、という機運が高まって幕府はその禁止令を解かざるを得なくなった。そして幕府自身も浦賀でイギリス船をまねた大船を作り始めた。最初に作ったのが鳳凰丸である。これは嘉永六年九月に着手し安政元年五月に試運転を行った。大船といっても長さ四〇メートル、幅九メートルくらいの三本マストの帆船である。後に述べるように忠震はこの年十一月にこの船に試乗した。その後安政二年夏に昌平丸が薩摩から献上され、同年八月にオランダ献上のスームビング号（日本名は観光丸）が長崎に来た。幕府が作った二隻目の西洋型船は、安政二年後半から前水戸藩主徳川斉昭（烈公）が指揮して作った旭日丸である。この船はお金ばかりがかかってなかなか完成しなかったから厄介丸と呼ばれたが、安政三年五月にとにかく進水した。忠震はこの船の製造に関与したから烈公と会話することも多かっただろう。後に彼が烈公の子、一橋慶喜の将軍職襲職を強力に推進したのは、彼がこの時烈公に対して良い感情、少なくとも悪感情を抱かなかったからかもしれない。これについてはまた後に述べる。

西洋型船見分を命じられた翌日の六月十八日、忠震は阿部正弘から直々に「長崎・下田・浦賀、あるいはその他の港に外国船が来たらその交渉のために出張させることがあるからそのつもりでいる」よう仰せ渡された。正弘は忠震を使ってみて、その説明が明快で行き届いていることや彼の決断の早さなどに感心し、忠震なら外国人と交渉させても大丈夫、引けを取らない、と覚ったのであろう。だからこれ以後、外国交渉に忠震が参加しないことはほとんどなかった。また儀式的な場合を除いて忠震への職務申し渡しもほとんど阿部正弘によって行われた。例えば七月二四日の軍制改正や十二月二日の講武所取り立て、あるいは翌年の下田出張など重要な事柄を正弘は忠震に直接口伝えで、俗に言えばサシで話した。この両者の会話が日本の進路を決めた、といっても過言ではないだろう。

深憂未睡の人

このように阿部正弘の眷顧を蒙った忠震はそれに応えなければならないと思った。だから彼は今後幕府がとるべき方策について熟慮した。「館山浦夜泊」と題された七絶「海口茫々として浪、天のごとし。水烟遙に隔つ麗河の津。誰か知る、残月篷窓の暁、この深憂未睡の人あるを」からは、館山沖から遠く銚子の方（麗河はリガ、すなわち利根川だろう）を望んで、日本を守るにはどうしたらいいか、と忠震が深く心配したことが窺われる。同じ頃、彼は幕閣に封疏《ほうそ》（意見書）を提出したが、その時も「愁緒、人を悩まして眠り未だ得ず。獨り燈火を剪って封疏を寫す」と、夜遅くまで考えた。

忠震は安政元年十一月に新製洋船鳳凰丸に試乗した際、江川太郎左衛門に次の詩を与えた。

○鳥艇電馳穿張瀾　砲臺鼎立擎雲天　金湯固國斯人在　不省髯奴来覬辺

「快速艇が波を切って稲妻のように走り品川の砲台は雲に聳えている。わが国を金城湯池の安きに置くこの人が居れば、髭面の夷狄が日本を覗っても大丈夫だ」という意味である。砲台は今も残っている品川台場で、これはペリー来航後幕府が急遽造ったものであるが、その計画者は伊豆韮山の代官江川太郎左衛門（英龍）だった。江川太郎左衛門はこれから二カ月後に死んだから、彼にとってはこの鳳凰丸試乗が最後の航海だったろう。

安政元年に作った他の詩はどれも攘夷的なものである。例えば十一月四日の下田の津波でロシア艦ディアナ号が大破したことを知った時には「天がロシア人をやっつけてくれた」と喜び、「露米英仏は快速船や巨砲をもっているが、その人間は卑しく互いに利益を争ってよその国を侵略している。だがわが国は違うぞ。日本男子は鉄のような意志をもっているのだ」と力んだりしている。

2　下田での外交デビュー

安政期初頭の対ロシア問題

幕府は嘉永七年三月に日米和親条約を結んだが、同じ頃ロシア使節プチャーチンも長崎で交渉していた。しかしこの交渉は日本側の筒井政憲（肥前守、大目付格）と川路聖謨（左衛門尉、勘定奉行）がいわゆる「ぶらかし」戦術を用いて引き延ばしたので条約締結には至らなかった。一旦長崎を退去したプチャーチンであったが、彼は日米条約締結の事を知るとすぐ、英国海軍を警戒しながら（クリミア戦争で英露は戦争状態にあった）乗艦ディアナ号で再び日本を目指し、同年九月に大坂湾に闖入した。しかし日本側の説得によって彼は下田に廻り十一月から再交渉を始めたが、大津波が起こってディアナ号は大損害を被り結局十二月初めに沈没してしまった。それでもプチャーチンは屈せず交渉を続けて十二月二一日に日露和親条約の締結に漕ぎつけた。

しかしこの条約の第六条「やむを得なければ安政三年から下田か箱館に官吏（領事）を置く」は、背後に水戸斉昭などの攘夷主義者を抱えていた阿部正弘には受け入れ難いものだった。また伊豆の戸《へ》田《た》村にいるディアナ号乗り組みのロシア人約五〇〇人をいかにして故国に帰すかも問題だった。このような状況だったから海防掛にとって安政二年（一八五五）はロシア問題で明けた。特に忠震は昨年五月から下田掛を命じられていたから、彼はこれからの半年間をロシア問題にかかりきった。安政元年の大晦日に彼は「暮だ、正月だと言ってはいられない。行燈の灯を掻き立てても影法師と二人きりだが、お国の為に海防の建白書を書いている。気がつくと去年が今年に変わっていた」という詩を作っている。彼がこの時建白したのは領事駐在とロシア人帰還のことだったに違いない。

日露条約に調印した応接使は安政二年一月初めに一旦江戸に戻り、その一員だった儒官の古賀謹一郎は正月十四日、江戸城の一室で忠震と領事問題について論議した。その理由は十日ほど前に幕閣に提出された応接使連名の上申書の中に「領事駐在容認」の意見が盛られていて、その急先鋒が謹一郎だったからである。彼はそれ以前にも「外国領事駐在だけでなく、我が国からも積極的に外国に官吏を駐在させよ」という上書を阿部正弘に提出していたから、正弘は忠震に命じて謹一郎を「詰問」(謹一郎の用語)させたのである。謹一郎と忠震は数年前まで昌平黌で儒官と助教の関係にあったから、二人は真剣に領事問題を話し合っただろう。この時謹一郎の意見を聞いた忠震がどのような反応を見せたかは分からないが、忠震は領事駐在の意義について理解するところがあったと思われる。

謹一郎の開明的意見はあったが、国内攘夷論の圧力を受けていた幕閣は、ロシア人の下田駐在を何としても避けたかった。それで川路たちはプチャーチンと再交渉を命じられ、席の温まる暇もなく二月には下田に再派遣されたが、今回は老齢の筒井政憲の代わりに長崎で日英条約を交わした水野忠徳が副使格で入った。そして忠震は二月二日老中の内藤紀伊守から「下田の取り締まりと戸田村でのロシア使節応接」のため目付として同行するよう命じられた。

下田出張とロシア人の帰国

この安政二年のロシアとの再交渉が忠震の外交デビューで、彼は二月十三日、他の応接使たちとともに下田に向かった。当時江戸から下田へは東海道に沿って小田原、箱根から三島に出、そこから下田街道を南下し天城峠を経るのが本道であった。六郷川（多摩川）は大雷雨だったが忠震は雄気勃々、箱根を過ぎる時には「我に稜々直前の氣あり。一鞭、険を渉って平途を咲《わら》う」と張り切り、酒匂川では「病懊、頼《さいわい》に氣は霓のごときを存す（病気がちでも気分は虹のように晴々しいぞ）。日々の征途、樂事多し。漫《すずろ》に奇勝を拾って新題に入らしむ」と初めての風景を喜んだ。こうして下田に着いたが、彼はそこで津波の惨状に驚く（拙著『古賀謹一郎』参照）とともに、下田の民衆が外国人に慣れ親しんでいるのを憂慮して「南伊豆の地に来てみれば西洋の悪影響が感じられる。庶民どもは外国人を怪しまず、我々役人に驚くくらいだ」という漢詩を作っている。この後、応接使一行は咲き乱れる菜の花を見ながら下田から戸田に行った。戸田は伊豆半島の北方、駿河湾に面した漁港でロシア人たちの多くはそこに居住していた。

この時の川路・水野とプチャーチンの交渉はとりたてて言うほどのこともないが、一旦調印した条約の中の「官吏駐在」を引き戻したい、という日本側の要求にプチャーチンが同意しないのは当然であった。しかしディアナ号沈没の際の日本側の親切な対応に感謝していたプチャーチンはこの問題で譲歩して「領事駐在の前にもう一度談判する」という一札を与え、この難問を先送りにした。またロシア人帰国問題でも両者の判断は食い違った。ディアナ号沈没の後、プチャーチンは日本側の了解を得て戸田村で新しく船を建造し、それに乗組員を乗せてカムチャッカに帰還しようと考えた。これはロシアから迎えの船をよこせばそれが英国艦隊に攻撃される恐れがあったからで、彼は日本で製造した船で目立たぬように帰国しようと苦心の策を立てたのである。

新船建造と同時にプチャーチンはクリミア戦争と無関係なアメリカ船を雇うことも視野に入れていた。あたかもよし、安政二年一月末にアメリカ商船カロライン・フート号が下田に入港したからプチャーチンはこの船を借り上げ、二月二五日に一六〇人ほどのロシア人を帰国させた。そして残りの者たちは二手に分かれ、先発隊はプチャーチンの指揮の下、戸田で建造したスクーネル船戸田丸に乗って三月二二日に、残りの全員は新たに雇い入れたアメリカ船で六月一日に戸田を去った。

フート号の雇い入れについても幕府とプチャーチンの間で面倒が生じた。プチャーチンが、フート号がカムチャッカまで往復する間、その船の機関長の妻など女子供と犬を下田の玉泉寺に住まわせるよう要求したからである。これに対して日本側は、彼らは難民ではない、船を一艘貸すからそれに乗せてフート号で曳航して行け、難破船乗組員以外の外国人を置くのは条約違反である、と反対した。条約を厳密に解釈すれば日本側が正しいだろうが、女子供や犬を一カ月程度留め置いてもどうということはなかったろう。とにかくこの時プチャーチンは強引にアメリカ女性などを玉泉寺に留め置いた。ちなみに機関長の妻は日本人が見ても「魂が抜け出る」ほどの美人だったそうである。

これらの交渉に忠震も参加したが、鄂魯人《オロシャ》と題する詩には「彼らは前から虎視眈々と日本を狙っていた。今、縷々うるさい言葉を連ねるが、それは語るに落ちたものだ」と書いているから、忠震がまだ攘夷的気分に浸っていたのは確かである。

君沢型船と下田の防備

攘夷的気分が抜けきらないといっても忠震は普通の人とは違っていた。福地桜痴『幕末政治家』によれば、プチャーチンが「戸田で船を作りたい」と申し出た時、幕閣は、そんなことをしてもし交戦中の英仏から故障を申し立てられたら面倒だ、と二の足を踏んだ。しかし忠震は井上清直（信濃守、安政二年から下田奉行）とともに「我が国に来た使節が船を失って帰国できずにいるのにそれを助けないということがあろうか。ロシアのために軍船を作って英仏と戦わせるなら悪いだろうが、無武装の船を与えるのが不義であるはずはない」と上申書を提出したという。プチャーチンが新船建造を提案したのは安政元年十二月末だから、前々項に紹介した「大晦日に行燈の灯を掻き立てて書いた」のはこの上申書かも知れない。桜痴は「岩瀬が万国公法（国際法）を学ばざるも、よく事理に通じたるの一斑を窺うに足る」と称賛している。

ただこの時忠震はただロシア人のためだけを計ったのではなかった。彼はこれによって日本の船大工たちに外国の造船技術を体得させ、同じものを幕府のために作らせようという下心があったのだ。実際彼は二月二四日、戸田に到着した翌日戸田丸の建造現場を川路・水野とともに見分し、崑崙奴《こんろんど》（黒人水夫）を見て「惣身如漆」とその肌の黒さに驚くとともに西洋の轆轤《ろくろ》細工に感心している。そして西洋型船建造は川路たちも同意見だったから、その後幕府は下田奉行に命じて同形の船を十隻（戸田で六隻、石川島などで四隻）も作らせ、御用船として各地で使った。そして忠震はその造船に関与した。この型の船は君沢型スクーネル船（スクーナー。二本以上のマストをもち、帆を進行方向にほぼ平行に張る）と呼ばれるもので、その第一号はこの年の十二月頃に完成した。なお君沢型という名の由来は戸田が君沢郡《こおり》にあったからであるが、その名付け親は忠震であるという。

ロシア人たちの帰国の日程が決まった三月十日、忠震たち応接使一行は一旦江戸に戻った。この時

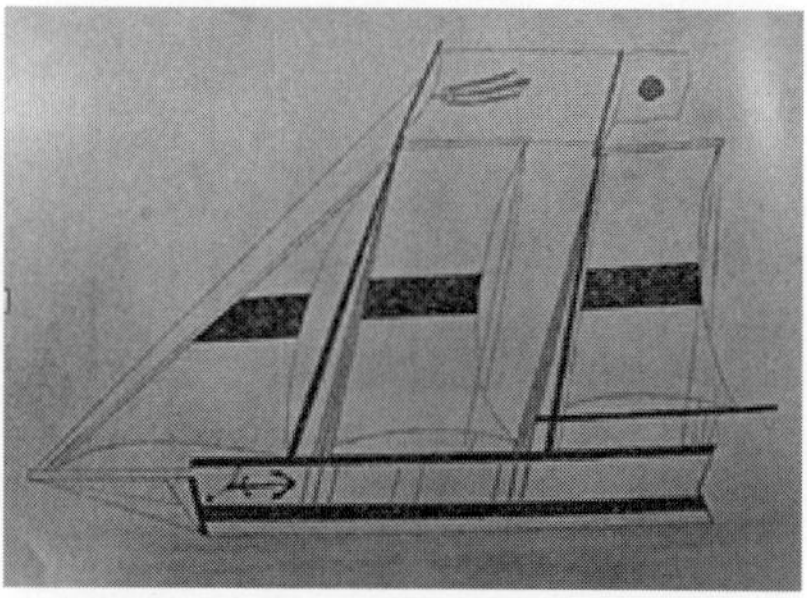
君沢型スクーネル船（『阿部正弘事蹟』）

プチャーチンは応接使たちにお別れに記念品をくれた。忠震が貰ったのは黒ラシャとガラスの文鎮と懐中寒暖計であったが、その他に鉛筆も貰ったようである。それは彼がこの出張の間に記した旅行記『豆役日乗《ずえきにちじょう》』の最後に鉛筆で書いたカタカナ書きのオランダ語があることから推測できる（『豆役日乗』は現在行方不明である）。忠震は寒暖計を喜び、以後の日記に「冷、寒暖計六四度」（華氏。摂氏十八度くらい）などと書いている。なお時計は前から持っていたようで「九周十刻餘」（九時十分過ぎ）のように書いている。時分秒という用語ができる前のことである。忠震は新しもの好きだったからこれらの西洋科学機器を後の長崎行きや京都行きにも携行した。

江戸に戻った忠震は小型蒸気船に試乗したりしたが、三月二〇日に平山謙二郎とともに再び下田に向かった。平山謙二郎は徒目付（目付の下役）で忠震とは非常に仲が良かった（謙二郎については最終章で述べる）。二人はこの時、熱海まで陸路をとりそこから乗船して網代、伊東、富士《ふと》、稲採（稲取温泉）に上陸して海岸防備を画策しつつ、二五日に下田に着いた。今回の下田滞在は伊豆半島の防備計画や外国人の動静監視などで多忙だった。忠震たちは「外国人は婦女子まで各所に勝手に上陸、散策する」と怒ったが、それは実は三月二七日に下田に来たアメリカ人J・ロッデイルが沿岸を測量していたのであった（沿岸測量問題については拙著『古賀謹一郎』参照）。忠震たちはロッデイルからその地図を見せられて「その精細緻密は瞠目の至り」と驚き、「これではならじ」とアメリカ人に散歩区域の指定、無断上陸禁止などの掟書きを突きつけた。また下田の砲台設置を急ぎ、四月十六日から発砲演習を始めた。忠震も自ら試発して「八寸玉（直径二四センチの砲丸）を十発発射、一発は外れたが八発は的の外周部に、一発は中央に命中した」と得意がっている。

吾は即ち乗風破浪の人

この二回にわたる下田行きの間、忠震は国の為に尽くすのだという思いで潑溂としており、また初めての東海道出張だったから旅先でたくさんの漢詩を作った。箱根での詩は既に紹介したが、玉泉寺にアメリカ女性や子供が留まっていた三月三日には、

○征駿暫滞豆州南　清節恰逢三月三　換却□国華燭宴　徹宵唯作蹙眉談

「桃の節句なのに楽しい宴会には出られず、みんなと眉を顰めて今後の方策を考えている」とがっかりした思いを作詩している。三月末の再出張の途次熱海一碧楼で温泉に入った時は「死のうが名が残らなかろうがどうでもいい。国の為にこの壮遊を為すのだ」と意欲満々、風呂から上って「浴罷めて樓頭、意、豁然たり。官遊半日、小神仙。長波一碧三千里。快く観《み》る、欄前上下の天」と爽快な気分に浸った。一碧楼は熱海本陣の名主今井半太夫の別邸でいろいろな湯舟があり「高貴の人には湯槽に幕を打ち廻わしたから幕湯の名があった」と『伊豆紀行』（天保三年、木村喜毅の祖父喜繁の著）に書い

てある。忠震はこの幕湯から出て、手すりの向こうに太平洋を眺めたのである。

二度目の下田出張で忠震が最も楽しみにしたのは伊豆七島の巡視だった。しかし砲台設置などで三月過ぎても忠震は下田を離れられず「久滞為何用　搔頭望碧空」と雑用の多さを喞った。だが四月末になってようやく巡視が可能になり、四月二五日、伊豆七島巡視に出帆した。忠震は本当に海や旅が好きだった。それは船上で作った、

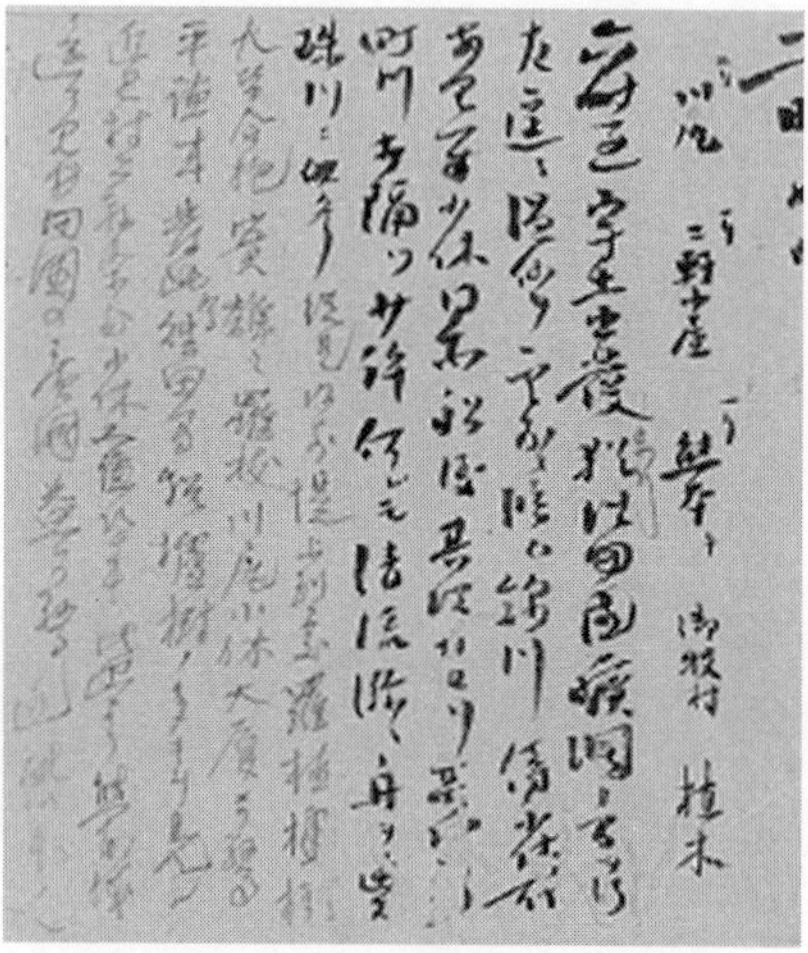

鉛筆書きの日記（右側は筆，左側は鉛筆）
（『岩瀬鷗所日記』）

○利韁名牽卅八春　青衫染盡市城塵　今朝聊贖平生志　吾即乗風破浪人

「利益や名誉に牽かれて三十八年、着物は市街の塵に汚れてしまったが、今朝、聊か平生の志を償うことができた。吾は今、風に乗り浪を破る人」から察せられる。この日は生憎の吹き降りだったが忠震は意気軒昂「船を南に向けても東に向けても風雨だがこれは天の与える試練だ。いつか太平洋に乗り出せば大風が海を荒れ狂い浪は船を呑みこむほどの勢いだろう」という詩を作っている。

しかし大島を過ぎて利島付近に達しても南風は変わらず翌日も風は止まないので、遂に忠震は伊豆七島巡視を断念し、二十七日に平山謙二郎とともに陸路江戸に戻った。「遺憾何ぞ止まん」であった。彼がこれほど航海に執着したのは、彼の夢が「城のような軍艦を作って、世界各地に日章旗を翻す」(「戸田村寓居」詩）ことにあったからである。

病気と安政の大地震

江戸に戻った忠震は筒井政憲、川路聖謨、水野忠徳とともに「蕃書調所」設立協議に加わり、この年の秋冬には徳川斉昭（水戸烈公）の旭日丸（厄介丸）製造を手伝い、また軍制改革や講武所取り立てにも参画した。これらは要するに西洋文明の導入である。忠震は西洋式銃隊の演習を見て「太鼓の音が鼕々《とうとう》と鳴り響くと砲手が進退する。ひとたび点火すればたちまち天地は震動する」とその勇壮を喜び、「日本はもともと武勇の国だから、これに孫呉の兵法と西洋の装備を兼ねれば虎が翼を得たようなもの」と詩に詠んでいる。

ただこの年、安政二年の六月に忠震はまた病気して七月初旬は寝て過ごした。喉が詰まって嚥下困難となったが「嚨孔狭きこと斯の如きも、魯亜（ロシアとアメリカ）を呑むに碍《さまたげ》なし」とカラ元気を出し、血を吐いても「満腔の赤（真心）、溢れて吻端の水と為る」とあくまで幕府に忠誠を尽くす意気を見せている。そして犀角《さいかく》を飲んでみると効果覿面、病魔は去ったが、その後も、

○病を待つは夷を待つが如し、慴《おそ》るる勿《なか》れ、侮るべからず。
我、既に森厳を守れば、渠《かれ》、いづくんぞ跋扈するを得ん。

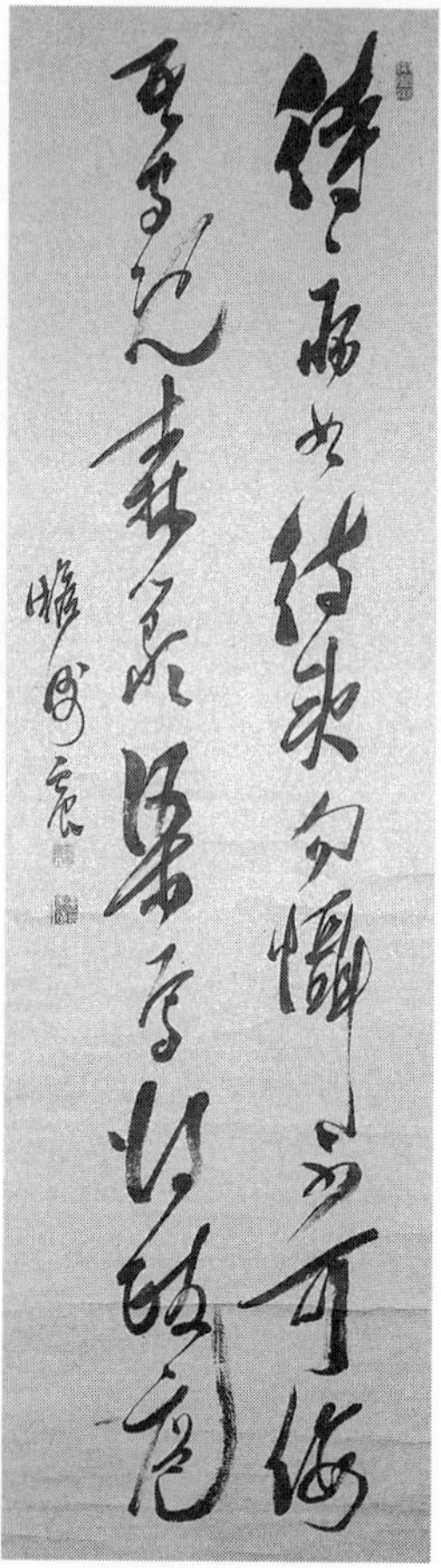

五言絶句「待病如待夷」
（『開国の星・岩瀬忠震』）

と、病気には外国人と同様、恐れず侮らず、厳然とした態度で対応するように努めた。

安政二年十月二日に江戸は大地震とそれに伴う大火災に見舞われた。いわゆる安政の大地震である。月照（安政の大獄の際薩摩潟に身を投げた勤王僧）のような漢詩人は大袈裟だから「この地震の死者は三〇万（実際は四〇〇〇余）、これは幕府が国を開き夷狄を導き入れたことに対する天譴である」という意味の漢詩を作った。このような考えは今から見ると馬鹿馬鹿しいが、儒教で育ち国を憂えるタイプの人はこう考えがちだった。ただこの地震で水戸藩の藤田東湖、戸田蓬軒の二人が死んだことは現実政治にも影響しただろう。もし二人が生きていれば烈公に奇矯な行動を思い止まらせ、その結果、井伊直弼が幕末史に登場しなかったかもしれないからである。

この大地震について忠震も翌年（安政三年、一八五六）の年頭に漢詩を作っているが、それはすこぶる危機感に乏しいものである。すなわち「昨年の冬の初めに地震と火事があったがそれは必ずしも悪くはない。そのために世の中が簡略質素になった。京都御所も昔ながらの形で再建されようとしている。役人たちは憂い顔だが庶民は楽しんでいる。世の中は太平だ」という内容である。我々はこのすぐ後に来る幕末の動乱を知っているからこの時の忠震のノンビリぶりに驚かされるが、安政三年の江戸はこんなものだったのだろう。

忠震にとっては「外国に対抗してオール日本体制を敷き、海外に雄飛する」ことだけが喫緊の問題で、幕藩体制が揺らぐなどということは考えに入っていなかった。それは「鍋島藩の大砲を積んだ島津藩の船で十年後には日章旗を世界にはためかせてみせるぞ」という次の詩によく表れている。


〇百物何ぞ海外に求むるを須《もち》いん。肥前の銃礮（砲）、薩摩の舟。

　十年の勲業、君、看取せよ。紅旭の旗号（日の丸）、五州に通じん。


国家の政治を行える立場にいた海防掛の人々にとっては日本対西洋だけが問題で、薩長武士の不満などは考慮の外だった。だから幕府は国内戦争に対する備えが遅れ、幕末の戦争に負けたのだ。

安政三年三月十六日、目付たちは老中たちとともに小金井に花見に出かけ、忠震は八年ぶりに松連寺（現在、日野市百草園がある所）を訪れた。この日は温かい花曇りの天気で忠震は「黄花翠麦路悠々」と菜の花の黄と麦の緑を愛でながら馬を打たせ、小金井では梢いっぱいの桜を賞した。因みにこの頃の桜はソメイヨシノではなくエドヒガンである。忠震はこの日の陪遊を光栄とし「老中が将軍の恩寵を我々にも分かってくれたから、自分もこのような風流に与ることができる」と阿部正弘の恩遇に感謝した。正弘の人使いがうまかったことが察せられる。

3　開国貿易を決意する

ハリスとの初対面　しかし忠震がのんびりしていられたのはこの時までで、一カ月後の安政三年(一八五六)四月十六日には平山謙二郎(敬忠、省斎)とともに品川を発し下田に向かっていた。その船上の作、

○帆勢、飛ぶに似て海烟を劈く。相洋(相模灘)萬里、月明の船。
人生の快意は此の如きにあり、晨《あした》に品川を發し、昏《くれ》には下田。

は溌溂とした気分に満ちている。彼にとってこの航海は不調に終わった昨年の伊豆七島巡視の埋め合わせであった。その上この船は昨年彼が製造に関与した君沢型だったから猶更だった。ただ、この時の任務は下田の取り締まりと伊豆沿岸巡視であって、格別のことはなく二人は江戸に戻った。

八月二五日、二人は再び下田に出張した。今度の出張は七月二一日にアメリカ領事ハリスが下田に来たためである。日米和親条約には「必要なら合衆国官吏を下田に駐在させることもあるが、それは

十八カ月後からとする」とあり、その批准書の交換は安政二年正月五日に下田で行われた。だから安政三年七月からアメリカ官吏が来日する権利はあった訳で、気が進まない幕府も八月二四日に滞在許可を出して下田奉行に折衝を命じ、同時に目付の忠震を急派したのである。

この年二度目の海上経由の出張に忠震は喜び、相模灘で「遠い船路、夕陽が明るい。相模湾を行くと壮士の気持ちが晴れる。帆は風にはためき、浪は舳先にあたって雷のように鳴る」と詠んだ。しかし、この時忠震が命じられたのはハリスと談判することではなく、「下田に邪教（キリスト教）が伝染しないよう、愚民どもが西洋の風に馴染まないよう、またハリスの住まいはなるべく狭くして『御国患に相成らざるよう』下田奉行とともに尽力する」ことだった。今回の下田滞在は二〇日弱であったらしく、その間忠震たちは港に近いところに宿した。「昨年は山寺で毎日花を見て鶯を聞いたが、今年は庭の八重葎《やえむぐら》の中で鳴く虫の声を聞いている」という詩を作っている。また重九（九月九日）の日は豪雨で、忠震は家に手紙を書いた後、窓から雨に打たれる菊を見て郷愁に誘われた。

○客秋風凄雨似麻　挿萸時節又天涯　写終家信嘅無事　獨倚僑窓看菊花
（「挿萸」は九月九日にハジカミを頭に指すと悪気を去るという風俗）

この重九の日の昼間、忠震はハリスと初めて対面したが、その時の印象は、

○饒舌嘍囉幾酬唱　憎渠弄態銜情親　佳辰却欠龍山會　對個氈囊黒帽人　（渠は彼）

「口達者でああ言えばこう言う。いかにも親しげな振りをするのが憎い。この好時節に龍山会（漢詩の会）には出られず、絨毯製の鞄をもち黒い帽子をかぶったこの人と会っている」というもので、どうみても好意をもっていない。しかし一年後、忠震は彼と毎日のように会うことになる。

貿易を決意させたオランダ船将ファビウス

今回の出張で忠震はハリスとは親しくならなかったが、その代わりにオランダ船将ファビウスから強いインパクトを受け、開国貿易の信念を固めることができた。そういう意味でこの安政三年秋の下田出張は忠震個人にとっても、あるいは日本の開国のためにも重要な意義を有している。忠震は九月一日か二日の朝、洋船接近の報告に「一聲、夢を驚かす震天の雷」と飛び起きたが、その洋船はオランダ蒸気軍艦メデューサ号であった。メデューサ号は日本暦の八月上旬に長崎を船出して箱館に至り、そこで艦長ファビウスは箱館奉行堀利熙と通商問題を話し合ったり、彼をメデューサ号に招待して機関や小銃演習などを見せたりした。堀に好印象をもったファビウスは「箱館で過ごした四日間をとても嬉しく思い出す」と書いている。メデューサ号は八月半ばに箱館を出港したが、途中暴風に遇ったりして下田に着いたのは九月になっていた。

下田でファビウスはハリスから下田が悪港であることや自分が世界から隔絶されていることなど愚痴を聞かされたが、翌日奉行所で下田奉行の井上清直および忠震と会談した。高くしつらえられた机（テーブル）が二つ向き合っていて間に通訳がいた。忠震がまず口を開いて、関税や中継貿易などについて質問した。ファビウスはひとつひとつ丁寧に答え「出島のオランダ商館長（キュルチュス）はすでに七月初めに長崎奉行と幕閣に宛てて自由貿易を主旨とする要望書を提出している」と言うと忠震は「長崎に戻ったら貨物税や商品貿易などを文書にして、長崎目付の永井尚志経由で自分に送ってもらいたい」と要請した。次いで忠震は「日本が貿易協定を結べないのは欧米向けの輸出品が少ないからだ。漆器はいいかもしれないが、銅や金銀を輸出すれば鉱山はたちまち消耗しつくして南米のように貧しくなるだろう」と言った。忠震は、ペルーなどがスペインに収奪されたのを知っていて、日本がその轍を踏むのではないかと心配したのである。これに対してファビウスは「よい鉱山技師がいれば鉱山は簡単には疲弊しないからオランダは技師を派遣した」と答えた。次いで忠震たちが、日本の銅は質がいいのか、と尋ねるとファビウスは「銅の質は他の地域と変わりないが日本に輸出品が少ないから銅が用いられるのだ。日本政府が蠟燭、樟脳、麻などを安く生産すればその代替物になる。漆器や陶器は趣味的商品だからそれ以外のものを開発するのがよい」と教えた。

ファビウス像
（『海国日本の夜明け』）

さらに忠震はオランダ以外に英仏などとも貿易が可能か、と問い、ファビウスは「通商は距離の問題ではなく、産業と企業精神である。オランダ国王は自国の利害に背いても日本の福利の向上を願われ、そのためには鎖国を止めて自由な貿易制度に改めるのがよいと勧告された」と答えた。忠震も清直も深く同感した。ファビウスはまた、下田港は非常に危険なこと、箱館はロシアとアメリカなどの中継貿易港として有望なこと、ハリスのような領事は高級官吏であり敬意をもった待遇を受ける権利を有することを述べた。井上清直が「だから領事の買い物は奉行所で買って与えるのだ」と言うと、ファビウスは「それは間違いで、領事が鶏や卵をいちいち奉行所に届けて購入するのは『無用の権利』であって、買い物をしたい時は自分の意志でできるのが敬意をもった取扱いである」と答えた。またこれに関連してファビウスは「他者の名誉を傷つける慣習として『踏絵』がある。これを止めて貰えないか」とも言った。

以上ファビウスが言ったことは忠震の脳裏に深く刻まれた。次章で述べる忠震の長崎での言動やその地で調印された日蘭追加条約の内容にはこの時の会談の余韻が感じられる。

時哉經國策
漸欲啓洋程

ファビウスとの会話の間に最高級の日本料理が出され忠震たちは一緒に食べた。「これは長崎では経験しなかったこと」とファビウスは書いている。メデューサ号には翌朝飲料水や石炭が運び込まれたが、これについても彼は「下田奉行の厚意は申し分がない。この地は欺瞞に満ちた商人もおらず、通過証もなく面倒な形式的手続きもいらない」と喜んでいる。翌日忠震と井上清直はメデューサ号に上って軽食とコーヒーを摂りシャンパンをたらふく飲み、貿易問題などを数時間も質問し、最後に船の内部と小銃演習を観覧して「この船に長崎海軍伝習所の学生たちを乗り組ませたかった」と残念がった。ファビウスも全く同感で「自分も長崎奉行にその旨申し出たが返事をもらえなかった」と答えると、忠震たちは頭を振って「長崎ではいつもそうです」と言った。

ファビウスは「長崎では大抵の書類が悪文で綴られていて意味が解せず、全てがとても緩慢である。しかし今は永井尚志などのお蔭で迅速に改善しつつある」と書いている。

永井尚志（岩之丞、玄蕃頭、後に介堂）はこの時長崎駐在目付で、オランダ寄贈のスームビング号（観光丸）を使った長崎伝習所の頭取であった。伝習所は日本海軍の発祥であり、矢田堀景蔵、勝麟太郎、永持亨次郎、木下謹吾、榎本釜次郎、中島三郎助、小野友五郎など後に各方面で活躍した人々が航海術や海軍のことを学んでいた。だからファビウスは尚志と会話する機会が多く、彼のことを下田で忠震に語っただろうし、箱館の堀利煕のことも話頭に上っただろう。忠震は外国人から友人の動静を聞くという不思議さを感じ、またオランダ船なら一カ月の内に長崎から箱館をまわって下田に来ることにも印象を受けた。そしてオランダ船が間もなく長崎に戻ると聞いて、

○江城の分袂より已に三年（尚志は安政元年に長崎に赴任した）、舊雨、春風、盟、久しく寒し。

何ぞ料らん、身は豆南の客と為り、他の夷船を倩《やと》うて平安を問わんとは。

という尚志宛ての七絶を作り、これをファビウスに託した。三年前まで忠震と永井尚志は江戸や甲府で儒学を講じ詩酒徴逐していたがその後長く会っていない、そして今は伊豆や長崎に出張して互いの動静を外国人を通して知る、「何ぞ料らん」と忠震が詠んだのはけだし実感であったろう。

ファビウスの話を聞いた直後の忠震の感想は「平山敬忠（謙二郎）に贈る」という漢詩の序にはっ

きりと述べられている。その序文と詩は次のようである。

安政三年秋に平山敬忠とともに下田に出張したが、その時オランダ船将咈法皮斯《ファビウス》と語り、得るところが少なくなかった。それでその問答を小冊子としたが、敬忠はその文末に「たまたまオランダの客と話してほぼ五大州の事情を察した。これに加えて幕府にはジャワ島に航しロンドン城に遊ぶ計画もあるそうだ。万国の長所を学ぶとは何という良策だろう」という詩を書した。だから私もこれに和す。これらの詩は旅中倉卒の作ではあるが、我らの志す所はこの通りであって誓って変えない。これは私の志であり、また敬忠の志でもある。

〇時なる哉經國の策。漸く洋程を啓かんとす。須く獷腥の客を化し、以て天地の情を怡ばしめん。
聖恩、喬嶽を荷い、忠膽は堅城に擬す。久しくこの誓を持し、君と同に厲精を期さん。

「国策を変えて海外と交際し、外国に日本の道義を教えて天に報いよう。徳川氏の恩は山より高いが、自分の志も城のように固いぞ。この誓いを変えず、敬忠とともに精励するのだ」という決意表明である。『安政紀事』には「九月十五日、岩瀬修理が下田から帰って、『ハリスの論を容れ、外国と広く交易し、市場を開き、数港を開港しよう』と建言し、有司たちも賛同した」とあるが、忠震を目覚めさせたのはハリスではなくファビウスだった。もちろんファビウスは忠震にのみ説いたのではなく、そのほかの目付や遠国奉行たちもおおむね開国に賛成したのだが、張胆明目して貿易の利を説き、海外雄飛を推進した主導者が忠震であったことは疑いを容れない。

渺々洋程千萬里
直過香港到瓜哇

この出張時に忠震が作った詩の中には「踏破す、蛮洋千里の濤。手には横たう、三尺斬魔の刀。髯奴何物、魂、應に砕くべし」とか「英亜桀傲、彼何者。跋扈全球、我亦人」など「西洋人に負けるものか」という種類のものもあるが、彼の思想は明らかに「西洋人をやっつけよう」から「西洋文明を取り入れよう」という方向に変わり始めた。例えば「須らく海外に航して彼の長を求め、勲功、他日、非常を樹てん」とか「唯一隻の火輪舟を求め、天枢の南北を遍く探去せん」などの詩は、忠震が、「彼の長」を取り入れて開国貿易しなければ我が国はやっていけない、と覚ったことを示している。

忠震が海外渡航の先駆者たらんと志したのは一つには徳川氏に報いる為だった。この時代の人にとって「忠義」は父祖の訓《おし》え、身に染みついたものだったから「感恩多少丈夫涙」とか「厚恩荷喬嶽」などの詩句は沢山あるし、次の詩には「徳川幕府を立て直すのだ」という意気込みが表れている。

○轉地旋天（回天の大事業）は自ら曾て期す。臣心の鉄石、世、知る無し。
　獨り長剣を撫して空碧に呼ばわる。我、亦、東方の一男児。

しかし開国の動機が幕府への忠義のためであれ、西洋文明移入の必要を達観したためであれ、その根底は忠震の「好奇心」にあった。前章の酒の詩のところで紹介したように、彼は自分の考え方が普通でないのを自覚していて「世人は易きに就くから、自分のことを『異を好む』などと言う」とか「なんぞ厭わん、狂名、宇中に布くを」のような詩句をよく書いているが、その「狂」こそ好奇心であった。忠震は見知らぬものを見てみたかった。「開墾の素懐、寧ぞ渝《かわ》ることあらん　無人、即ち我が鳳凰の地」という詩句からわかるように、人が知らないことを知ってみたいという熾烈な好奇心こそ忠震の持って生まれた性質であった。次の詩はそれを端的に示している。

○秋霖、寂寞として窓紗に瀉《そそ》ぐ。魂夢亂飛す、天の一涯。
　渺々洋程千萬里、直ちに香港を過ぎ、瓜哇《ジャワ》に到らん。

このように今回の下田出張によって、忠震の夢は「外国を見てみたい」という方向に現実化してきた。安政元年の「ワシントン城を俯瞰し黒竜江を奪取せん」という実現不可能な夢は安政二年になると、「太平洋に乗り出す第一歩」としての伊豆七島航海へと具体化し、今、安政三年に至って「香港、ジャワに航しよう」という実行可能な案になったのである。

帰府と講武所
および大久保忠寛

実り多かった下田出張を終えて忠震と平山謙二郎は、寒風吹きすさぶ相模灘を「瑠璃一碧、海天明らかなり。千丈の浪山、我が情を壮んにす」と元気いっぱいで江戸に戻った。帰府した忠震は昨年同様この冬も講武所関係の仕事をして「講武所開設に格別精を出したから、将軍の御手元金から拝領物（八丈紬二反）」を賜った。講武所は蕃書調所の設置や蝦夷地の開拓などと並んで阿部正弘が行った改革の重要な柱であった。そして国防力の強化には攘夷派も開国派も異存がなかったから幕府は早速築地に講武所を設け旗本御家人以下浪人にまで武術を訓練させた。幕府首脳部の目論見としては、大砲など西洋の進んだ武器の製造と取扱い、それに銃陣の進退などの訓練を行いたかったが、一般の武芸者にはまだまだ「飛び道具は卑怯なり、大和魂と日本刀があれば十分だ」という意識があったから講武所では砲術のほかに剣術、槍術（柔術と弓術は途中で廃止）の稽古が行われた。

鉄砲の時代に剣術道場でもあるまい、と思うのは今の感覚であって、講武所では将軍家師範の柳生家小野家の他、北辰一刀流や直心陰流など江戸で門戸を開いているいろいろな流派が教授し、さながら武芸者の就職先のような趣を呈した。だから西洋式の三兵（騎兵、歩兵、砲兵）戦術など名ばかりであって、近代的陸戦の訓練などはこれから八、九年後の元治慶応の頃になってようやく緒についた。文久三年（一八六三）、幕府がヨーロッパに使節団を送った時でさえも、草鞋を何千足、軍用の味噌を何貫目も携行したほどで日本の武士階級は戦国時代の感覚から容易に抜け出せなかったのである。

安政三年十二月十六日に忠震は「職務に精励し、その上外国人との応接もよく行っている」と理由で諸大夫を仰せ付けられ、以後「伊賀守」と名乗るようになった。諸大夫とは布衣より一つ上の位階、すなわち五位以上の武士を指し、これになると「摂津守」とか「織部正」とかの爵位を名乗ることができるのである。

本章の最後に大久保忠寛と忠震の関係についてちょっと触れる。木村喜毅（号芥舟、彼については第十一章参照）は明治に入って雑誌『旧幕府』の名士小伝に次のように書いている（原文語文）。

越中守大久保忠寛（右近将監、伊勢守）は嘉永七年目付に任じられた。その人物は峻厳で真心厚く、学識超凡、事に臨んでは節義を曲げず、妥協しなかった。外国問題が起きて国歩艱難の時から岩瀬忠震と提携協力した。忠震も常にこの人には一歩を譲ったという。忠寛はいつも「自分は決して目付以上の高位の職に就こうとは思わぬ、目付として尽力できればそれでいい」と言っていた。

このように忠寛は傑出した幕臣だったが何かの事情で両者の間柄は疎遠になったらしい。喜毅は「安政四年一月二十二日、忠寛は長崎奉行を命じられたがこれを辞した。またこの頃、理由は分からないが莫逆の友岩瀬と互いに往来を止めた。自分（喜毅）は歎いて忠寛に出勤を促したが彼は同意しなかった。彼が言う理由は『自分は性質狭量で悪を憎む性情が強いから人の上に立っては大害を醸すだろう』などであった」と書いている（『軍艦奉行木村摂津守』）。何か納得しがたい理由だが、とにかく忠震の手紙や手記に忠寛の名が出てくることはほとんどないから、喜毅の言は正しいと思われる。

第四章　貿易開始の主張と日蘭日露通商条約締結

1　開国を決意した堀田正睦

ハリスの出府断るべからず

忠震が目付系海防掛の中心的存在として日本の本当の開国すなわち通商貿易に向けて時代をリードしはじめたのは、下田でファビウスと会った後、安政三年（一八五六）の冬頃からである。そしてこの時期が日本の開鎖を決める分水嶺だった。今、「幕末」と聞くと、薩長土が討幕について密議を凝らし新選組が尊攘の志士を切って回る、という時代、すなわちこの時から十年も経った元治慶応（一八六四～六七）の頃を想像するが、それは徳川幕府の崩壊という小事件だけに注目するからである。「明治維新」の意義は「文明開化」と「身分制度の廃止」にある。そして西欧文明を移入すれば、それが身分制度を打破し、中央集権制をもたらすのは必然であったから「本当の開国」が決まった安政四年こそ幕末で最も重要な年なのである。そしてそれを決断したのは

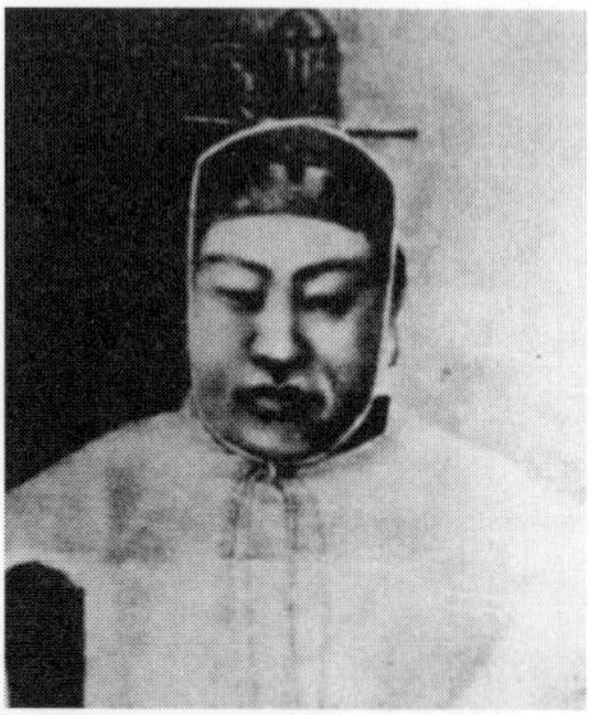

堀田正睦像（『評伝堀田正睦』）

老中の堀田正睦であり、彼がそれを決断できたのは目付に岩瀬忠震が居たからである。筆者が、忠震こそ日本近代化の上での最重要人物、と言う所以はここにある。

さて下田に居座ったアメリカ領事ハリスは安政三年の冬から安政四年にかけて、米大統領ピアースの親書を将軍に直接奉呈するため江戸に上りたい、と強談判を始めた。この時、老中首座は堀田正睦（備中守）に代わっていた。阿部正弘は安政二年の冬に体の衰えを自覚したのか（彼は安政四年六月に死んだ）、あるいは多忙に堪えかねて外交は堀田に任せようと思ったのか、堀田を十三年ぶりに老中に復帰させたのである（首座は先任順で堀田は天保時代に一時老中だった）。堀田の下で外交の実務を担う海防掛には大目付・目付系と勘定奉行系があって、前者は筒井政憲、土岐頼旨《よりむね》、鵜殿長鋭《ながとし》など忠震を含めて九人、後者は川路左衛門尉、水野筑後守、中村為彌《ためや》など六人であった。

ハリスの要求に対して目付系は安政三年十月に老中に宛てて上申書を提出した。文勢からみてこの文の草稿は忠震の手になるものと思われるから簡略化して以下に掲げる（原文は候文）。

老中方から通達されたハリスの書簡には「自分は大統領から日本の将軍に直接渡すよう命じられた親書を携帯している。直接というわけは、両国の言葉が異なるから書面の往復などでは齟齬を生じる恐れがあるからだ。お会いすれば両国間のことは腹蔵なく老中方にお話しできるし、そのうち来日すると評判のイギリス使節のことについてもお話ししたい。だが私が軍艦で江戸に乗りつけるようでは疑惑をもつ日本人もいるだろうから、手軽な旅装で江戸に上りたい」と書かれています。

この申し出は条理も立ち穏当でもありますからお断りになるべきものではなかろうと存じます。差し出すのは大統領の書簡であり、またハリスは我が国に永く駐在する官吏ですからオランダカピタン（商館長）の例もあるように彼をうまく利用する方が国益に適いましょう。何のかのと理由をつけて長引かせていれば、彼はアメリカ軍艦に乗じて江戸沖に来るかもしれない、その時やむを得ず許すようなら相手も有難く思わず、日本では物事を強引に進めればよいのだ、と思うようになり外聞にも拘わりましょう。外国官吏を引見することは外国事情探索にもなりますから、今後は条約締結国の官吏は全員江戸参府を許すつもりで、まずハリスを江戸に呼び、老中方が応接され江戸城への登城も許し拝領物も下されるのがよい。このように外国人取扱いぶりを一新すれば、これまで「日本人は外国人を仇のように取り扱う」と言っている外国人たちの疑いも氷解し以後の談判がうまくゆくと思います。ですから下田奉行へは「出府させてよい。その際奉行所役人を三人指し添え品川東海寺まで案内せよ」と指令なさるべきだと存じます。

キュルチュスの警告書

しかし幕閣はハリスの出府問題をなかなか決めなかった。それは全国的な攘夷の風潮を恐れたためであるが、そのほかに日本には「変化を恐れる慎重派」がいつも多数いて幕閣もこの意見を無視できなかったからである。この慎重派は勘定奉行系海防掛に代表されていた。彼らの言い分は、「一、今回は御用が多いということでオランダカピタンの参府も断った、二、ハリスに許せば他国官吏も参府を願うだろう、三、オランダ人と違ってハリスは江戸中を見て回るだろう、そうなれば幕府の武威は地に墜ち諸大名がどう思うか心配だ、四、外国の願いをみな聞き届けていれば、外国が琉球の城に侵入しても黙っていなければならないだろう、五、そもそも外国のことは下田・長崎・箱館奉行に任せてあり、ハリスが江戸に出るくらいなら下田に奉行をおく価値はない」というもので、結論として「下田奉行にハリスを説得させて、江戸に上らせないようにするのがよい」と答申した。

目付系海防掛はこれに反対して安政四年（一八五七）一月に再度ハリスの参府許可を上申したが、幕閣は勘定奉行系の意見を採用し、下田奉行の井上清直（信濃守）と岡田忠養《ただやす》（備後守）にハリスを八方説得するよう命じた。しかし堀田正睦は、ハリスの出府は避けられまい、と感じたから、海防掛や各地の奉行にその際の手筈や礼儀のことなどを手落ちなく調べておくよう指令した。そうこうしているうちに安政四年二月、長崎在住オランダ領事ドンクル・キュルチュス（クルティウス）から幕府を震撼させる通知が入った。それはアロー号事件に関するもので、とりわけ英国軍が広東を焼き払ったというニュースが耳目を聳動《しょうどう》させた。キュルチュスは続けて次のように言った。

これは清国が何でも一旦拒絶しておいて押して迫られると許容するという悪弊があったためであ

る。昨秋船将ファビウスが下田を訪《と》うた時アメリカ領事ハリスも似たようなことを彼に言った。条約を結んでも全てのことを予め決めておく訳ではない。両国が親睦、寛大の心を持って許すべきことはうるさく言わずに許すことが肝心である。条約内容を縮小解釈したり、返事を故意に遅らせるようでは親善の国とは言えない。また条約文に署名もなく、その文面も臣下に与えるような文辞で書かれているのも問題である。英米は日本が条約文の末節にこだわることを不満に思っている。ロシアは、ディアナ号沈没後の恩義があるから強くは言わないが、それでも物品購入の面倒さに閉口している。だから昨年申し上げたように早く普通の通商貿易をなさるのがよい。

とかく戦争は小さなことが発端で起こる。今回の広東焼き払いもそのようであった。自分が弱いことを知らないのは智者とは言えない。日本は清国のように弱くはないが長く太平であったからヨーロッパ諸国のように戦争に慣れていない。それに四方が海だから一旦戦争になれば大事に至るだろう。清国のことを他山の石として御賢察されたい。

この書きぶりは外交文書には珍しいほど率直で、目に指を突っ込むように手厳しいものである。

堀田の先見性

キュルチュスの意見書を読んだ堀田正睦は外交政策を一変する必要を感じた。彼は下総（千葉県）佐倉城主で、徳川斉昭から「蘭癖」と悪口を言われるほど外国人や外国文化に理解があり、蘭方医佐藤泰然に佐倉順天堂を開かせ種痘を行い、兵制を改革し英学を奨励するなど開明的施策を行っていた。だから正睦は、もはや鎖国を続ける時代ではない、と達観して幕臣たちに次のような諮問を発した。この諮問に日付はないがハリスの出府が切迫した安政四年三月半ば頃であろう（原文語文）。

ハリスの出府要求もあり、政治を大変革すべき時期であるが国内には反対意見もある。人心一致は大切だから衆議を尽くし良い方向に持っていきたい。だから考えのある者は腹蔵なく意見を申し述べよ。まず私の考えを詳しく述べる。不審な点があればいくらでも議論するに吝《やぶさ》かではない。

一　外国政策について二つの考えがある。ひとつは、今我が国の武備は頽廃しているから戦争すれば必敗であり結局清国のようになってしまう、だから一旦は彼の鋭鋒を避け貿易なども彼らの望みに任せ、そのうち武備を整えて外国の軽侮を受けないようにする、というものである。しかし「武備を練り軽侮を受けぬ」ために結局どうするのか、将来の見据えのない意見だと思う。

二　もうひとつの考えは、打拂い令をやめた（幕府は文政八年［一八二五］に外国船打ち払い令を発し天保十三年［一八四二］にそれを廃止した）から諸外国がやってきて結局和親条約を結ばされた。このように侮辱を受けるのは切歯に堪えないから、ここで心機一転、断然外国交際を断ち幾千艘の外国船が来るとも衆力を合わせて一戦し国土を防衛しよう、というものである。しかしこの考えでは、よしんば一時的に孤立できたとしても戦争の絶えることがなく国中が疲弊するだけだろう。

現今の世界は各国が和親して貿易を行いそれによって有無相通じる時勢であり、戦争をしないためには和親するしかない。和親しなければ各国が同盟して攻撃してくるだろうし、世界の東隅に孤立するのみでは無辜の民を苦しめるばかりで国勢を挽回する期は未来永劫来ないだろう。現在最も必要なのは国力を養い人民の士気を振わせることであるが、強兵の基礎は富国であり富国の術は貿易を第一とする。だから今必要なのは各国と和親し広く万国に航海して貿易を行い、外国の長じるところを学んで我が国の短所を補い、国力を養って武備を壮んにすることだろう。ひたすら小事にかかわって外国人を忌み嫌い、彼らを敵とするのは天理人情にも悖《もと》り、時勢を察せぬものである。

我が国は皇統連綿、君臣上下の名分正しく、道徳明らかで、小国とはいえ土壌豊饒、人口は多く義勇壮烈の性だから一旦富国強兵の基礎が立てばゆくゆくは世界統一の鴻業も夢ではない、だから現今の問題である外国人出府問題は将来のための重要事項である。皆もよく考えてもらいたい。

このように正睦は大所高所から和親貿易について諮問したが、同時にもっと具体的な現実問題についても意見を求めた。その問題とは、「一、外国交渉を下田奉行に任せるべきか、それとも江戸に呼ぶべきか、二、これまでの『やむを得ずやる』という交渉振りを改め、こちらから積極的に話し合いを行うべきか、三、下田を閉ざし代替港を開くべきか、四、米、蘭は「そのうち英国使節が来る」と言っているが、イギリスの来航をただ待っているべきか、五、今のうちに貿易のやり方（官貿易か私貿易か、関税の取り方、外国商館の許否、貿易品の集め方）などを考えておくべきではないか、六、諸藩にも貿易の利益を均霑《きんてん》させたいがその仕組みをどうするか」などである。

以上の堀田の諮問、というより下僚に対する諭旨を読むと、明治維新の精神がすでに堀田の胸中に宿っていたことが感じられる。五箇条の御誓文の内容を砕いて言えば、「一、衆知を集め議論して決せよ、二、上下心を一にして国家経営を行え、三、官吏も武士も庶民も皆それぞれの志を遂げさせ、人心が沈滞しないよう心掛けよ、四、旧来のつまらない習慣を廃止し、正しいやり方に改めよ、五、西欧の知識を導入して我が国を盛大にせよ」ということであるが、堀田はこの諮問で、皆に意見を言わせ、人民の士気を振わせ、開国貿易を行い、外国の長を採れ、と明らかに宣言している。この後の七、八年間、攘夷運動すなわち反開国の運動が日本中に荒れ狂い、そのために幕府は倒れたが結局日本は堀田の言ったようになった。「維新の精神」は江戸幕府が始めたのである。

2 開国貿易の急先鋒

公明正大の国是

以上の諮問に対して幕府の各部署から答申が出たが、「最も痛快なるは、大目付・目付より差し出したるものだ。これは恐らくは目付岩瀬忠震の筆になりたるか、左なくば彼の意を承けて他に筆者ありたるか、いずれにせよ図抜けて月並的でない」(徳富蘇峰)答申であった。後に述べる横浜開港上申書とともに忠震の精神が籠った文章だから逐語的に現代文に直す。

御諮問の趣旨はいちいち御尤も、このような御下問は我が国の政治大変革の第一歩、万民の幸福でございます。カピタンの申し立ては交渉を有利に運ぼうという底意もあるでしょうが、その内容は本当で、広東事件がなくても従来のやり方を変革しなければなりません。

まず何よりも、和親条約を結んだ以上は寛永時代（一六二〇〜四〇頃）と同様の外国人取扱い方に戻すべきであります。「これまでの仕来りに拘泥して些少のことまで理屈をこねて拒み、外国人を怒らせるようなことは百害あるのみ」との仰せは誠に至当でありまして、早く昔の取扱い振りに戻し、長崎・下田・箱館三港ともに一様の仕法を行うべきであります。慶長時代（一六〇〇〜二〇頃）はイスパニア（スペイン）人を江戸で引見しオランダ人には江戸滞在を申し付けられ、家光公の時（寛永時代）には揖斐某を西洋諸国探索に派遣されたのですから、当面はまずハリスを江戸に呼んで旧習を一新し、その後他の在留官吏たちも江戸出府を許し、同等の取扱いをなされば各国の事情も分かりますし、これまであったような外国との葛藤事もかなり軽減いたしましょう。

これと同時に我が国からも探索の人を派遣し海外事情を洞察なさらなくては、万事が疑わしいばかりではっきりした判断ができず損ばかり多いのは知れ切ったことでありますから、これも一日も早く御決断を願いたく存じます。またお見通しのように現在の世界情勢からみて貿易も追々お始めになる時節でございますから、開港地での貨物輸出入規則を立て、関税その他の徴収見込みを勘案して国家財政の根本を定めた上、各国の要望に応じて貿易をお開きになるのがよい。そうすれば取り締まりが立ち利益も上がりましょう。これまた一日も早くお決めになって頂きたいと存じます。

以上の事柄はこれまでも評議を重ねて我々からも申し上げ、堀田様からも奮励の書面をいただきましたが、未だに断然として開国を宣言されておりません。現在の急務は外国に対抗しうる国勢を張ることであり、外国官吏を個人的に厚遇しても国力がなければ彼らが我が国を軽侮するのは必然であります。そして国勢を張るためには交通貿易から始めなくてはならず、応接の仕方や文書の往来は些末のこと、これらの小事から争端を開くのはつまらぬことです。言葉遣いを改めるのは何でもないし、和親を約束したからには当方も「四海兄弟」の情をもって外国人を遇すべきであります。

もちろん彼らが約束に背いたり、暴慢の振舞いがあればきちんと取り押さえる警備は必要ですから練武の技は一日もゆるがせにできません。しかし外国人を信服させる実力もないまま、うわべで和親を唱え、内心では外国人を排斥し、瑣事末節を言い立てて相手の要求を拒むようでは、「大綱既に失し、細目もまた誤る」ことになります。そしてそのような態度は外国人のみか我が国人にも不快感を与える優柔不断、俗にいう「生殺し」の処置、と申せましょう。何とぞ一日も早く公明正大の国是を拡張なさって世界万国を懐に入れ、彼らが我が日本の羽翼となるような御処置をお願い申し上げます。具体的には以下の事柄を御勇断なさっていただきたいと存じます。

一、西洋事情探索の者を派遣し、
一、国内諸港の法令を整備して、関税を決定し、
一、外国貿易を開始し、各大名にも藩の特産品を輸出させてあまねく利益を得させ、
一、在留外国人の出府を許し彼らの言説の真偽を見抜いて我が見分を広め、
一、和親の国々に我が官吏を常駐させるとともに留学生を学ばせ、

一、我が国からも万国に航海して輸出の利益を収め、
一、世界で信義のある強国と交際を深め、孤立弱力の国を助け、
一、国内ではいよいよ文武を練り道徳を教え、北海道開拓に一層の努力を注ぎ、天帝に代って忠孝信義の風を以て（西洋の）貪婪虎狼の俗を改めさせ五大洲中の一帝となる

このような御覚悟で事に当たっていただき、追々金銀銭の品位も上げて（小判の金含有率は時代とともに下がったから忠震はこう言ったのである。今で言えば為替レートが下がったから元に戻したい、という願望である）外国に対していささかも恥じるところのないように致したいと存じます。

堀田様には、以上のことを右顧左眄なく実行していただき、後々まで明君・賢相と仰がれるようになって頂きたい。今、日本全国の安危は堀田様にかかっております。御英断をお願いします。

四面楚歌の開国派

このように忠震は目付系海防掛を代表して堂々たる開国意見書を提出した。公文書としては日本で初めての「明るい展望をもった開国宣言」であった。我々は以上の諮問や答申を読んで「当然だ、貿易以外に日本の立つ道があったろうか」と思うがそれは今だからそう思うので当時は全然そうではなかった。以下、簡単に当時の情勢を説明する。

この頃幕閣に大きな変化が起こっていた。それは、人使いのうまい老中阿部正弘が安政四年六月十七日に死んだことである。正弘は通商貿易が必然であることは理解していたが、それを強行すれば国内に動揺が広がり幕府の存続も危ういと予感し、できるだけ穏便に日本を開国に導こうとした。その

ために一番必要なのは攘夷派の巨頭徳川斉昭（水戸烈公）をつなぎとめることであったから阿部は数十万両を支出して烈公に軍船旭日丸（厄介丸）の建造を依頼した。正弘は「猛烈な性質をもつ獅子はその元気を発散させるために鞠を与える。恐れ多いことながら烈公の怒りを殺ぐには造船業に従事していただくのがいい」と考えたのである。また正弘は朝廷や公家たちとの通信も怠らなかった。

ところがその正弘は死に、厄介丸も完成した。そのため無聊になった烈公は「外国が同盟して攻めてくる危険性がある、また貿易をすれば無駄なものを買わされ日本に必要な銅などの資源は流出する。だからハリス出府を絶対に許すべきでない」という意見を幕閣に提出したのみならず京都にも送り始めた。そしてこの「尊皇攘夷」の思想は上は公家から下は下級武士、脱藩浪人、神職、郷士など平民たちに広がり全国に流れ出した。この後日本中を荒れ狂った尊王攘夷運動を見れば分かるように、時代を動かす青年武士たちのほとんどが「開国反対」であった。これに加えて有力諸侯たち、例えば尾張の徳川慶恕《よしくみ》（後に慶勝、御三家の筆頭）、阿波の蜂須賀斉裕（将軍家定の叔父）、備前、因幡の両池田（慶徳と茂政、ともに烈公の実子）などは鎖国主義であり、越前の松平慶永（春嶽）、薩摩の島津斉彬、宇和島の伊達宗城のような開明的な人も開鎖の論議より次代の将軍問題の方に熱心であった。彼らは水戸烈公の子供である一橋慶喜に望みを嘱し、彼の西城入り（江戸城西の丸には将軍の世子が住んだ）を期待したから烈公の攘夷思想に正面切って反対しなかった。

また溜間詰《たまりのまづめ》と呼ばれる譜代大名の有力者たち、姫路の酒井忠顕、彦根の井伊直弼、高松の松平頼胤など十人もこぞってハリスの出府に反対した。彼らの反対理由は「ハリス登城の際の儀礼をオランダカピタンの時より重くするのはこれまで幕府が言ってきた『国辱にならぬようにする』という通達と矛盾し、『諸向きに対せられ一通りならざる御義』である。また将軍がハリスに会えば他の外国官吏にも面会せねばならずこれは本意に背く」というものであった。幕府の藩屏たる譜代大名たちがこのように「体面」にこだわったのは、幕府が外国人に対して威張っていられなくなれば外様大名たちから鼎の軽重を問われると危惧したからである。『諸向きに対せられ云々』とは、七六頁で紹介した勘定奉行系海防掛の答申の第三項と同じく、このような意味合いで用いられた文言である。

以上のように日本中「開国反対、ハリス出府拒否」一色であったが、堀田正睦と目付系海防掛は全国の反対を押し切って開国を推進しようとした。折からハリスは下田奉行との間に新協定を結ぶことに成功し（五月二六日議定）その勢いを駆って老中と直接会見を迫ったから、堀田もハリスとの会見を決意し、七月下旬に彼の出府を許す決定をした。

3　長崎到着直後の感想

オランダの通商要求

さて忠震は開国意見書を提出した直後、ハリスの出府が決まる前の安政四年（一八五七）五月二一日、勘定奉行水野忠徳（長崎奉行兼帯）とともに長崎に出張した。はじめの出張目的は「長崎の取り締まり筋、貿易筋を取り調べて幕府に復命する」ことであったが、結局忠震たちは長崎でオランダおよびロシアとの事実上の通商条約に調印した。あまり知ら

水野忠徳像（『国史肖像大成』）

れていないがこの条約は日米通商条約に先んじること一年、日本が結んだ初めての通商条約である。この長崎往復の道中、忠震は克明な日記をつけたが、旅行記自体は次章に譲り、本章では長崎での交渉を一括して述べる。

まずこの出張の目的であるが、オランダ領事キュルチュスは前年の安政三年七月（前述した「広東焼き払い」警告書の七カ月前）に大略以下のような要望書を長崎奉行に提出していた。

一　我が国（オランダ）は幕府依頼の物品（軍艦など）の調達には応じるが、自由貿易（当時日本ではこれを緩優貿易と呼んだ）を要求する（本書で「自由貿易」と言うのは「無関税の貿易」という意味ではなく、従来の「幕府一括買い上げ」式交易ではない、商人同士の自由な売り買いという意味である）。

二　我が国のみならず英露米とも自由貿易を行いなさい。さもないと戦争になるかもしれない。

三　これは日本の為でもあり、また我が国とだけ貿易すれば我が国が諸外国の反感を買うだろう。

四　自由貿易をしても、日本に少ないものは交易されないし、売れる産物は自然に産出される。

五　日本人に不必要な輸入品でも外国人が買う品物は港で売買され、日本には関税収入が入る。

六　コメや武器など日本が交易したくないものはしなくて済む。
七　外国人のキリスト教信仰の自由、踏絵の廃止、夫人子供の同伴を認めよ。
八　オランダ人の長崎居住の際あるいは江戸参府途中での交際や物品購入の自由を認めよ。
九　オランダ船以外も長崎湾内停泊を認め、些細な禁制を撤廃せよ。他の港も同様に取り扱え。
十　イギリス使節ボーリング（清国駐在全権使節兼香港総督ジョン・ボーリング）が来る前に自由貿易協定を結ぶ方が日本オランダ双方にとってよい。

この要望書とともにキュルチュスは自由貿易のための貿易章程を奉行に提示し、長崎奉行川村修就（対馬守）と長崎駐在目付永井尚志（玄蕃頭）および岡部長常（駿河守）はこの章程を受け入れた方がよい、と幕閣に上申した。しかしこの時は海防掛も反対し幕閣も決断しなかった。また、来る筈のボーリングは清国で太平天国の乱が激化したために来なかった。しかしこの後広東焼き討ち事件が起こり、またハリスの出府要求が激しくなってくると幕府も考えを改め、長年馴染みのオランダとの間で最初に通商問題を論議した方が得策だ、と思い始めた。それでキュルチュスの言うところをよく理解す

長崎貿易の様子
（川原慶賀筆『出島図』長崎歴史文化博物館蔵）

るために、勘定系海防掛の水野忠徳と忠震が派遣されたのである。

広東の騒乱と条約提示の計画

忠震が長崎に着いたのは閏五月の終わりであった（閏五月は五月の後、六月の前である）。なおこの時の長崎奉行は川村対馬守から荒尾成允（石見守）に代っており、また忠震の親友、長崎目付の永井尚志も三月に伝習所の生徒たちを率いて江戸に戻り、後任の目付はこれも忠震の仲良しの後輩木村喜毅（摂津守）であった。長崎に着いた水野忠徳と忠震はさっそく領事キュルチュスと応対を始めたが、彼から世界情勢について色々と教えられるところがあったので、二人は六月二一日に江戸の同僚（忠震は目付へ、忠徳は勘定奉行へ）宛てに書簡を送った。忠震がどんなことを知り、それについてどう考えたか、以下に忠震が送った書簡の内容を要約して述べる。

一、勢州公（阿部正弘）の御病気いかがにや。天下の為ご全快を祈る（丁度この頃正弘は死んだ）。

二、インドではイギリスの過酷な統治に人民が反乱（セポイの乱）したがその背後にロシアがいるという噂がある。また広東の騒乱でシナの軍艦五〇隻は英蒸気船一隻に沈められたという。仏と米も反シナだから、これらの強敵の前にシナがどうなるか、オランダ人は危ぶんでいる。

三、広東騒乱のために英将ボーリングが日本に来るのは遅れるだろうが、英国が我が国に献上する船は既に完成しているそうだ（これについては第十章参照）。なおシナ側はボーリングを毒殺しようと図ったそうだ。「支那人もよほど窮したると相見え候。いかにも拙計、笑うべきの至り」。

四、今回長崎に入港したオランダのスクーネル型商船は余程良い船で、蘭人はこの船を売ってもよいと言っている。軍艦ばかりでは運送に差支えるから是非幕府で買って船運の大利を開きたい。佐賀藩も買いたがっているが日本最初の商船を幕府以外に奪われるのはいかにも残念だ。

五、キュルチュスと応接したら、彼は貿易以外のこと（後述するキリスト教の問題など）だけでもここで取り決めて貰いたい、と言った。それでいろいろ談判して結局「こちらで貿易論をよく研究した上で、その後貿易以外の事についてもこちらから提案する」ということで折り合った。明日から高橋平作や平山謙二郎などを毎日でもカピタンのところへやるつもり。このキュルチュスとの相談は案外上出来で、カピタンにも不平はなく、大いに好都合に進んだ。

六、御法令の読み聞かせは条約ができたら止めた方がよい、そうすれば「拘泥」の誹りもなくなると個人的には思うが、幕閣のお指図もあるから皆で議論した。結局カピタンが交代した時だけ読む、ということで決着した。水野筑後守などは毎年がいいと言うが、これには下僚たちも皆反対している。

なお「法令読み聞かせ」とは毎年カピタンに「キリスト教を広めてはならない、衆人の前でキリスト像をおがんではならない」のような日本の法令を読み聞かせていたことを指している。オランダ人にしてみればさぞうるさいことであったろう。水野忠徳は忠震に比べればずっと保守的だった。

忠震の長崎通信はまだ続き、彼の本領はこの手紙の末尾になって遺憾なく発揮される。

製鉄所と香港探索

七、大仕掛けの製鉄機械が到着し、その据え付けのために士官や職人もヤッパン号で来ることになっている。この機械の据え付け場所を決めてもらいたいとカピタンが言っているが、私の考えでは長崎近辺には鉄鉱石がないからここに工場を作っても遠くから鉱石を持って来なくてはならず、また製造した物もまた遠く（江戸や大坂）に運んで行かねばならぬ。その上長崎近郊は場所も狭い。だから江戸近辺に作るのが最もよく、第二案としては地所も広く鉄鉱石もたくさんある箱館付近がよい。是非この二カ所からお選び願いたい。有用の大機械を無用のまま放置する形になっては残念至極である。

この製鉄機械は海軍伝習所頭取であった永井尚志が発注したもので、八月にはヤッパン号（日本名咸臨丸）で技術者たちも到着した。右のように忠震は製鉄所を江戸（か箱館）に作りたかったが、結果的にはまだ忠震が長崎に滞在している中に、長崎浦上村飽の浦に工場を建設することが決まり、数年後完成して艦船修理工場となった。これが三菱重工長崎造船所の発祥である。飽の浦建設が決まった後も忠震は江戸近辺の製鉄所建設をあきらめず、木村喜毅に「江戸にも鋳鉄器場所を取り建てたいが、その地所の坪数をオランダ指揮官に聞いてくれ」と頼んでいる。しかし結局忠震の夢「江戸の造船所」はこれから八年後に「横須賀造船所」として漸く緒に就いた（拙著『栗本鋤雲』参照）。なお、この時代の日本人は製鉄所と造船所をはっきり区別するに至らず、艦船に使用する簡単な鉄器具を作る工作場も製鉄所と呼んだから忠震も手紙には「鉄類製法の器械」と書いている。

八、貿易取り調べは何とかできそうだが、せめて香港くらいまでは出かけて実地研究をしたい。このまま江戸に戻るのはさてさて残念至極、前に書いたスクーネル船に乗って香港の模様を探索すれば隔靴掻痒の疑惑はみな晴れて明瞭になる、と外国行きに夢を抱いている。今後不朽に残る貿易の基本を定めるのに国際貿易の実際も見ぬまま着手すれば軽忽の謗りはまぬがれまい。（中略）僅か二日の船路の香港にも行かず、オランダ人の口先の説明で分かったつもりになるのは不本意の至り、しばらくでも香港での実地経験を積みたいと平山謙二郎と日夜語り合い、残念がっている次第だ。（中略）「小生など、御都合により身分は何ほど引き下がり候とも右の事さえ相遂げ候えば、国家万分の一を補い候儀も相出来申すべくと（後略）」。

文末の「身分は引き下がり候とも」とは次のような意味である。当時、外国状況探索などは低い身分の者の仕事であり、例えば間宮林蔵は幕府の公式役人でさえなかった。だから忠震は、香港出張のためなら小者の身分に下がってもいい、と書いたのである。忠震は身分を捨てて日本の為に役立とうとした。実に行政官の鑑であった。

4　自由貿易の提示とオランダ人の解放

日本側から提示した自由貿易

主題の日蘭条約に戻ろう。この条約は正式には和親条約の追加条約という形だが、実質的には正真正銘の通商条約であった。だから半年後の日米条約がそうだったように日本国内の攘夷運動を刺激してもよかったのだが、オランダは昔から通商があった国だし、何よりもこの条約が適用される港が長崎と箱館に限られ、江戸や大坂が含まれていなかったから国内的には全く騒ぎにならなかった。他方忠震は、条約が攘夷運動を惹き起こそうが起こすまいが、そんなことには頓着せず、自由貿易開始を決意していた。だから彼は慎重な水野を説得して「こちらからカピタンに条約案を提示しよう」と力説し、それを成し遂げた。日本の近代外交は現代まで一六〇年の歴史があるが、その中で我が国の方から自主的に条文を定めて交渉をまとめたことはそれほど多くないように思われる。それを国を開いてから僅か四年で成し遂げたのは忠震の偉業であった。

忠震が日本側から条約案を提示したいと考えたのには二つの理由があった。一つは「下田奉行とハリスの交渉はなかなか思うようには行かず、下田と長崎での妥結事項が食い違えばますます事が難しくなる。だからまず長崎でオランダとの通商条約を結んでしまい、それをハリスやそのうち来ると思われる英国使節に押し付ける形にする方が良い」というもの、もうひとつは「これまでオランダと取り交わした条約は向こうから草稿を急いで翻訳したから後になって不都合が生じた。だから今回は各箇条の文言をこちらで作ってこれを蘭文に直し、後日異論が生じないようにしたい」というものだった。忠震は、いつまでも受け身ではいけない、先んじて行えば外国人の日本を見る目が変わってくる、いや、変わらせて見せる、と思ったのである。

水野と忠震は勘定組頭高橋平作、徒目付平山謙二郎、長崎奉行支配吟味役永持亨次郎（この三人は水野、忠震、荒尾の部下、今で言えば局長クラスである）を蘭領事キュルチュスの下に遣わして外国事情を質問させ、自分たちも清国やシャム（タイ）と西洋諸国との間の貿易協定を参照して七月十日までに日蘭追加条約の案文を作った。その案文の骨子は「長崎・箱館両港で貿易を開き（第一条）、船数や商売総額に制限を付けず（第四条）、商人同士に入札や値段交渉を任せる（第六、八条）」というところにあった。これまでの「官製」貿易を抜本的に改めて自由貿易に変えたのである。これまでの交易は「幕府がオランダに差し許した」ものであって、もちろん金銀や銅などを安く買い付けたオランダ東インド会社は儲けたが、今でいう貿易とは違っていた。

従来の貿易に固執する守旧派

もう少し詳しく江戸時代の日蘭貿易のやり方を説明すると、売買のやり方には二種類あって本筋は「本方《もとかた》商法」であった。これはオランダ船持ち渡りの品を、一年あたり銀三〇〇〇貫（銀六〇匁を一両とすれば五万両）を上限にして長崎会所が値段をつけて一括して買い取り、それを日本商人たちに入札（競売）させるというやり方である。オランダ商人に対して日本からは江戸時代初期には金銀、後には銅や俵物（干物の海産物）、生糸、陶磁器などを渡した。本方商法と並行して「脇荷商法」も行われた。これはオランダ人が会所で直接日本商人に入札販売したものであって、その代金の六割五分をオランダ商人がとり、残りの三割五分を会所がとってその運営費などを除いて残りは幕府の収入になった。三割五分の関税のようなものである。本方商法では一括購入の際に安く買うことができたから幕府には約五万両の利益があったらしい（安政四年八月の勘定系海防掛の上申書）。これに対して脇荷貿易での儲けはその半分くらいにしかならなかった（七月十日付の水野の書簡には「オランダ船一艘の本方商法の利益は脇荷商法五艘分と同じ」と書いてある。両者の食い違いはそれぞれが想定した「利益」の意味が違うからかもしれない）。

忠震は、本方商法ではオランダをはじめ西洋諸国を納得させることはできないし貿易の規模を拡大するには自由貿易しかない、と覚っていたから、すべての貨物を脇荷商法に準じて取り扱うことを主張し、水野も同意した。脇荷商法は取引がすべて長崎会所で行われるという点で自由貿易とは違うが、それでも会所内でなら日蘭の商人同士が相対で取引することができた。だから自由貿易を要求していたオランダ側も忠震たちが作った条約案文に同意したのである。

「たかが自由貿易にするくらい」と思うのは現代の感覚であって、幕末は決してそうではなかった。忠震たちが「脇荷商法を基本とする」旨の意見書を出した八月、評定所（寺社・町・勘定の三奉行八人ほどで構成される幕府の機関）は老中からの諮問に対し次のような意見書を提出している。

勘定奉行に問い合わせたら、脇荷商法は本方商法に比べオランダ人側の利益が多いと聞きました。我が国の利益が薄いのは仕方がないとしても、水野筑後守がカピタンから聞いた各国の商法や関税の取り方などをもう一度勘案してみた方がいいと思います。暫定的とはいっても、一旦決めた条約を向こうの利益を薄くする方向に変えるのは手数がかかる。なるべくなら最初の条約通りに続けたいですから、今は条約を結ばず、外国の仕法をよく調べてから決めるのがよいと考えます。

ただそうすると、米官吏ハリスが勝手なことを言い出したりイギリスが来て強請したりすれば不都合が起こるという意見もありましょうが、今カピタンが脇荷商法でいいと言ってもハリスが必ず納得するとは限りません。その見据えがないのに我が国の利益が薄い方に改めれば、それは早まったことになります。米英との条約はそれぞれと折衝してからのこと、（中略）今のところはカピタンに「イギリスが来たらその模様によって考える」と仰せ渡されるのがいいと思います。

この意見書はもっとずっと長いが同じことの繰り返しであって、内容はただ、ギリギリまで何も決めまい、主導的なことは何もするまい、というに過ぎない。このように「従来のやり方を変えたら不都合なことが起きるのではなかろうか」と疑心暗鬼し、結局「新しいことは何もするまい」という思考法は現代にも根強くあるからこれ以上説明しなくても読者はよくお分かりの事と思う。

輸出禁制品とオランダ人の自由

条約案文では船舶入港税（噸銀）として一トンにつき銀五匁を納める、輸入関税は脇荷商法に準じて取引税三割五分とする、となっていて、キュルチュスにも異存はなかった。また港湾の管理、商人同士の係争問題の取扱い、密貿易禁止などの事項も洩れなく書き込まれた。手本になる外国の条約文があったにせよ、自分たちの手で条約案文を作るには各条項をよく理解する必要があっただろう。だからこれを作成したことは日本側、特に忠震に自信を与えたに違いない。水野の書簡にはその時の議論（次に述べるキリスト教などの問題も含めて）の様子を「一時は互いに顔を赤くして激論したが、いささかも本心を隠さず、部下たちも異体同心、何事もよく相談して合意したから万事遺憾なくまとまり、それ故カピタンも遂に承服した」と書いている。水野と忠震は変革のスピードという点で緩急の違いはあったにせよ、互いに本音で激論した。だから彼らが作った案文はかなりよくできており、オランダ人も大筋で納得したのである。

この条約に対して攘夷派から「外国からは鏡やラシャなど奢侈品だけが流入し、我が国からは金銀銅のような真実の富が流出する」という反対論が出ることが予想されたから、条文には「輸入品の代価は代り品で払う（物々交換）か、あるいは会所にある洋金銀（外国銭）で払う」と決めてあった（外国人が洋金銀貨で日本の物品を買うのは許されていたから日本に洋金銀はあった）。すなわち日本産出の金銀塊や小判などは輸出禁止であった。その他にも米などの穀類、石炭、美濃紙、地図類、それに銅や刀剣甲冑も幕府渡し以外は禁止された。ただ市中の品を船員が私用に買うのはこの限りではなかったから、後には何十トンもある銅を釣鐘に鋳込んで古物として申請する不届き者もいたらしい。

以上通商と港湾管理に関係するところだけを紹介したが、この条約にはそれ以外の合意事項もいろいろとあった。中でも重要なのはオランダ人の行動の自由を大幅に認めた条項でこれはキュルチュスにとって画期的な成功であり、従来出島に監禁されていたオランダ人はこれ以後幕府領を散歩して（周囲の藩領は禁止）寺社、店舗に自由に出入りし物品を購入することができるようになり、信教の自由（館内でのキリスト教の礼拝や埋葬）も公認された。なお、後に「治外法権」として問題になる外国人犯罪者の処罰規定はこの条約ではそれほど問題にならず、「オランダ人と日本人間の訴訟や傷害は『双方の役人取り計らい、聊か以て両国懇篤の交わりに障りあるべからざること』」と書かれているだけである。話し合えば何とかなる、と双方が思っていた「いい時代」であった。

キリスト教と踏絵

日蘭追加条約の案文と条約文ではっきり違っているところはキリスト教に関する部分である。尊王攘夷人士は日本が耶蘇教に乗っ取られるのを最も恐れたし、「耶蘇教は邪教」という考えは一般にも広く浸透していた。これに対して当時の欧米人は「キリスト教こそ最高の倫理、キリスト教を信じない者は野蛮人」と固く信じていた。彼らにとって「信仰の自由」は旧教と新教の間の問題であって、イスラム教、仏教、儒教いわんや神道やズールー教などは愚昧の民の宗教だった。だから西洋人たちは踏絵をことのほか嫌った。現在のイスラム教徒が西欧のマホメット漫画を嫌うようなものである。前に述べた安政三年七月のキュルチュスの意見書には踏絵について「毎度異国人渡来の節、踏絵の義申し付けられ迷惑の由相聞え候。以来勘弁これ有り候様致し度く候」と書いてあるが、これはオランダ人に踏絵を行わせたという意味ではなく、外国人が来た時に長崎で日本人に踏絵を行わせるのを止めてもらいたい、という意味である（鳥井裕美子氏による）。これについて忠震たちは相談して踏絵を止めることに一決したが、彼らが江戸の同僚に送った手紙はなかなか面白い。

「踏絵は寛永以来二百年の仕来りだが、今、庶民たちはこれを普通の神事祭礼と同様に心得、大仰

踏絵の図（『日本』）

に衣服を着飾り恰好をつけるだけ、取り締まりの役には立っていない。天保時代に邪宗を修めた廉でお仕置きになった京都の八坂みつぎ（人名）は、その本尊（キリスト）の像を拝するためにわざわざ長崎にやってきて踏絵を行ったし、また現今、妙な宗教を信仰している浦上村の者どもを奉行所で吟味中であるが、彼らも毎年踏絵を行ってきた。こんな風だから踏絵を行ったところで、それは外国人たちに不快な思いをさせるのみで、邪宗の取り締まりには無益であろう。カピタンも『天草の乱は古いことで、もし踏絵がなければ邪宗などこの地で知る者もなくなったろうに、踏絵を行うために愚民たちの中には、邪宗には何か結構不可思議のことがあるに違いない、と信じる者も出てくる。智慧なき子に智慧をつけるのと同じではないか』と笑っていた」。

これに加えて他の開港地下田や箱館では踏絵を行っていないという理由もあって、この後長崎でも踏絵は止めになった。ただキリスト教は日本の国禁だったから、水野や忠震は日蘭条約案文の第十二条に「キリスト教の書籍画像類及びアヘンは日本人に売渡さぬこと」、第三三条に「オランダ館内でのキリスト教修法の自由は認めるが日本人を勧誘しないこと」と書いてカピタンに提示した。しかし結果的には第十二条の前半の「キリスト教書画」と第三三条後半の「日本人勧誘」の項はいずれも条約からは除かれた。それは八月にロシア使節プチャーチンが長崎に現れたからである。

5 日蘭日露追加条約の独断調印

プチャーチンの出現と条約調印

プチャーチンは米蘭に後れを取るまいと考えて八月四日頃長崎に来た。彼は一旦シナ方面に去ったが、用件が早く片付いたので同月二四日に長崎に戻ってきて早速蘭領事キュルチュスと会談し、翌二五日に立山の役所で水野や忠震と対話した。その席でプチャーチンは「キリスト教を禁止するのはその国の勝手だがそれを外国条約に書き込むのは筋違いだ」と猛烈に反対し、オランダ領事キュルチュスに対しても「こんな条約文を許容するのはあなたの手落ちだ」と言わんばかりであった。書籍画像の輸入禁止を通商条約に書き込むのは筋違いとは言えないだろうが、とにかく当時の西欧諸国は力で押しまくった。

キュルチュスもこの項目はない方がよかったからプチャーチンの威を借りて日本側に「この項目はロシアのみならず英米も納得しないだろう」と匂わせて、日蘭条約からこの項は削除された。水野は江戸への通信に「通商条約には不似合いであっても、前の和親条約に入れそこなったから今回はカピタンを何とか説得して耶蘇教禁止を条約に入れたのに、プチャーチンが来たために土崩瓦解となった。残念だ」と書いている。それでも日本側は頑張って最終的にはキュルチュスに「踏絵は廃止するが、

プチャーチン像
(『駿河湾に沈んだディアナ号』)

キリスト教を伝道したりその書籍や画像を輸入してはならない」との念書を押し付けた。

一方プチャーチンは条約交渉で、オランダと通商条約を結ぶならロシアとも同じものを結んで貰いたい、その際下田も開港してほしい、と要求した。日本側は、オランダには長崎商館があるからその意味で条約文が若干異なるが本質的には同じ、と返事したが、プチャーチンはロシアも下田に駐在官吏をおく権利があるのだから条約は全く同じであるべきだと力説した。彼は、日本がロシアとの条約内容をオランダより狭めるのではないかと疑っていたのである。

プチャーチンは性急に条約締結を迫った。そして彼が強硬に頑張ったおかげでキュルチュスは得をした。日蘭条約を店晒しにしてプチャーチンの相手をすればまたどんな面倒がおこるか分からない、折角苦労してキュルチュスを納得させた条々まで崩れてしまうかもしれない、と恐れた日本側は八月二九日、本来なら江戸の同意を得てから調印されるべき日蘭追加条約に独断で調印したのである。実際これに調印したおかげで水野たちはプチャーチンがしつこく要求する下田での通商開始を何とか抑えることができ、九月七日に日露追加条約も彼らの独断で調印された。日本の将来を大きく変えるこのような条約が出先の外交官数人の独断で決定されるようなことは実に珍しいことである。通信施設が全然ない時代とはいえ水野や忠震の決断力は立派なものであった。

身命を抛ち決断をすすめ候

この時のことを江戸の目付系海防掛（鵜殿、一色、永井、津田）に報じた忠震の手紙がある。同僚に出した私信なので忠震は正直に書いていてとても面白いから以下に意訳して紹介する。

一筆啓上、皆様御清福、ご同慶の至り。さてプチャーチン再渡の後追々談判にかかったが、彼は色々と苦情を言う。そして思うようにならないと、すぐに出帆するぞと脅しをかけるので一時は大いに心配したがようよう折れ合い、オランダ条約に倣ってロシア条約も別紙の通り完成した。下田開港が特に難物だったが、何度も折衝した挙句本文のように決定した（条約には「下田あるいは別港での通商が決まるまでは、この貿易章程は下田に適用されない」と定めてあった）。私としては下田も開かないと不都合だと思うが、今直ちに、とはいかないから一応このくらいのところで賛成した。その他の箇条は順序こそ違え大体オランダ条約と同じだが、省いた所もあってよほど短くなっている。

今回の条約は今後の諸外国との通商条約の基本になると思うから、調印できて非常に嬉しい。実はこの調印決行に当たっては難しいこともあり衆議区々であった。だが自分としてはこの機会を失うことは国家の幸福を失うに等しいと思ってよほど激論を発して筑州（水野忠徳）を説破し、蘭露とも滞りなく条約取替しを済ませた次第である。江戸の認可を待たずに調印したことは誠に恐れ入るが、交渉事は活物だから、国家の為になることを只々規則に泥んで為さずに済ますのは残念だと思って「身命を抛ち決断をすすめ候」。諸人に考えの異同もあったがとにかく折れ合ったので大いに安心、今回ロシアが済み、これでこれからの都合も大方ついた。まことに欣喜雀躍の至りである。

一　プチャーチンは下田のハリスが、国君から国君への書通は使節が国都に出て直接奉呈し、その答礼にも使節を立てるべきだ、と言っていることを知っていて自分もその通りにしたいと申し張ったが、こちらもいろいろ不承知を論弁した。結局彼も、日本から使節を派遣するようになるまでは自分の方からも国君の書状を提出する必要はない、と納得したから、この件は止めにした。

一　条約取替しが済んだからロシア人たちに幕府からの贈り物を遣わした。プチャーチンには梨地蒔絵書棚、青貝細工西洋針さし箱、錦と緞子三巻、梨地硯箱、奉書紙五状、船将（艦長）には梨地蒔絵ほかい（蓋物）一対、士官その他に蒔絵広蓋織物一巻ずつ。

一　談判中、プチャーチンは例のように立腹することが折々あった。だから今回くらいのところで彼を納得させるのは非常に難しかったと御賢察願いたい。これについては高橋平作、平山謙二郎、永持享次郎が実によく働いた。一時はとても落着すまいと大いに心配したがまずまず大安心だ。一昨夜などは謙二郎と元平（忠震の部下）を旅宿に呼んで、ロシアの先を越そうと徹夜して大苦しみで条約を漢文に翻訳し、やっと早朝に出来上がるという騒ぎだった。とかく日本側は何でも遅く、いつもロシア人に先を越されていたが、今回は機先を制してやって頗る愉快だった。

一　今朝も取替し直前に謙二郎と享次郎をプチャーチンの許に遣わしたが、これは昨夜になって彼がつまらない強情を張って、もう条約は止めだ、と言い出したからである。それで両人が戻ってきてから三人で説明の仕方などを相談した。そして再びプチャーチンに告げたところ彼の疑いは氷解し、これは言語が通じないところから起こった間違いで決して強情を張った訳ではないから悪く思ってくれるな、と珍しく謝った。御一笑されたい。今日の取替しは夜になり明日も巡見などで忙しく手紙を書いている暇がないから、今、立山役所で急いで書いている。草卒のことで御免下さい。

九月七日　　鵜殿民部少輔、一色邦之輔、永井玄蕃頭、津田半三郎様。

英将渡来これ無きは遺憾の極み　以上のように事実関係を一応報告した忠震であったが、この時は気分が高揚していたから、これだけでは終わらず、「二白」（追伸）として次のように続けた。

以上の内容は大目付方にもよろしくお伝え願いたい。また追加条約の写しと漢文写しを差し上げる。漢文訳の写しは差し上げないから勘定奉行の方から貰って御一覧願う。漢文写しはそちらが先に読んで勘定奉行の方に回して欲しい、すなわち漢文訳の写しと漢文写しを「交易」されたい。

（注――忠震が言う「漢文写し」とは忠震が平山謙二郎などと徹夜して作った日本語条約文の漢文訳で、「漢文訳の写し」というのはロシア漢文掛がオランダ語条約文を翻訳したもので、この漢文とオランダ語文の二つが条約正文である。日本語とロシア語はその翻訳という形式だった。なおこの時ロシア人が作った漢文は非常に拙く、日本側で添削してやった。ロシアの漢文掛は喜んだそうである）。

蘭露両国の条約ができて呉々愉快の極みである。今晩は誠に大重荷を下したような心地だ。昨六日、オランダ商船一艘が入港したが既に条約調印終了後だからすぐに噸銀（入港税）を納めた。初回だからちょっと申し上げるが、領事からは「追加条約第四条の趣意に基づき長崎御奉行様へ」として日時、商船名（ヘンリーッテエン・コルネリア）、船長名、荷主名、噸数（三二五トン）、出港の日時と場所（一八五七年九月一六日、ジャルハ〔ジャカルタ〕）、それに積荷目録を添えて、噸銀として一〇二ドルを差し出した。この噸銀は日本の一貫六二五匁に当たる。条約が済んですぐに噸銀の取り始めができて大出来だ。もう条約の取替しも済んだから当地の貿易管理の準備が出来次第、江戸に向けて出立するつもりである。この上は是非とも外国航海のことを自分の任として、各国の得失をよくよく探り出し、我が国の威権を天地に輝かす根基を作りたいと、そのことだけを願っている。

交渉中プチャーチンはもう破談だ、と二度もゴネた。別冊の条約が出来たのは意外な位、これも国勢更張の時節到来と雀躍している。ただ英国船将が来なかったことだけが残念である。

忠震はこの条約を結べたことがよほど嬉しかったと見えて、この手紙にも二度にわたって「雀躍の至り」と認め、九月二三日長崎を出発する際の日記にも「この度は重任を蒙り、ただ犬馬の衷を盡すのみと心を決めて出てきたが、図らずも百事好都合に進み遺憾なく任務を果せた。実に爽快だ」と書いている。国内の大半が反対していた、しかし日本の為にはどうしてもなければならない貿易開始という未曽有の政策転換を成し遂げたのだから彼が雀躍したのは尤もである。手紙末尾の「英将渡来これ無きは遺憾の極み」という一文は、「どんな外国人でも来るがいい、自分の力で納得させてみせるぞ」という爽快な自負で、忠震その人が眼前に彷彿するようである。

第五章　長崎往復道中日記から

1　詩歌で辿る長崎への旅

忠震は長崎出張を非常に喜んだ。これまで甲斐と下総安房、それに伊豆下田に四度出張したが、今回は日本を縦断して普通なら一生見ることのできない風景を満喫できるのだ。彼の喜び知るべし、である。出発一カ月ほど前の安政四年（一八五七）四月二八日、彼は御白書院で将軍に御目見えし、その後芙蓉の間で金十枚と時服二および羽織を拝領した。金（大判）十枚は今の物価に直すと五〇〇万円くらいだろうか。ただこの金で六カ月に及ぶ自分と随行者の旅の費用一切を賄うのだからそれほど高額ではない。

平生鬱勃胸間氣
一吐今朝便登行

今回の出張の大まかな旅程は、五月二一日に築地の自宅を出発、中山道、山陽道、長崎街道を通って閏五月二九日に長崎に着いた。江戸長崎間を三八日、一日平均三〇キロほどを半ばは徒歩半ばは駕籠であるが、宿場に入るときは威儀を正す必要があるので必ず駕籠に乗った。対蘭露交渉を終えて長崎を発ったのは九月二三日、天草を巡視して九州本土に渡り小倉から大坂までは瀬戸内海を船で、その後紀伊半島の外周から三河湾の吉田（今の豊橋）まで主に海路で進み、東海道を通って江戸に戻ったのが十一月十二日であった。以上の旅程は巻頭の地図に書き込んでいる。

この旅行中忠震は克明な日記をつけた。それは『岩瀬鷗所日記』の中の『丁巳征西輶中日乗』『丁巳東還行程日乗』（丁巳は「ひのとへび」の年）として今に残っており、そこには好奇心旺盛な忠震が道中で見たもの、聞いたことが詳しく書き留められている。道中日記という性質上、記述の大半は名所旧跡や景色の描写である（章末付録に一日分だけ引用した）が、以下ではまず忠震が旅中で眺めた風景を道順に、彼自身の詩歌によって紹介し、その後この日記から窺われる忠震の個性やひととなりを紹介する。

なお本章で筆者は漢詩より短歌を多く選んだ。それは和歌の方が分かりやすいことにもよるが、もう一つはそこに忠震の特殊性があるからでもある。当時の儒者はみな漢詩を作ったが和歌を詠む人はそう多くなかった。それに比べて忠震は多くの和歌を詠み、またそれらは抒情歌として優れている。これは彼が二〇歳までを過ごした設楽家の家庭教育の賜物であろう。

まず出発である。五月二一日門出の朝は昨夜の雨も止んで空は晴れた。それで忠震は、

○極めんと欲す、扶桑卅国の程。壮遊かくの如く、況んや新晴。

平生鬱勃胸間の氣、一吐、今朝便《すなわ》ち行に登る。

という漢詩を作った。三十余国を踏破して鬱屈していた気分を一気に吐き出そう、さあ出発だ、という彼の喜びが溢れている。そして自分を選んで派遣してくれた幕府に感謝した。

おもひきや　月地のはまの　もしほぐさ　めぐみのなみの　かかるべしとは

月地は築地、もしほは藻塩である。四月半ばの命令書には「途中下田表に立ち寄り下田奉行とよく打ち合わせよ」と書いてあったが忠震は中山道を通ったから下田には寄っていない。

往路で見た史跡と風景

江戸を発った忠震は中山道を西に向かい、まず高崎の手前の佐野の渡で藤原定家および「鉢の木」で有名な佐野常世の迹を偲び、定家を思って次の歌を詠んだ。

駒とめし　昔の人の　あととへば　こたへぬ波の　何咽らむ

塩尻を過ぎて桔梗原には山本勘助の物見の松があったが、原は今悉く田圃に変わっていた。

もののふの　争ふなみは　音たえて　麦の葉そよぐ　風ぞ静けき

木曽福島の手前、宮越宿付近には木曽義仲の旧跡と称するところがあった。

丈夫の　武きほまれは　今も猶　名にながれたる　木曽の川水

美濃太田に着く前、御嶽駅を過ぎたところで大雨になった。前日までの日照りが解消されて「民間の喜び知るべし」と忠震も喜んだが、駕籠かきにとって雨は大迷惑である。忠震は、

打かづく　蓑さへおもき　駅路に　こしかく人の　身をたどる哉　（かくは舁く）

と同情している。王朝時代から著名な歌枕である野路の玉川では次の歌を詠んだ。

名にしあふ　野路の玉川　路たへて　色なき水に　蛙なくなり

逢坂山では蟬丸の和歌の本歌取りをして、

これやこの　行もかへるも　あふさかの　關の戸ささぬ　世を仰ぐかな

と治まれる世を寿いだ。この後数年を出ずして幕末の動乱すなわち「治まらぬ世」が始まり、その原因が、彼の推し進めた開国路線にあったことを思えば我々は複雑な気持ちになる。

湊川の楠公（楠木正成）の墓では次の漢詩を作った。
○大義、天地を動かし、忠烈、鬼神を泣かす。流芳何れの代にか盡きん。湊水、碧、鱗々。
楠公の義烈は尊王攘夷の志士の一手販売ではなく幕臣たちもそう思っていたのである。
福山では、蛍が飛び涼風が吹き満月が城にかかる爽やかな夕暮れの風情を喜んだ。
○長堤、日は落ちて晩烟横たう。螢火、人を迎えて太《はなは》だ有情。
十里の江風、天、快豁。涼蟾（蟾はヒキガエル、月のこと）飛上す、福山城。
赤間が関で九州へ渡るために長州藩の船を待っている時には西の空を眺めて次の歌を作った。
さみだれの　雲さへ晴て　夕付く日　赤間が關に　舟は来にけり
こうして忠震は長崎に着いた。長崎滞在中の日記はないが、安政六年に蟄居を命じられた後の漢詩集の中に忠震自身が採録した次の三つの漢詩はそれぞれ異国情緒があって面白い。

○洋館、風は飄す三色旂（旗）。踈簷、窓を掩う毯氈幃。一條の銅線長さ千尺。緑眼喧誇す、電氣機。（毯氈幃は絨毯地のカーテン、緑眼は外国人のこと）

○号炮磬々、人、四馳す。遙帆未だ那州の夷かを弁ぜず。急に遠鏡を提げて高閣に登る。認め得たり、天辺の乂字旗。（那はいずこ、乂はVの代り、［東インド会社の旗］だろう）

○曽て款約を交わし姓名を題す。南国の櫻花、晩鸝を着す。誰か料らん、秋風紅葉の暮、西陲、又布恬廷を見んとは。（鸝は鶯、西陲は西の果て長崎のこと、布恬廷はプチャーチン）

最初の詩は出島の商館でオランダ人から電信機の講義を受けた時のもの（拙著『古賀謹一郎』参照）。次のは外国船入津と聞いて望遠鏡片手に役所の階段を駆け上がる様子、最後のは安政二年、櫻に晩鶯が鳴く下田で協約を交わしたプチャーチンがまた今秋、西の涯に現れて驚いた、という意味である。

天草一見　秋の終わり忠震は長崎を発って天草を巡視したが、それは天草が天領（幕府直轄地）だったからである。江戸から遠く離れた日本の最西端、しかも全くの田舎である天草は忠震の旅情を掻き立て、彼は多くの詩歌を作った。長崎から山越えして橘湾岸の茂木村に出た忠震は海軍伝習生の勝麟太郎などと談話した後、昼ごろ天草に向けて発船し、飛ぶように走る船中での次の一首を作った。

○浪は長空を蹴って萬馬を走らす。両肥の山色、藍赭、鮮かなり。(萬馬は波の行く有様)
海門の洲嘴、曳いて蛇の如し。帆影飛び過ぐ、松の上下。(両肥は肥前と肥後)

富岡港(現在の苓北《れいほく》町志岐)に着いた忠震たちは裏手の城跡(志岐城)に行って見た。

○斜陽林外伯勞鳴き、人は晩烟深き處に向って行く。荒草野花、誰かこの主、秋風吹き満つ臥龍城。

伯勞はモズ、臥龍城は志岐城の別名である。翌日忠震たちは石炭山などを見分しながら天草島の東海岸を南下した。山上から富岡の海を振り返るとナズナのような松の上に白帆が漂っていた。

松は薺　白帆は蝶と　春の野の　見る目あやまつ　富岡のうみ

二五日に忠震はこの長崎出張の間に見た景色の中で最も感動した魚貫崎の大観を眺め(後述する)、その後牛深、宮河内(今の宮地浦)、町山口(本渡市)に達し、二九日には上島(天草島は九州に近い上島と遠い下島が本渡海峡で分かれている)の北岸を東北に進み才津浦、御領村などを過ぎた。この頃の天草はかなり繁栄していたらしく忠震は「町山口の戸口は五八七、人口は三二三〇人、家々が立ち並び造作も綺麗だ」「御領郝枝郷の大嶋清四郎は天草第一の豪富だそうで家居園地は甚だ美しい」などと書いている。しかし次のような竹枝（庶民の生活を詠んだ詩）も作っている。

○瘠鹵郗々路汙隆　煮塩人去晩烟濛　旬来不聴荻蘆響　颯々坡頭甘蔗風
○場頭相聚似猿蹲　睨視吾儂耳語粉　五十老嫗眉霜雪　綿袍繡綴纈華紋

前のは「貧しい村々を通って路は登ったり下ったり。塩を煮る人も帰ってしまって夕靄が霞んでいる。他の土地なら枯れた蘆荻《ろてき》がザワザワと鳴る頃なのに、ここではサツマイモの葉を翻す風が丘の上を吹き渡っている」、後のは「広場に人々が土下座をしている様子は猿が蹲っているようだ。我々を眺めてヒソヒソ話。中に、眉の白い老婆もいるが、なぜか彼女は縫い取りや絞り染めのある華やかな着物を一着に及んでいる」という意味である。製塩や甘蔗のような産物、あるいは滅多に見ない幕府役人を鵜の目鷹の目で見つめる田舎の婆様たちが活写されている。忠震は滑稽を好んだから、在長崎の木村喜毅宛書状に「魚貫村名主宅で給仕に出た娘は一生懸命に装ったとみえて黒紋付きに五色の裾模様、赤い帯に珍妙な髷を結い、声は牛の如く奇観の極み」と面白おかしく書いている。
天草を離れる二八日の夜、忠震は平山謙二郎と詩歌を応酬して天草の海と別れを惜しんだ。

遠つ沖に　ひれふる魚と　見しは皆　波間にうかぶ　小嶋なりけり
かくるべき　山のはもなし　大海原　なみより波に　わたる月かげ

復路で見た史跡と風景

九月三〇日、忠震たちは天草から八代に渡った。肥後路ではハゼの木（忠震はハヂと書いている）とカチガラス（鵲、ハチガラスと書いている）に印象を受け、田圃が果てしなく広がっている、と驚いた。木山口（基山）から一行は長崎街道に入ったが、日本の儒学の祖菅原道真を拝するため大宰府に寄り、天拝山を望んで和歌と詩を詠んだ。和歌を示す。

大丈夫《ますらお》が　たかきみさほは　萬代も　音にこそたてれ　みねの松かぜ

木屋瀬宿では黒田長溥侯から、鶴、オランダ渡のテール引き雨合羽、博多帯地などを贈られた。十月八日の午後、一行は小倉から乗船、九日晩は徳山に上陸して一泊、それから二日間は船中で過ごし十二日の朝、灘の二茶屋村に上陸した。忠震は「朝飯は備後鞆の浦沖、昼は備前牛窓沖、夜は播州赤穂沖で食べた。一日三食を違う国で食べるのは珍しい」と喜んでいる。船路を除いては一日に五〇キロ以上進むことの珍しい時代だったのである。明石潟では次の歌と詩を作った。

かげうつす　波もあかしの　かぢ枕　月の中行く　ここちこそすれ

○菱を攬《みだ》して、小禽艇を掠めて鳴く。篷を掀《かか》げて獨坐す、夜三更。

烟は遙岬を裁して淡州は淡く、月は平沙に満ちて明石は明るし忠震は二日間京都に遊び、東福寺、北野天満宮、詩仙堂を巡り、清水から大原や五条の橋を眺め、宇治から川船で大坂に戻った。詩仙堂では『詩仙堂志』一部を買い求め、石川丈山を追憶して、

いにしゑの　蟬の小川の　清ければ　今もにごらぬ　名を流しつつ

という和歌を詠み、宇治橋から伏見に至る川船では、

柴舟も　心してさせ　水の面に　ながるる月の　影やくだけん

と眺観の優美を賞し、「東峯、月を吐き、清輝、氷の如く、河、金蓮を湧かす」と美景に感じた。大坂では銅座や天保山砲台地所など仕事上の検分も行ったが、高津宮では、

久かたの　雲井につづく　屋根瓦　はてもなにわの　市のにぎわい

と、果てしなく家並みが続く町の繁華にも印象を受けた。

紀伊半島沿岸を経て江戸へ

十月二二日、忠震は紀伊半島の沿岸防備を検査するために、堺を発した。堺を過ぎて高師（高石）の浜の白砂青松を見た時忠震は「まことに仙境」と喜び、

ひびき合う　聲も高しの　濱つたひ　まつの嵐か　波のとよみか

と詠んだ。紀州加太浦（現和歌山市）から船路のつもりだったが折から南の強風が吹き荒れたので、

草の鎧　竹のかぶとに　身をしめて　矢よりはげしき　雨もいとはじ

と蓑笠をつけて陸路をとり「面を撲つ雨粒刺すが如」き中を濡れ鼠になって和歌浦に到着した。翌日、

立かへり　又も来ぬ身は　なほさらに　見すてかねたる　わかのうら波

と雨のためによく見ることができなかった名所和歌浦に別れを告げ、日浦新町（御坊市）から船に乗り串本に一泊した。この辺りは鯨の名所である。産業としての捕鯨については後述するが、南国の旅情を忠震は次のように作詩した。

○恬波動かず晩晴開く。十月の南州、暖きこと熯（焼）くに似たり。

忽ち認む、潮烟の天際に白きを。□船争って坐頭の来るを報ず。（坐頭はザトウ鯨）

十月二九日勝浦で那智の滝を見物し「滝は十数尋を直下し、これを望めば烟霧のようだ。途中、水は石にぶつかって乱れ、幅は広くなる。その景色は筆墨も及ばず、那智が日本一の滝と言われているのは尤もだ」と感心し、十一月四日の早朝二見ヶ浦を船から遠く眺めながら伊勢湾に出た。

岩根こす　海の光も　玉くしげ　二見浦に　あくるしののめ

地理に興味がある忠震は「志摩から三河までの間は一大海湾、品川の海（東京湾）より大である。右に三河のイラコ大嶋を圍み、左は伊勢、その中間に尾州岬（知多半島）が突出している。灘の間は七里、里数総て十九里半と云う」と書いている。忠震たち一行はその伊勢・三河湾を一瀉千里に乗り切って五日の朝三時に吉田（今の豊橋）に着いた。

忠震の生家設楽氏の領地は豊橋から北西に二〇キロほどの設楽原（現新城市）にあり、その地の竹広陣屋には代官瀧川源右衛門一清が居た。一清は忠震が若い頃何度も江戸に出て設楽家を訪うたことがあったから忠震とは旧知の間柄だったし、この年の夏に家督を譲って隠居していたから暇だったのだろう、忠震と会えるというのでこの時吉田まで出てきていた。そして二人は同じ部屋に寝て「寛睡、三更に到」り、なぜか服地のことなどを話し合い、翌日、一清は忠震を見送った。一清は実務に秀で、教養もあり、当時の中級武士の模範的人物であった。

東海道にかかった忠震は金谷駅で「陰天、富峰を見ず」と残念に思い、鞠子（満り子と書いている）

では名物トロロ汁を駕籠かきまで一同に食べさせ、府中（静岡）では名産の重箱箪笥を買った。十一月八日薩埵嶺を登ると俄然日光が雲間から射し富士山頂の雪光が爛然と輝いた。

ふじのねは　紅匂う　夕栄に　むら雨くらし　三穂の松原

こうして十一月十二日、忠震はほぼ七カ月に及んだ長崎出張を終え、築地の自宅に戻った。

2　長崎日記から見える忠震の特色

アルファベット・望遠鏡・前例破壊

本節からは長崎往復日記から読み取れる「忠震という人物」を紹介する。最初は彼の西洋好みである。鉛筆と寒暖計については第三章で述べたが、忠震は外国人からアルファベットや洋数字も習った。それで長崎日記には Iwase pigonokami とか、58とか、奇麗な筆記体で書いた文字が散見する。彼はまた望遠鏡も携行していて碓氷峠では「坂本宿の中にチヨウチヨの行列のようなものが見えたが望遠鏡で見ると平山謙二郎の一行だった」とか、帰路の二見ケ浦では「望遠鏡で七五三縄が見えた」などと書いている。

西洋人と接触した幕府の役人が温度計のような科学機器を贈られたことは、筒井政憲、川路聖謨はじめたくさんの例がある。またペリーが来て蒸気機関車の模型を見せた時には幕府役人たちがそれにまたがって喜んだし、長崎オランダ館で化学実験を見学した川路聖謨が「手づま使いの如し」と驚いたこともあった。生来具体的事物が好きな日本人は西洋の科学に感心した。だから西洋人と早く接触した幕府役人たちは「もはや攘夷の時代ではない」と覚り開国に向かった。幕末に幕臣が開国主義で田舎侍が攘夷であった一つの大きな理由はこの科学的事物への接近の有無があったに違いない。

西洋事物好み以外に忠震には当時の役人と違ったところがあった。それは「前例を守らない」ことである。彼は旅中、仲良しの長崎目付木村喜毅に勝手なことを書いた手紙を何度も出しているが、そこには「出張途中に琵琶湖を舟で廻った官吏はなかろうと自ら誇っている」「三田尻では川の水が引かないから意を決して船を雇い一気に下関まで航した。これまた創業」「下関では御承知の通り俗事がたくさんでうんざり」などと書いている。役人の世界は今も「前例踏襲」が安全な道であるが江戸時代はこれがもっと酷かった。歩くところは歩き、船に乗る所は乗らないとあとから御咎めがあったほどである。しかしこの頃になると忠震のような元気のよい幕臣たちは平気で前例を破り始めた。

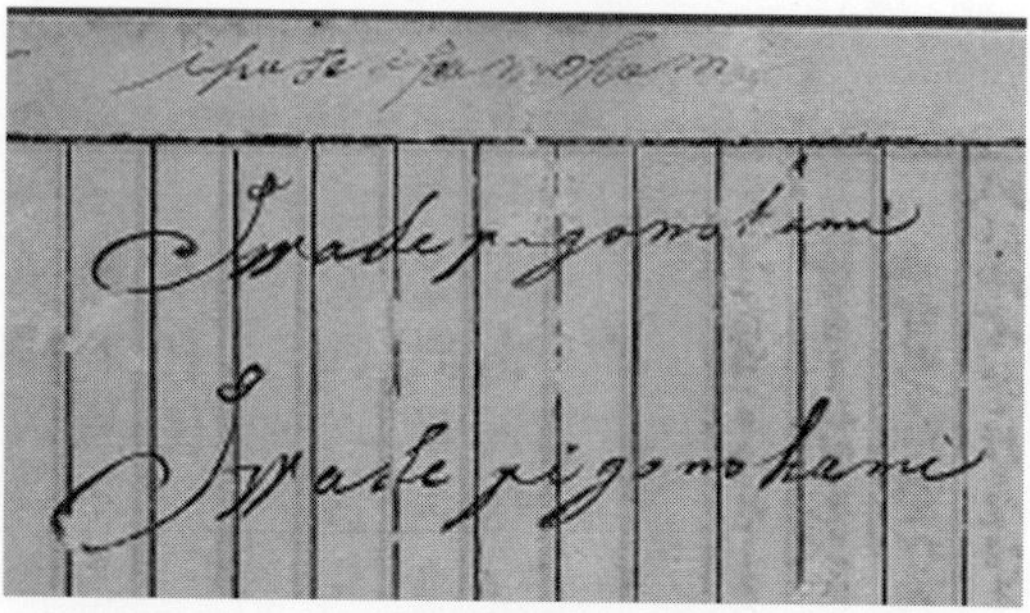

署名 Iwase pigonokami
(『岩瀬鷗所日記』)

長崎に着くと派遣使たちは儀礼上長崎奉行や目付のところに挨拶に行くのだが、忠震は行く前に喜毅宛てにに「到着報告に行くがその時お着替えなどは御無用、ご家来衆も平日通りに願いたい。すぐ近くだから私は勉強して麻上下にするが、供は平日通りに減らして行く」と言い送り、できるだけ簡素を旨とした。仕事はできないのに虚礼にはこだわる役人根性を忠震はよくよく嫌いだった。

女の髪型と風俗および動植物

忠震は色々なことに興味をもった。武備や産業、運輸などに関心をもつのは優秀な官僚なら当然だが、忠震はそれ以外の事柄、例えば女の髪型にも興味をもった。中山道の木曽路から平地に降りてきた時には「此辺より婦女の髷、餘程異なる」と、島田と左髷をスケッチしたし、その翌日岐阜で女たちが前髪に長い切れを結んでいる絵を描き、徳山付近でも芸妓の髻の絵を描いて「こんな髻がある。脣の紅はとても濃い」と書いている。また「京洛に近づく故、婦人小児の皮膚、以前の地とは判然別なり」（彦根手前）など風俗にも興味を示している。当時は木曽の山中と京都に近い平地とではかなり文化に違いがあった。田舎は田舎、都は都だった昔は旅行すると非常に珍しい景色が見えたのである。島崎藤村の『夜明け前』はちょうど忠震が通った時代の木曽への出入口、馬籠を舞台にしている。藤村が二つの文化圏の接点にいたことが分かって興味深い。

人々の身なりや風習について、忠震はこの他にも「（中山道鳥井峠で）先立の村役人の裃はいかにも奇妙。袖なし胴衣のような上着で、股引立附のような木綿ものを着ている」「近江路に入ると小児をフゴに入れ置く家が多い」、「（岡山で）我々が通ると田圃で働いている百姓も笠をとってお辞儀をする。土俗の朴直を見るに足る」「（尾道で）この辺の婦人は頭に大盥《おおだらい》のようなものを幾個も重ねて歩く。甚

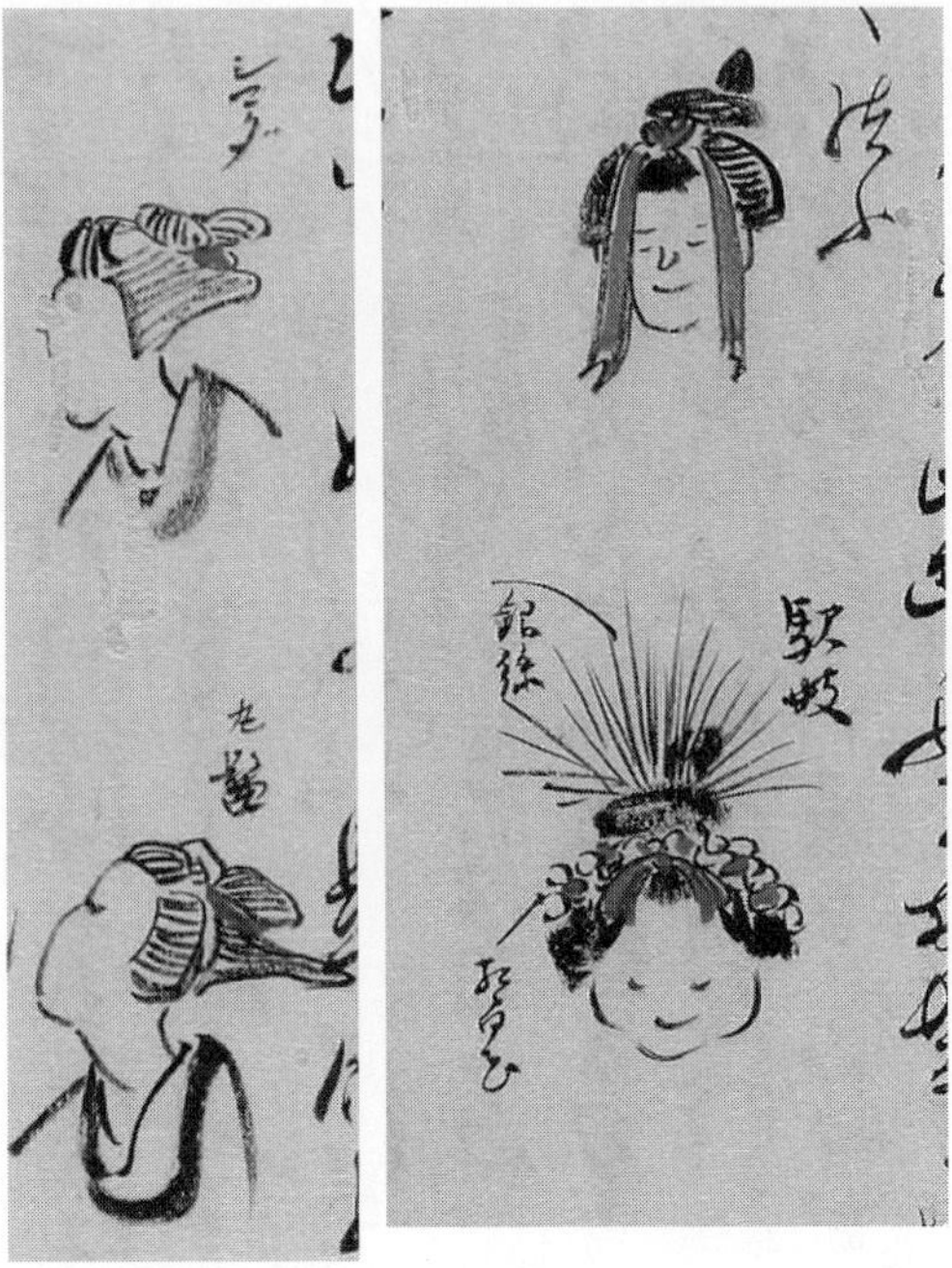

女髷図（『岩瀬鷗所日記』）

だ巧い」のような観察をしている。また紀州串本を過ぎた所では「海岸に点々と疱瘡小屋がある。疱瘡を病むものがあるとここに入れて外出を許さない。寒さで死ぬものが多いそうだ」という伝聞を書き留め、那智勝浦ではカラスと呼ばれる被り物をつけた僧の踊りの絵を描いている。

忠震は動植物にも興味をもった。天草では琉球朝顔や岩タブの実をスケッチし、八代付近では鵲を描いた。植物の絵は丁寧な写実であり、これは実父設楽貞丈の才能が遺伝したのだろう。鵲の絵は雌雄が上下で踊るように描かれていて、南画風のものである。江戸時代には、常に矢立と和紙を懐にして珍しいものを見るとすぐに立ち止まって絵を描く人が沢山いた。忠震もその一人で、動植物に限らず、石碑、塩竈、山や港の景観など全部で二五ほどのスケッチを日記中に描いている。

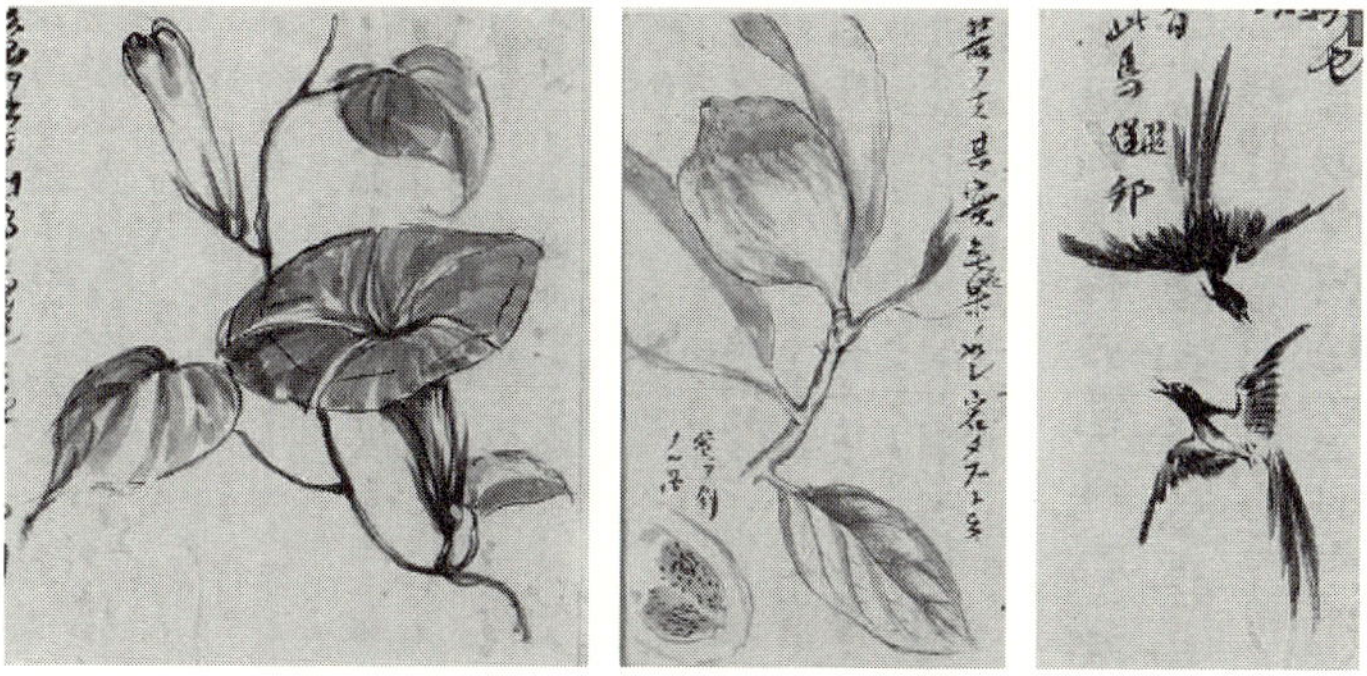

琉球朝顔，岩タブ，カササギ図（『岩瀬鷗所日記』）

忠震はまた厳島神社で猿や鹿の行動を「猿の赤子が母猿の腹にぶらさがり乳を呑みながら、母猿は飛びまわっている。可笑しい。餅を与えれば衆猿が争い取る。鹿の多い事は江戸の犬に優る。鹿が戦う時は二匹が立ちあがって互に前趾で掻く。至ってのろい」と観察し、有明海では「牡蛎《カキ》はコヤシにする」と土地の者の説明を書き留めたりしている。この当時カキは食材としてより肥料として用いられたのであって、日本人が生ガキを食べだしたのは明治以降である。

鉄枴峰・魚貫崎の大風景

忠震は広々とした大風景を愛した。これは若いころからそうであって第一章に「豪放雄大の気分」として紹介したが、今回の西日本縦断旅行で彼はその気分を満喫した。まず中山道で妙義山の特異な山容を喜んで細密なスケッチをし、諏訪湖を望む景色では「大観快適、之を久しゅうす」と喜んだが、大津から船を仕立てて琵琶湖に乗り出した時は、

雲は晴れて東南は褐色の山々が連綿と続き、日輝が雲間よ

妙義山図（『岩瀬鷗所日記』）

り映じて金屏のようだ。（中略）北方は水天が相接し、浩々渺々、際を見ない。西方は三井寺が山腹に見えて寺領の山が蜒蜒と起伏し、その北は叡山が天に接する。言語文章に尽くせない。（中略、唐崎に一旦上陸して）漸々と天は晴れて晩晴燦然、未見の山も悉く明らかになり赭斑爛然として奇観を極めた。（中略）「平生の狂懐やや償ふに足る。快の又快、適の又適」（意訳）と感激した。

琵琶湖の景色に感動した忠震であったが、その感動はまだ続いた。兵庫の摩耶山では、

回顧すればその大観は只驚嘆するのみだ。これ迄大観と誇説した所もここに比べれば児戯のようなもの。ここでは河内伊勢摂津和泉紀伊淡路等の山々が眼下に広がり、灘湊川兵庫阿波までが一矚の下に集まる。大坂の御城は煙のごとく、天保山は蟻楼のよう、和田岬辺まで平遠萬里、毛氈を敷いたようで村落はさながら粟を撒いたようだ。こんな景色はこれか

ら長崎まで行っても滅多に見られまいと書いた。しかしその翌日須磨の鉄《てっ》枴《かい》峰《ほう》(一の谷の北)に登ると今度は、

剣峰の山頭に至って下を臨めばその景色は譬えようもない。(中略)ここは海に近いから河内の山は摩耶山からよりよく見えるし、西の方を望めば山頂が平原の如く渺々茫々として天に連なり、海岸は姫路から備前の方まで見える。右の方を見れば丹波丹後の山が見えて、其の廣濶無際は驚く外はない。ここここそ今回の旅の第一の大観、真に太虚鶴遊の想いがある

と摩耶山を見捨てている。

しかし鉄枴峰よりすごい所があった。それは天草魚貫崎である。

絶頂に登れば天地は一望の下、無双の大観だ。北には野母岬と樺島が海上に髣髴、五嶋も淡く見える。南東の眺めは筆舌に絶する。近くの山の向こうに海、その海を越えて又山。海上に点綴する島嶼は鯨が波を分けて進むようだ。西は大洋が茫々と広がる。この景色がこんな田舎にあるのは惜しいことだ。去るに忍びなかった。実に魚貫崎の大観は造物の大文章であり、鉄枴峰の景色も、その及ばざること数等である

この時忠震の胸中には、この海を越えて外国を見に行きたい、という欲求が湧き上がっていた。だから特に魚貫崎からの眺めに感じるところが深かったのである。

吉備真備と徳川家康

忠震は武士の歴史に精通していた。だから彼は各所で武士の筆跡、古戦場など昔の面影を日記に書きとめた。山本勘助や楠公などは既に紹介したが、その他にも、碓氷峠で「新田義貞の三男武蔵守義宗と足利尊氏との合戦のことは太平記にある」、石山寺で「堂は源頼朝の造立、拝殿は淀君の補造、紫式部自筆の般若経及び硯がある」、熊本の加藤清正の祠で「束帯の像刻也。温雅にして威稜あり」など多くの例がある。これらは歴史好きなら誰でも書き留めるともいえるが、岡山の吉備津神社で吉備真備の墓を拝した時の漢詩は忠震でなければ作れないものである。

〇美圖文章吾詎敢　威夷事業志空存　蘋蘩和涙来相奠　欲喚九原未死魂

「きれいな絵や文章を作るのが自分の望みではない。外国人を恐れずに済むようにしたいだけだ。自分はここに粗末な香奠を涙と共に捧げるが、公の霊魂を呼び返して語り合いたいと感じる」。奈良時代の遣唐副使だった真備の墓に詣でて忠震は「昔は唐だったが今は西洋だ。自分と真備公は強力な外国から日本を守るという同じ使命を担っている」と感じたのである。

忠震は幕臣たちの中でもとりわけ「徳川氏の恩」を強く感じており、三〇〇年の太平を築いた家康公の遺志を継がなければならないと思っていた。だから関ヶ原を通った時には家康の床几の跡を拝んで「嗚呼、普天率土の今日あるのは、正にこの牀几が置かれた小さな地面があったおかげだ。そう思えば感泣止み難く、涙が袖をひたす」（意訳）と日記に書き、

ふりしよを　忍ぶなみだに　かきくれて　袖もほしあえぬ　五月雨の空

○三百餘年の澤、如何ぞ恩に報ず可けん。眼中一斗の涙、来り灑ぐ、古関原。

という和歌と五絶を作り、風雨の中、蓑笠をつけて道もない天神山に登り、また柏原本陣の太平岩の絵を描いた。天神山も太平岩も関ヶ原の戦いの時家康が本陣を置いた場所である。

もう一つ、これは歴史そのものではないが、忠震はこの当時の儒者と同じく僧侶や神官を嫌った。例えば、中山道寝覚で浦島太郎の旧蹟と称するものを老僧が案内した時には「諂媚悪むべし」、三井寺で弁慶の汁鍋なるものを見せられた時は「導者蝶々鼓舌、笑うべく厭うべし」と僧侶の迷信饒舌を冷笑したし、楠公の墓でも痛み止めのお札の販売を憎み、須磨寺や大宰府でも同様であった。当時の寺社は腐敗していたから、知識層は宗教全体を迷信の巣窟として嫌ったのである。

以上、旅行記から忠震の特徴をピックアップしたが、彼はもちろん公的責務を忘れることはなかった。以下ではその方面を見てゆく。

3 産業振興と海外雄飛

産業、特に石炭採掘

概論的に言って江戸時代の政治は「人を治めること」であった。すなわち大名旗本を治める大小目付、僧侶を治める寺社奉行、百姓町人を治める代官町奉行はいたが、モノを治める、すなわち農工業振興のための役所はなかった（米作の検見や金銀山の管理は百姓や鉱夫の管理であった）。しかし外国の様子を知った幕臣たちは科学技術振興の必要性、すなわち現在の経産省、国土交通省および文部科学省の仕事を認識するようになった。古賀謹一郎はその先覚者であるが忠震も直ちにその後を追い、長崎往復の間、彼は国力伸張、国富増進に資する事物を見つけるとすぐに日記に書き留めた。

産業については陶器（那須井川）、精米（灘）、砥石、砂糖、はぜ臘、塩、甘蔗、ギヤマン素（天草）、ハマチや鯨などの漁業（日高川）、銅製錬（大坂）、鉄鋼反射炉や水車仕掛けの穿孔作業（佐賀）など数多の記述があるが、この中で特に興味を引くのは天草で作った次の漢詩である。

○徒網尋常尺寸鱗　捕鯨猶欠射弾人　秋闌背美好時節　閑却海村廿万民

「人力の網では普通の小魚しか捕れない。捕鯨をする鉄砲打ちがいない。秋にはセミクジラ（背美）が来るのに沿岸二〇万の民はただ見逃すのみ」という意味で、注釈には「銃で鯨を獲る術は西洋人が伝え、最近函館の漁夫はもっぱらこの方法に依っている」と書いている。すなわち忠震は捕鯨を産業として捕えたのであって、これはペリーの開国要求の一因が「アメリカ捕鯨船への薪水補給」にあったこととの反映であろう。現在の西洋諸国の反捕鯨運動を見るとマッチポンプという気がする。

このように産業全体に目配りをしたが、忠震がいちばん心にかけたのは石炭と鉄鋼であった。なぜならこの時代の武士にとって「西洋文明」とは何よりも武器とりわけ蒸気船と大砲であって、それらは鉄で作られ石炭で動いたからである。だから神戸近郊、山口、天草、その他の各地で忠震は道端の岩石に目をとめ、石炭はないか鉄鉱石はないかと探した。例えば天草では「土吏、未だ鎔鑛の爐に諳んぜず。鉄塊滿地、亦徒ら乎。近年辺海、洋事多し。誰か未だ開かず、鋳砲の區」という漢詩を作って、鉄鉱石があるのに土地の代官たちが鉄を作る意欲の無いことを嘆いている。

ただこれが口先に止まるなら、それは普通の「出来のいい官僚」に過ぎない。忠震の特徴は自ら実践するところにあった。閏五月九日兵庫近くを通った忠震は自ら炭坑の中に入ってその経験を次のように書いている。「坑の入口の巾はほぼ三尺（九〇センチ）、高さは二尺五寸ばかりで、匍匐して入る。中に木を組んで壁の崩れを防いでいる場所がある。およそ十間（一八メートル）ほど入ると少し広くなった。かがんで歩行するくらいである。又五間ほど入ると石炭脈が見えた。前面左右とも巾三、四尺の炭脈がある。長さ一尺五寸くらいの鉄棒を鉄槌で打ち込みこの炭脈を崩すと容易に数塊の石炭が得られる。大きなものは二尺もあり、小さいのは一尺あるいは四五寸である。之をモッコウに入れ、腰に付けて穴から這い出る。自分もその道具を借りて大塊を崩し取った」（原文語文）。出張の途次にもかかわらず忠震は現場に入って採炭作業を実体験した。身分制度が当然のものであった時代に気軽に採掘現場に入ったところに新官僚としての忠震の近代性を見ることができる。

このような経験をしたから彼は炭鉱の利やそこで働く者たちの労働に注目した。天草の志岐村（現在は苓北町）では「山の神は民を利するために炭鉱を作ってくれた。だからこの村で稲が取れなくても大丈夫」という詩を作り、また「イデノタイラ坑では村婦を傭っているが、彼女たちは獣のよう、腰間に破れた布を纏っただけの裸で、男子は犢尾《ふんどし》のみだ。坑外に煤炭が丘を成している。石炭塊の大なるものは二尺ほどもある」と記録し、炭鉱で働く子どもの重労働を、

○匍匐、駄□して出で、而して復た坑中に入る。出入、日又日。小丁、黒きこと熊の如し。

と詠んでいる。労働源が人力のみであったこの時代、労働はみな過酷なものであり、人々はそれが当然と思っていた。だから忠震の詩にも重労働を悪とする思想はないが、それでも労働者に対する同情は読み取れる。この同情心は駕籠かきや人夫に対しても同様であった。

運輸・地利および海防

忠震は運輸や地勢にも目を注いだ。運輸については閏五月五日に琵琶湖を通過した際、「琵琶湖の獅飛《ししとび》（地名）は乱石が多く運輸不可能であるから湖水近辺の物産は一旦大

津に集まる。これが大津繁栄の原因だが、獅飛を開鑿して物産を直接京大坂に運搬する方が日本の利益であるのは言うを俟たない。だが、獅飛を開鑿すると淀川の水が溢れると言ってこの事は遂に行われなかった。これは大津の商人どもが考え付いた屁理屈である。僅か一万に足りない大津人民の利益のために湖水付近数百万の民の利益を犠牲にするのは無策と言われても仕方がない」と書いている。琵琶湖から流れ出す川は大津の南の瀬田川のみで、この川は鹿飛（獅飛）の難所を経て宇治川、淀川になる。忠震はこの難所を開鑿して舟楫の利便性を増し琵琶湖沿岸の物産を直接京大坂に運ぶことを考えたのである。

獅飛の開鑿は昔からあった考えだが、その他にも忠震は、越前敦賀から琵琶湖に通じる水運を開くという浅野梅堂の建言を高く評価し、また長崎からの帰路には「大井川・阿部川架橋の事遂げたきもの也」と交通を便利にすることを考えた。江戸の防衛や治安のために故意に橋を架けない、などという政策はもう時代遅れだ、と忠震は思ったのである。

地利についての忠震の考えは日本の将来に大きな影響を与えた。彼は往路、大坂を一見した時「浪華の地勢は海内無雙、平衍数里で三方を山に囲まれ一方に海を受け、背後に淀川がある。琵琶湖近傍や北陸の産物は琵琶湖と淀川によって大坂に運ばれるし、瀬戸内海の運輸もみなここに集まる。すなわち全国の貨物はここに止らざるを得ない。豊臣秀吉が覇業をここに開いたのは尤もだ」と感じた。そして大坂の繁栄を見た忠震は「是非横浜を開港地にしなければならない。そうでなければ徳川氏の天下は大坂を制した者に奪われるだろう」と考えるに至った。だから彼は長崎からの帰路、倉卒の際

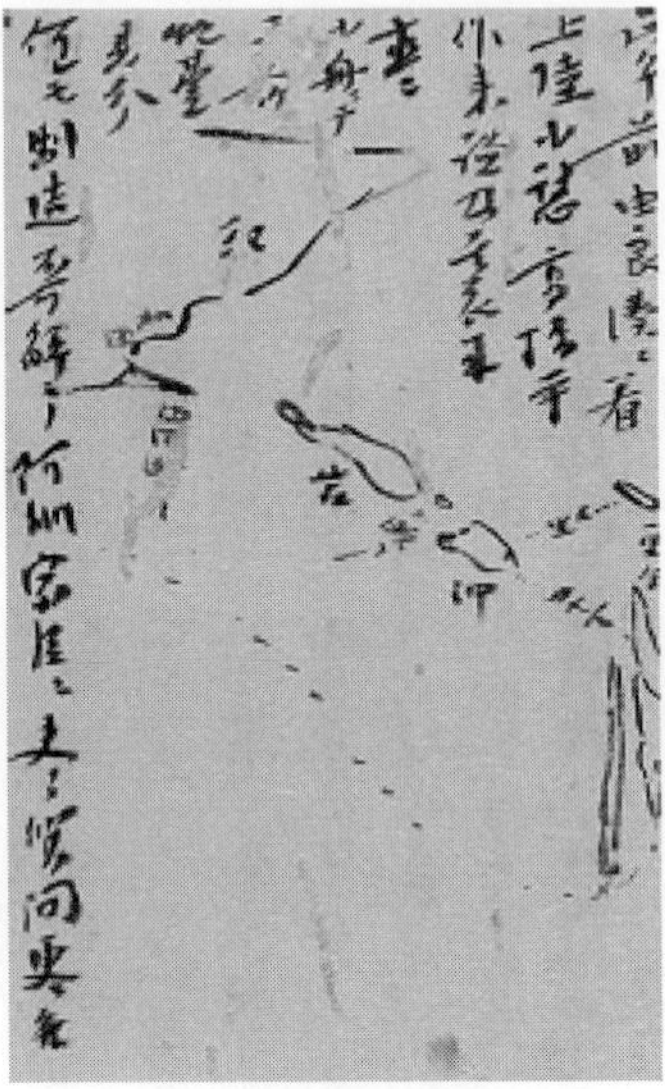

紀淡海峡鳥瞰図
（『岩瀬鷗所日記』）

にもかかわらず、次章で紹介する長文の横浜開港意見書を幕閣に書き送ったのである。また彼は兵庫（神戸）を「良港なり」と評価して、ハリスとの談判の際にこの地を開港地として推奨した。横浜と神戸が日本の代表的貿易港になったのは忠震のお蔭といっても過言ではない。

以上のように忠震は産業や運輸などに目を配ったが、この時代の国民的関心事は何といっても「夷狄から国土を守る」ことであったから忠震も紀淡海峡、堺や由良港の砲台を見分した。彼が特に近畿地方の海防に注意を払ったのは、「夷狄」を非常に恐れた京都の朝廷と公家たちに安心感を持たせようとしたためである。ただ彼を心配させると同時に苦笑させたのは砲台の築造技術だった。堺では「砲台は港を掘り広げてその土で造るのだが、波戸場の左右ともに砲台の形に作っただけ、全くの素人目論見だから全然用には立つまい。何の見据えもなく、ただ土手を築いただけだ」とその拙劣を憫笑し、徳島藩の由良湊砲台では「制造不可解にて阿波の家臣に聞いてもはかばかしい返答がない」とあきれ、紀州の塩津港でも「児戯の如し」と切り捨てている。

海外雄飛

長崎往還日記には僅かではあるが忠震の抱負や意気込みを記したところがあり、そこは特に興味深い。前項に紹介した獅飛の開鑿について書いた後、彼は次のように述懐している。「しかし今回の出張は、航海の大本を定め、世界各国と通信・貿易するための基礎となる条約を結ぶ、という大命を荷っている。それに比べれば琵琶湖の運輸などは地方的小事に過ぎないから、暫くこのことは忘れて、我が日本全国の貿易の道を開き、天下千万世にわたる富強の大礎を定めようと思う。『狂言、自ら一笑すべし』」。このように忠震は、自分の使命は「富国強兵の基礎となる通商貿易を始めること」と明確に意識していた。長崎滞在中「通商研究のための香港渡航」を幕閣に提出したのもその表れだし、九月二五日、天草島西端の魚貫崎で作った漢詩にもその希望が詩的に表現されている。

○俯せば則ち大洋、仰げば則ち天。山頭より眥を決せば雲烟渺たり。
呱哇《ジャワ》香港、直ちに帰往すべし。身は蜻蜓洲盡きる邊に在り。
（インドネシアはオランダの植民地で十九世紀には政府直轄の政庁が今のジャカルタにあった）

蜻蜓洲（日本）の西端魚貫崎からはるかに西の海を望んだ彼の勇姿が目に浮かぶ。（なお図版では直帰往が知何處になっている）

海外渡航は忠震の宿願であって、彼はすでに一年前にそれを公言していた。松平慶永の臣中根雪江

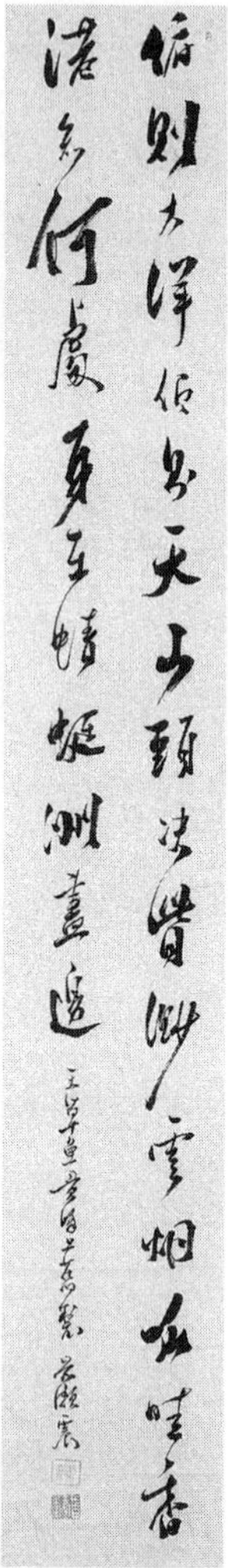
七言絶句「俯則大洋仰則天」
（『開国の星・岩瀬忠震』）

の『昨夢紀事』によれば長崎出張の前年（安政三年）十一月江戸城内で忠震は宇和島藩主伊達宗城に「今の情勢では日本から積極的に乗り出さざるを得ない。条約も通商も武備も航海術もこちらから海外に出て実地検分し、諸藩からもどんどん行くようにならなくては我が国の国威振興は覚束ない。不肖ながら自分はその鏑矢となって海外渡航を申し立てるつもりである」と述べたという。

また安政四年二月、木村喜毅（芥舟）の長崎赴任壮行会の席上でも忠震は「国に尽くす誠を披歴したい。江戸城に縛り付けられているのは自分の志ではない。今日君（喜毅）の送別会に出てみて無念の情がわき起こった。将来行われる海外渡航には是非自分が当たりたい」という意味の漢詩を作り、の後に「これは私言に過ぎないが、自分の期するところはこれのみである。一笑されたい」と付言している。最終句「他年航海乃吾任」は忠震の悲願であった。このような詩は他にもあるが、最も潑溂としているのは閏五月二〇日徳山付近で作った次の詩である（図版では最初の文字が航海）。

○海航誰か自ら任ず。只許す、碧翁知ると。五州何ぞ遠しと謂わん。吾、亦、一男児。

「碧翁（すなわち青い目の外国人）ができることなら日本人にできないはずはない。男子たる自分は五大洲を股にかけて往くのだ」と思った。この爽快な意気込みこそ忠震の人間的魅力であった。

前の伊達宗城に言った言葉にも表れているように忠震にとって日本（諸藩全部）と幕府は同じものであった。すなわち日本の国威振興と幕府中興は彼の心中で分かれていなかった。十一月七日東海道島田宿付近で詠んだ五絶、

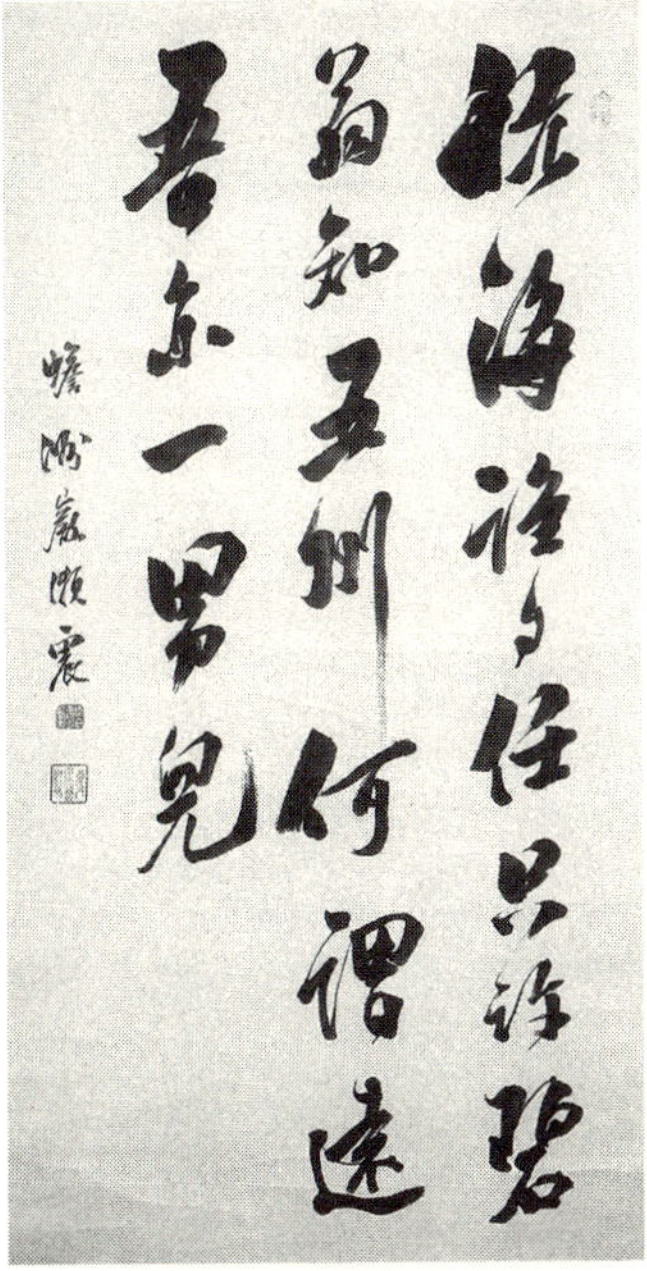
五言絶句「航海誰自任」
（『開国の星・岩瀬忠震』）

○時なる哉、又時なる哉。中興便ち企つべし。切扼（切歯扼腕）して碧落（大空）に訴う。何れの代か男児無からん。

は「横浜開港建白書」を差し出した翌日に作られたもので、彼の「自ら徳川氏中興に任じる」

意気込みと自負が感じ取れる。ただ皮肉なことに彼が「徳川氏中興」のために推進した貿易の開始が徳川の天下を終らせる結果になった。と言うのは、朝廷・公家はじめ諸藩の志士たちは外国人の居留を認めた通商条約は「夷狄に我が国を奪い取る足掛かりを与えるもの」として猛反対し、この流れが尊皇攘夷運動となってその挙句幕府が亡びたからである。しかし長い目で見れば「開国による富国強兵」は日本の唯一の選択肢だったから、忠震が抱いた「中興」の抱負はまさしく国家百年の計だった。

なお、この旅行中の十月二一日から忠震は爵位を伊賀守から肥後守に変えた。これは松平伊賀守忠固が老中に戻ってきたために忠震が伊賀守を返上したのである。江戸に戻った忠震は十一月十五日に御白書院に上って将軍家定から「御苦労」と声をかけられ、十二月二九日に「長崎表御用の為罷り越し、かれこれ心配、出精相勤め、その上帰府の節所々見分をも致し、骨折り候に付き」拝領物として金三枚、時服三を拝領した。これが長崎御用関係の大団円であった。

付録　日記「和田嶺から諏訪湖」

（以下の引用文では変体仮名やカタカナをひらがなに変え、適宜句読点を付し改行した。理解しやすいように濁点にした字もある。□は筆者が解読不能の文字、ヵは読解が不確かな文字である）

（五月）廿六日　大晴　午下四山噴微雲

芦田　是ヵ久保　下和田　和田　唐澤　和田餅屋　諏訪餅屋　豊橋　下諏訪

昧旦發望月駅。北、田を隔て望月城墟あり。山、松杉鬱然。田間を上下し大日坂あり。此辺右の方田園開敞。望浅間于北方。景頗佳。尖ヵ芦田。過此田畦間を往く。左の山上一叢の松即芦田城址。同所迄省齋（平山謙二郎の号）同伴。踰笠取嶺。長久保小休。陋甚し。過此田間を行く。右の方小溝あり。水石琤々若依田川。又過田間。大門川橋を渡る（原注——大門川は依田川の下流）。又小川を渡る。下和田陋屋貧駅。夫より田間を經、小阪を登る。左右渓流鍬聲相應玲々如蜩。寔俗耳砭針哉。

和田本陣の倅三才の由、著袴而出。可愛。與菓。駅主人報之以朝鮮松実五。此所より省齋同行。山間無奇景。又駕轎。憩唐澤。坂路羊腸、一歩高一歩。二里許無景處。到和田餅屋。是より捨輿。追々ヵ趾仰ヵ。左右の山皆童而圓。到和田嶺頂、左の方童山の最高きものあり。鼓勇登攀二□皆従焉。四顧皆下界、諏訪湖山間より隠見す。北越の山連亙皆雪皚々。迫紫ヵ闉。大観快適久之。下嶺甚峻。

諏訪ヵ餅屋にて少憩。餅を従僕に輿へ駅夫に及ぶ。是より駕轎、猶降数町。右の方折帯数ヵ斧劈を交ゆるの一山あり。豊橋小休。過此山路通行の比、殷々遠雷あり。山路迂曲一里半許。至近に諏訪湖を望む。坂路盡る時湖水の半を左の方に観る。湖の前は悉く田圃曠豁。佳景間ヵ可縷ヵ述。右顧亦田園漠々。好土地と見ゆ。坂の下り口右の方諏訪社あり。境内一見、直に下の方の門より通り抜け追々下諏訪に向ふ。景愈奇絶。隔湖遙見諏訪城。高樓櫓一あり、臨水。其繞り松林欝然頗佳城也。富士南方に見ゆ。

下諏訪駅人家甚富饒。駅左本陣。七半時著。本陣手前より雨点々来、不至用傘。隔湖の山靄々噴雲。紫電閃雲帷中。盖驟雨の兆也。本陣著後一霎時、忽傾蓋の雨来る。雷鼓轟々掣電射眼快絶大叫。終日の炎蒸、為之一洗盡矣。本陣境内有温泉。即入浴。湯風呂九尺四方、樋より流入る。□性好□湯、ム

リニ入る位の熱也。隔壁混堂たり。喧囂殊甚矣。湖水の鰻及扁螺を晩餐に供す。共に美也。蜆は無類の味、都下には似よりたるものもあらず。今日和田嶺上の大観、今夜の快雨、發都以来の適と謂べし。

元平（人名）来。夜五過雨止（六十二度）。得詩。

○風雨撼乾坤　飛雷閃烈火　欲壮千里行　雷公来錬我

温泉の源、浴室の傍にあり。六尺餘の湯船の如きものを設け、中に石を甃す。湯、其石罅ヵより沸上る。如魚眼。昼夜四時を弁ぜず。地震あれば湯の沸騰を増すと云。本陣□□の庭に小瀑あり。夜は其聲睡を妨を以て他に轉流せしむる様子也。殺風景可笑。

和田嶺上詩

○紫宮手可捫　揮袂立雲表　俯眺数州山　宛然培塿小

きのふまで　過来し峰は　ふもとにて　雲の上行　和田の山道

諏訪湖

○誰設此湖闢沃田　闔郷耕耨免奇艱　須繹化児注心處　不在水明山紫間

けふいくか　木曽の山道　わけなれて　見るめ□しき　諏訪の海つら

第六章　横浜開港意見書と当時の一般世論

1　横浜を開くべし

ハリスの遊説

一年にわたる幕府との粘り強い交渉の挙句、アメリカ領事ハリスは安政四年九月末、遂に大統領ピアースの親書を将軍家定に手交する許可をとりつけ、十月二一日に将軍に謁し二六日に筆頭老中堀田正睦と面談した。この時ハリスは世界情勢やアメリカの国是を熱心に語り、今後日本がとるべき外交政策についても助言を与えた。その演説の概略は以下のようである（以下はハリスが語った順序通りではなく筆者が適当に整理した）。まず自国アメリカについてハリスは、

一、アメリカはヨーロッパ諸国と違って東洋に植民地を持たない。ハワイ（サンドウィクス島）はアメリカ合衆国に入りたいと願ったが断わったくらいである。軍事力で取った領地は全くない。

一、英清戦争に関連してアメリカも清国と交戦したが、これは英国に加担したのではなく清国の砲台が鉄砲を打ちかけたためであり、清国が謝ったからすぐに戦闘は止んだ。
一、アメリカ大統領はイギリスが日本にもアヘンを持ち込むのではないかと心配している。
一、アメリカ大統領は懇切の心をもって私を日本に派遣したし、日本の港も徐々に開けばいいと思っている。またアメリカは宗教には全く干渉しない。昔のポルトガル・イスパニアとは違う。

タウンゼント・ハリス像
(『ハリス』)

という風に語った、と言うか、宣伝した。
ハリスはまた世界の趨勢を説明するとともにイギリスの脅威を誇張して次のように語った。
一、蒸気船や電信の発明によって世界の各部は近くなり、交易も盛んになり世界は一統された。だから世界に背を向ける国は皆に嫌われ敵にされる。
一、日本と清国はまだこの世界一統の中に入っていない。北京にイギリス公使がおらず、外交関係を結ばなかったからアヘン戦争が起こり清国は百万の人命と港を失い賠償金も取られた。

一、アヘンの害は金額のみではなく人体や精神を傷め、ひいては犯罪を引き起こし社会に大害がある。この大害の原因は挙げて英国が武力を背景にアヘンを輸出したことにある。

一、今回の北清事変の結果次第では台湾はイギリスの、朝鮮はフランスの領地になるかもしれない。何より北京駐在公使が居なかったのが今回の戦争の原因である。インドも昔、外国と条約を結ばなかったからとうとうイギリスの領土にされてしまった。

一、イギリスは各地でロシアと勢力を争っているから、ロシアが満州と清国を領地にする時はイギリスは樺太と北海道を奪ってそこに海軍を置こうとするだろう。

ハリスは今回の出府の目的たる通商条約締結と公使駐在については次のように言った。

一、世界と交わりを結ぶということは首府に各国公使を受け入れ、自由貿易を行うことである。

一、英仏などと戦争になれば結局（通商）条約を結ばせられる。敵の軍艦が五〇隻来てから条約を結ぶより、私のようにたった一人で武器も持たないものと条約を締結する方が日本国の名誉である。

一、香港で英将ボーリング（清国駐在全権使節兼香港総督）と会った時彼は、対清戦争が済んだら蒸気船五〇艘で日本に来て公使駐在と自由貿易を要求すると言った。もし日米条約ができて私から英仏に手紙を出せば彼らが軍船を連ねて来ることはない。だから私と通商条約を結ぶのが賢明である。

ハリスは貿易の利益や日本の武備の頽廃などについても語った。

一、交易とは自分の国に余剰があるものを輸出して国々が平等になることで、もし飢饉になれば外国から食料を輸入できるし、自分の国にないものは外国から買い入れる。これは一国の中に百姓と商工業者がいるのと同じである。また交易すれば外国の発明品の知識も得られて国益になる。

一、交易すれば輸出用産物は自然に増え、輸入品からは関税がとれるから国の財政が豊かになる。

一、日本近海に鯨が沢山いるが捕鯨はみなアメリカ船が行っていて日本は大利を逸している。

一、日本は平和が続き幸せだったが、そのせいで武備は疎かになった。勇気だけでは戦争に勝てない。蒸気船など近代的兵器を備える必要がある。

一、アメリカは日本が望むなら軍船や武器を調達するし、訓練のための士官なども派遣する。

横浜開港意見書

以上のハリスの演説には嘘もあり駆け引きもあった。例えばアメリカはテキサスやカリフォルニアをメキシコから武力で奪ったしこの頃もハワイやキューバを取ろうとしていて、これらはオランダ風説書などによって幕府の人々も知っていた。また彼はイギリスが日本を狙っていると繰り返し語ったが、これは必ずしも真実ではなく、イギリスの脅威を種にして自分と通商条約を結ばせようという魂胆から出ていた。しかし概略的にはハリスの言説は正しかったし、特に我が国の軍備の欠陥や貿易の利は幕府にとって喫緊の問題だったから、堀田正睦はじめ海防掛は彼の言説を熱心に聞いた。ハリスは沢山のことを語ったが、アメリカの具体的な要求は要するに、江戸に公使（ミニストル）、開港地に領事（コンシュル）を置くことと自由貿易を行うことの二つだけであった。

海防掛目付の鵜殿長鋭と永井尚志はこのハリスの演説内容を手紙で忠震に急報した。それが届いたのは十一月六日、忠震が天竜川付近を通行していた時だった。忠震は待ちかねていたこの書状を轎《かご》の中で読むと直ちに下僚の平山謙二郎を呼んだ。そして二人は冬の日を浴びながら開豁な東海道を歩きつつ開港地などについて相談した。そして再び轎に戻った忠震は即座に鵜殿などへ返書をしたため、夜には平山が下書きをした老中宛ての上申書「亜墨利加《アメリカ》使節言上仕候儀に付申上候書付」を書きあげ、翌日飛脚便で江戸に急送した。僅か一日で書き上げられたこの二通の手紙が、当時は神奈川宿沿いの一寒村に過ぎなかった横浜を日本最大の貿易港に発展させる原動力となった。

この二通の内容はほぼ同じだから最初に理路整然とした上申書全文を示し、鵜殿・永井宛ての私信は忠震らしさが表れた部分だけを紹介する。上申書（原候文）は以下のようである。

アメリカ官吏ハリスの将軍お目見えとその後の申し立てを一覧しましたが、これらは今回の出張の目的と密接な関係がありますし、また以前からの私の考えや近来の外国事情の聞見もございますから、以下に総合して考えを申し述べます。

ハリスは「そのうち英国使節が品川沖に来て貿易を迫る、だから今回の私との条約を英仏にも通知するのがよい」と言って今も江戸に滞在している由ですが、貿易章程は今回の長崎における対蘭露条約で基本は立っているから問題はないと思います。官吏（ミニストル、公使）の江戸駐在については彼是議論もありましょうが、下田港の港替えはアメリカのみならずプチャーチンも交渉中何度も要求したくらいで、いずれどの国も申し出るでしょう。代替港が江戸近くならその港の船がかりが少々悪くても彼らは承諾するでしょうが、「紀州付近ではどうか」と打診すれば必ず大坂を開けと強談判に及びましょう。なぜなら大坂は物資の集散地、繁華の都市であることを諸外国はみな知っていますから、江戸でなければ大坂と強訴するに決まっています。しかし御賢察の通り、大坂は皇居に近く淀川から竹田街道を通れば一日で京都に達し、その間険阻要害の地もなく明き抜き同然の地形ですから、万一大坂を開くとなると尊王の大義に於いて穏やかでなく、天下の人心恟々（恐々）、議論が沸騰しいかなる変事が起こるか分かりません。ですから大坂開港は断然お見合わせになるべきです。

その上日本全国の地勢全体を考えても、大坂は前に中国西国を控え、北国東海まで運送路が伸びている日本咽喉の地、背後の淀川からは琵琶湖に通じて美濃飛騨越前丹波若狭近江六カ国の貨物が上下する、という山海の大利を兼ね備えた土地であります。日本全国の利権の七八分は大坂に集まると言われていて昔から金主も大勢おり、また長崎貿易の利潤の八九分も大坂商賈の手に落ちています。もしここが外国貿易の利益も手中にするとなれば江戸をはじめとして全国は衰微し大坂のみが肥え太り、これに京都の問題が絡んで極めて不都合な事態となりましょう。

天下の利権を御膝元に集めよ

忠震の建白の要はこの後にあった。彼は横浜開港を幕府の利源の根本として捕えていたのである。

一方江戸は現在諸大名の集合地として人口が増えておりますが、全国からの運送の便は悪く殊に品川は船囲いもなく、沖の方に船を繋ぐくらいで良港とは言えません。江戸の人口が多いから消費物品を積んでくる入船が多いだけの話で、諸国への物資交易の利潤はありません。要するに地商いであってとても大坂には及ばず、東海（太平洋岸）廻りの船々も兎角大坂に直行しがち、東北の物品は一旦大坂に廻ったものを江戸で高く買っているような有様で、すべて利権は大坂に握られています。ですから政治的措置によって江戸で利益が上がるようにしなければなりません。

だからハリスが要求する「官吏の江戸駐在」は勿怪の幸い、これによって江戸の利源を開き尊王の大義をお示しになる絶好の機会です。それには横浜を開港して役所を置き、貿易場を設置して条約締結の国々に輸出入を許可されるのがいい、そうすれば外国官吏は現に貿易が行われている横浜に居住するのは論を待たず、外国政府も「江戸に置く」とは主張せず、彼是の議論は起きますまい。

横浜を開港する時は東は六郷川（多摩川）、西は武蔵相模の境界の字境木の辺、北は山川の様子に従って適宜なところまでを外国人遊歩地と定め、幕府との交渉が必要な時は在住官吏に限り江戸出府を認めると定めるのがよいと思います。こうして貿易が盛んになれば、日本全国の産物は輸出のために横浜に持ち込まれ、外国からの輸入品はすべて江戸の商賈から全国に配送するようになって天下の利権は幕府の手元に集まりましょう。また御膝元近くなら貿易の弊害が生じた時もすぐに分かるから適宜の処置や取り締まりができますし、眼前に万国の船が来れば、英国のロンドンなどと同様に、武備の怠慢を戒める気持ちが湧いて旗本の士気も上がり、また外国から戦争に役立つ発明品が齎されれば、それを旗本たちに学ばせることもできます。すなわち進歩した軍事機器はまず幕府で採用しこれを全国に広める手順となりますから天下の権力をしっかりと掌握できます。

以上述べたように横浜を開港地とすれば、上は朝廷に対して「天下の難儀を幕府で引き受け宸襟を安んじ奉る」大義美徳が顕然と現れ諸藩の末まで不満の声も上がらず、下は天下の利権を御膝元に集めて国益を興し、徳川氏中興の基礎を固めることができます。ですからハリスには「下田を閉じて横浜を開港し、条約国との貿易を許可する積りである。だから取り締まりのための官吏の居住地もこの横浜内に与える」と仰せられ、また大統領に懇ろに謝意を表されるのがよいと考えます。

なお今回の出張の帰途に見分した紀州海岸には開港地として然るべき所はなく、志摩の的屋や鳥羽はかなり良くても伊勢神宮に近接していて外国船入津地には似合いません。その上諸外国も江戸大坂以外の地では決して承服しますまいから、断然横浜開港を御決定なされたいと存じます。なお貿易の規則や横浜小給所の場所替えなど、委細は江戸に戻ってから申し上げます。
ハリスへの返答は火急の御評議と聞きましたから間に合うかどうか分かりませんが、このような重大事、それも今後日本を隆盛に導くべき好機会と知っていながら黙過しては遺憾千万、かえって恐れ入ると存じ、ご参考になればと取り敢えず申し述べました。以上。　十一月六日　岩瀬肥後守

極めて明快、論旨一貫した爽快な文章である。忠震にとって通商の開始はハリスの言説を待つまでもなく当然のことで、彼の頭はすでに「大々的貿易による日本の発展」すなわち横浜開港へと向かっていた。そしてそれは同時に徳川幕府を強化する、という忠義心の発露でもあった。本章冒頭に紹介したハリスの演説には下田改港のことは無くただ公使の江戸駐在要求があるのみなのに、この手紙で忠震が力説しているのは横浜開港一点のみである。彼はハリスの要求を「渡りに船」とし、これを梃子として横浜開港に漕ぎつけようとしたのである。

反対ばかりは利にならず

忠震が鵜殿・永井に出した手紙は、「一、貿易開始は蘭露条約という基本があるから問題ない、二、下田の代替港が僻地の村落では外国人も納得せず我が方も大損、三、大坂は地勢的に極上の位置にあり特別なことをしなくても衰退しない、四、江戸は人力によって繁華を保っていて貿易が別の場所で行われれば衰亡は確実」などのことをざっくばらんに述べた後、下田とか横浜とか議論しても両者の距離はわずかに四、五〇里、海上交通から言えば同一場所同

然である。それなのに昔の考えに泥んで、横浜は江戸に近すぎる、と嫌がるのは十年遅れた考えである。今は万事を刷新すべき時勢で横浜開港さえ勇断なされば「我が邦強大の根元」が定まる。今回の長崎出張の途次国内の形勢をつらつら眺めた結果、横浜開港以外断じて他策はないと思う。

と旧弊な考え方を一蹴し、次いで外国官吏の居留地についてこう述べている。

ただ江戸に官吏を置きたいというハリスの申し出はちょっと変な話だと思う。日本人と外国人が混在する交易地なら、貿易管理、外国人保護あるいは係争裁判のために官吏が居た方がよかろうが、交易場でない江戸に官吏を置くのは何のためか、ツジツマの合わぬ話と思う。ハリスは江戸近くを開港地にしたいから官吏駐在を口実にしたのかもしれず、あるいは他の考えがあるのだろうか。

この文章は忠震がハリスの考えを理解しなかったことを示しているが、これについては次章で述べる。鵜殿・永井への私信の最後に忠震は次のように書いた。

今回の官吏のことに限らず、外国から何か言えばこちらはそうさせない工面ばかり考えて、万事に反対するようでは日本の利益にはならない。向こうの言うことでもそれがこちらに好都合なら、そのことを議論するようにしたいものだ。どうか他の者たちを説得していただきたい。

外国人はみな腹に一物あるから、とにかく一旦反対してから考えよう、というのは日本人の通有性で現代までその例はいくらでもある。右の言は忠震がそのような役人根性とかけ離れていたことを示している。

2　水野忠徳の反対意見と忠震の反論

当時の一般世論——水野忠徳の意見

忠震の上申書は現代から見ればまことに「お説御尤も」である。しかし当時は決してそうではなかった。忠震の意見がいかに突出したものであったかを実感するには、彼の意見とともに当時の世論を知らなくてはならない。忠震の横浜開港意見書を読んだ水野忠徳は次のような上申書を提出した。彼は勘定奉行系海防掛であるからこの上書は勘定奉行系の意見を代表していると見てよいであろう。

ハリスの申し出は自由貿易の要求のみならず「今後は外国使節の搭乗船や軍艦も来日するから領事（コンシュル）では取扱い兼ねる、だから江戸に公使（アゲント）を置いて貰いたい」というものです。しかし日本中の人民が集まる江戸に外国人を置けば取り締まりが難しく、将来どんな問題が起きるか分からない、特に邪教（キリスト教）を広めるかもしれないし、不逞の輩や諸大名がそれに同調するかもしれません。だから開港地は江戸から遠ければ遠いほどよいと存じます。

西洋諸国の関係を見ても、公使を駐在させたからと言って当該両国が戦争にならないわけではなく、公使は自国の輸出入に最も関係が深いのだから開港地に居る方がよい。今回もハリスは下田で種々不都合があったから江戸に居りたい、という意味で英清戦争のことなど持ち出したのでしょうから、今後はそういう不都合は無いようにする、と誠意をもって話せば納得するかもしれません。

開港地は江戸から遠い方がいいとは言っても大坂近辺は京都にも近く、人の出入りも多いですから止めるべきで、私の見分したところ紀州の海岸には良港もあり、どうしてもというなら鳥羽や浦賀でもよいと思います。江戸大坂は人口が多いから諸物が集まるだけであって本来の良港ではないし、下田は先日津波が来たから替えたいと思っているのでしょうから、紀州や志摩を交易地にすればだんだん繁盛に赴くと思います。もし江戸を開いてそこに米穀の蔵があれば、例えば飢饉の時に外国船が来て米を売ってくれと言った時、それを断るのは難しいが、田舎なら、飢饉だからここに米はない、と返事すればそれで済みますから、どちらがいいかは明らかであります。

ただ開港地が江戸から遠いと公使の江戸駐在を申し張るかもしれず、それなら少々江戸に近くても公使を開港地に住まわせた方がよいとも言えますが、横浜は良港ではないから、そのうちまた改港と言い出すでしょう。結局「下田改港は認めるが、国家間の重大事件は滅多に起きないから公使を江戸に置く必要はない」とハリスを納得させるしかない。彼がそれで納得すればよし、納得しない時はもう少し近くの港を提示して再交渉すればよく、そうすれば諸大名にも「全力を尽くしたがハリスの申し分に理があるから仕方なく改港を許した」と説明することができましょう。

江戸から遠い地を開港すれば江戸が衰微するという議論もありますが、今でも江戸は遊民が多く人口を減らしたいくらいだからこれ以上商人たちが集まらない方がいいし、開港地が遠くてもいざという時にはその財（関税など）を江戸に持ってくる方法はあろうし、外国貿易品も結局は大坂や江戸に持ってきて売るのだから、開港地が遠くても江戸が衰微することはないと思います。

何にしても開港地は江戸から一歩でも二歩でも遠い方がよく、せめて浦賀で止めるべきです。公使の江戸駐在に至っては、西洋では普通のことかもしれませんが、それを風儀の違う我が国が必ず受け入れなければならないことはない、西洋諸国が皆行っているからそれに倣わないと不体裁だ、と言って何でも西洋の言う通りになるのは実に情けないことだと考えます（後略）。

右の水野の意見は要するに、これまでと違って西洋人が江戸近くにいればそれが社会の動揺につながる、という守旧意見に過ぎず、また忠震が考えた「商工業立国」のような経済的観点も欠けているが、水野など勘定奉行系の人々でも、当時としては目が開けていた方だった。明治時代に顕官となった「西洋崇拝者」たちも含めて当時のほとんどの人は「醜虜（外国人）に一歩も神国の地を踏ませぬ」というコチコチの攘夷主義だった。だから水野の慎重意見にはある意味の政治的智慧があったのだ。徳川幕府の存続だけを目的とするなら、朝廷や公家を筆頭として大名、武士、浪人、神官、儒者の誰に対しても「私たちはこのように守旧的です」という態度を示した方が、幕府に対する反感が起こらず良かったろう。忠震のような考えは日本の為にはなったが幕府の為にはならなかった。

上に述べた水野の意見書は十一月十八日に提出されたものだが、忠震は直ちに反論を書いて老中に提出した。前の二通と同趣旨であるが面白い所もあるから紹介する。

忠震の反論

アメリカ使節ハリスがこれまで申し立てたことを、日本側で取り調べた趣意や私が知りえた外国の事情に照らし合わせてみると、彼の言には確かに脅しのような言い草もあります。しかし条理を立てて考えれば、我が国が今為すべき事ならばハリスの申し立ての虚実によらず実行すべきで、それが正しい処置ならば日本のためになり、また外国との摩擦も少なくなるでしょう。これまでオランダ使節の忠告を虚喝と見做したことは沢山ありますが、後になるとそれらはみな真実であることが分かりました。だから今回は虚喝か否かに頓着なく将来の為に真面目に協議すべきであります。

さて開港地と公使駐在地の件ですが、紀州や志摩を開港すると提示して談判するのは我が国の為にもならずハリスが承認する筈もなく、もし万一承諾するとしても、開港地が遠いなら公使は是非とも江戸に置く、と強談するに違いありません。そしてこちらが通商条約を結ぶつもりなら「公使は江戸に駐在させない」と強弁する辞柄もないから公使は江戸駐在となります。そして早晩彼は開港地を江戸か大坂に移してもらいたいと強談判に及ぶに違いなく、それを認めるなら、結局開港地も公使駐在地も虻蜂取らずになります。ですからこちらとしては横浜開港と決意し、ハリスには「対蘭露条約で分かるように日本としては貿易開始は既に了承している。だから日米条約もそれに準じて規則を立て、開港地は内外両国人に好都合なように江戸付近で大船が係留できる場所を見計らって決定するであろうし、公使の居住地もその付近にするつもりだ。その他の細々したことは係りの役人と腹蔵なく談判せよ」と挨拶なさるのがよい。そして丹波守（土岐頼旨）以下海防掛は、横浜の開港、貿易会館の設置、商法規則などについて我が国が不利益にならぬよう全力を挙げて議論すべきだと思います。

繰り返して申し上げますが外国人たちの一番の願いは江戸近傍地の開港です。ただ我が国が承諾しないだろうと推測してハリスは公使の江戸居住を強訴しているのでありましょう。だから彼の意表をついて「横浜を開港し、全世界との貿易を江戸の傍で許可する」と言えば公使の居住地などは些末の事、格別の議題にもならず条約締結ができると考えます。また横浜開港は表向きは朝廷に対して「皇居神領を避けました」と言上する大義があり、本音を言えば国の利権を膝元に収めて富国強兵の基本が立ちます。これらこそ本当の大事でハリスの申し立ての真偽などは小事に過ぎません。ですから真偽などに頓着なさらず、早く横浜開港を決断なさるのが至当と存じます。

老中首座の堀田正睦はこれらの忠震の上申書に深く同感し、横浜開港の決意を固めた。そして彼は長崎から江戸に戻ったばかりの忠震を十一月十三日に江戸城新部屋前溜りに呼び出して「亜米利加使節出府に付き御用取り扱い」を命じ、ハリスが「日米修好通商条約」の草稿を提出した十二月四日には正式にハリスとの応接掛（直接の交渉役）を命じた。もう一人の委員は下田奉行井上清直（信濃守、川路聖謨の実弟である）である。堀田と海防掛目付陣は全国の反対を押し切って横浜開港と日本の近代化断行を決意したのである。

第七章　ハリスとの交渉——日米修好通商条約

1　外国公使の江戸駐在と人心不折合い

変遷した通商条約の問題点

忠震がまとめた日米修好通商条約ほどその後の日本歴史に影響を与えた条約はないだろう。この条約は尊皇攘夷運動の端緒となりこのために徳川幕府は崩壊した。またこの条約はもっと本質的な形で日本の進路を変えた。すなわちこの条約が締結されると我が国には物質面のみならず精神面においても外国文明が怒涛のように流れ込み、それによって封建制度は壊れて実力主義の時代が来た。そして明治になると今度はこの条約の不平等性が強く意識され、治外法権と関税自主権を早急に回復すべし、という条約改正運動が国民的悲願のような形で現れてきた。だからこの条約は、日本の国の形と人々の心の持ちようと国家意識という三つの面において日本を根本から変革したと評することができるのである。

しかし忠震がハリスと交渉に入った時、彼には、この条約がそんな大きな影響を与える、という予感はなかった。もちろん彼にも条約締結は政治の大変革であり、この条約によって日本のそして徳川幕府の富国強兵を成し遂げられる、という期待はあったが、それは日蘭、日露条約も同じであって、日米条約だけが突出した大事件というわけではなかった。蘭露との条約が特段の波瀾を起こさなかったのに日米条約に至って国中がひっくり返る大騒ぎになるとは彼も予想しなかったに違いない。

忠震と井上清直がこの条約談判の際に腐心したのは関税自主権でも治外法権でもなかった。関税についての彼らの考えは、輸出入を活発にして幕府財政を強固にしたい、というくらいで自主権などは考えもしなかった。二人は関税は相手国と相談して決めるものだと思い込んでいてハリスはそれに付け込んだともいえるが、常識的に考えても税率を一方的に決めることはできない。ある国の税率は相手国の税率との比較衡量の上で決まるもので、これは十九世紀も現在も同じことである。そして忠震たちが結んだ二割という輸入税率は決して低いものではなかった。それが明治維新時に五分まで下がったのは、幕末の攘夷主義者が外国船を砲撃したり、またその運動の熾烈化によって開港日の約束も守れなくなったので幕府が申し訳のために税率を軽減したからである。治外法権に至っては「西洋人を奉行所のお白洲で裁け」と言われたら日本中が仰天しただろう。西洋の法律など全く知らない江戸末期に外国人を裁くことなど考えられなかった。

そんな国権問題より焦眉の急は外国人の身の安全だった。攘夷派は「醜虜に一歩も神国の地を踏ませまい」と決意していたから、この後文久三年（一八六三）までの六年間、厳重な警備にもかかわらず江戸と横浜だけで十人以上の外国人が危害に遭った。だから開国時の最重要課題は外国人の保護であり、忠震たちは出来得る限り外国人の姿を武士たちに見せまいと苦心した。十三回にわたる日米談判で最も長い時間をとり、両者の考えが容易に一致しなかったのは「外国人の姿が見える場所の範囲」の問題、すなわち開港地の数、外国人の住む場所、遊歩範囲それに国内旅行であって、ハリスはこれらをできるだけ拡張しようとし、日本側はできる限り制限しようとした。ただ忠震たちが抵抗したのは「性急な開国」に対してであって、彼らはゆっくりと外国人に自由を与えようとしていたのである。

「外国人の姿」に次いで重要なのは「自由貿易」だった。ハリスは日本の商慣行が全く分からず、忠震たちは関税の取り方など具体的な実務について何も知らなかった。だからこの問題は、双方が相手に自分の知識を教授するという形で進行した。

忠震たちとハリスの談判のすべては『幕末外国関係文書』と徳富蘇峰『近世日本国民史』に記録されているが、本書では読みやすいように整理してテーマ別(一、人心不折合い、二、公使の駐在地と旅行の自由、三、開港地と外国人の居留、遊歩距離、国内旅行など、四、自由貿易問題、五、その他)に記す。実際の談判は以下に書くような整理されたものではなく、駆け引きもあり誤解もあり、ある問題は別の問題ともつれ合って議論は行ったり来たりしたが、忠震たちに強い開国の意志がありハリスにも日本に悪くない条約を作ろうという善意があったから、両者は譲り合って何とか交渉をまとめたのである。

忠震の思惑違いと「人心不折合い」

忠震たちとハリスとの談判は安政四年（一八五七）十二月十一日に始まり、以後、二日と間を置くことなく二六日までの年内に十回、年が明けて一月六日、十日、十二日と計十三回行われた。場所はハリスの宿所、江戸九段下の蕃書調所であった。交渉はハリスの英語をヒュースケンがオランダ語に訳し、それをオランダ通事（森山栄之助など）が日本語に訳し、日本側の意見はこの逆のコースを辿るから非常に面倒で、意思が正確に伝わらない場合もあっただろう。ハリスは談判の主導権を握ろうと十二月四日に「日米修好通商条約」草案を幕府に提出し、談判はこの草案をたたき台として行われた。忠震は長崎で結んだ日蘭、日露条約を基礎にしたかったから彼の目論見は最初から外れた形だった。もう一つ忠震の思惑外れがあった。彼は「ハリスが望むのは自由貿易で公使駐在は二の次」と思い込んでいたのに、ハリスは意外にも公使の江戸駐在に固執した。それは以下に紹介する最初の談判で明らかになる。

岩瀬ら　下田を閉じて代港を開き真の貿易を行うが、人心不折合いのため漸々と行うつもりだ。

ハリス　人心不折合いとは本当ではなかろう。私は日本政府が人民の欲望を抑えていると思う。

岩瀬ら　商売の仕方に人民（商人）が不満を持っているという意味ではない。貿易による富国強兵は我々も望むが、数百年の鎖国の直後に大々的に貿易を開くのは人心が折り合わないから徐々に開国の規模を拡大しようと言うのだ。その証拠に蘭露との条約では開港地を長崎と箱館に限ったが、今回は江戸近くの神奈川（横浜）を加えるつもりだし、交易に慣れてくれば開港地も増やし外国商人の居留も許す。

ハリス　それらは些末のことである（「横浜開港で日米条約は決着」という忠震の思惑と大きく違った）。まずこの程申し上げた重要事項、すなわちミニストル（公使）の江戸駐在についてはいかがか。

岩瀬ら　貿易は露蘭条約に依拠して行うが。ミニストルは江戸ではなく神奈川在住としたい。

ハリス　それくらいならミニストルを置かない方がいいくらいである。

ハリスはこのように「一喝を喰らわせる」態度をしばしば見せた。東洋人に対しては強硬な交渉姿勢を見せれば相手は譲歩する、という通念が欧米人の間に分かち持たれていたらしい。

岩瀬ら　ミニストルが神奈川から江戸に出府するのは認める。しかし外国商人は神奈川周辺の歩行のみを許す。これは人心が折り合わない現在、不慮の事件の勃発を防ぐためである。以下、「人心不折合い」について説明したい。我が国には浪人と称する武士の二、三男がいて、彼らは武辺を好み遊惰の性で、親にも見放され、仕える主人もいない。今回も貴君を狙う浪人（水戸の百姓堀江芳之助など）を捕縛入牢させた。事件が起きれば日米の親睦にもかかわる。人心が折り合うまで、というのはこの意味である。

ハリス　私がその堀江などに会って道理を言って聞かせれば彼らの邪念も忽ち解けると思う。

岩瀬ら　彼らは貴君個人を問題にしているのではなく、理非善悪もなくひたすら外国人を忌み嫌ってそのような行為にでるのである。だから政府ではこの館の内外に不寝番を立てて警戒している。

ハリス　それは恐れ入る。だが日本人はそんなに頑愚とは思われない。

岩瀬ら　数百年の鎖国で人心が固着したのである。

公使の江戸駐在要求と官吏の自由旅行問題

右の会話から分かるようにハリスは、「人心不折合い」は開国したくないための口実で、親しく話せばすぐに日本人と友好的になれる、と思っていた。その先入観が間違いであることは横浜開港直後から起こったロシア水兵殺害事件、ヒュースケン殺害事件、東禅寺イギリス公使館討ち入りなどでハリスにも分かったが、とにかくこの頃の彼はこう思っていた。公使の江戸駐在に関する談判は翌日の第二回談判に持ち越され、その時ハリスは「江戸まで一日かかるところに公使を置くのは外国人蔑視で、支那の戦争もそのために起こった。開港後は多くの米国人が日本に居住するから公使は江戸と神奈川両方に住居をもたなければならない。江戸の人々が公使を、地方の人々が外国人旅行者を見慣れてくれれば人心も折り合い易くなる」と言い、また「あぶれ者はロンドン、パリにもいるし日本人はそれらの都市の者よりずっと性がいい、もし公使に石を投げたり、盗みを働いたりすれば政府が取り締まるだろう」と呑気なことを述べた。

ハリスの強硬な態度を見て忠震たちも公使の江戸居住を拒みきれないと思った。それで彼らは「日米親睦のため、我々としては公使の江戸駐在を認めようと思うが、急ぐと事を仕損じるから貿易は漸々と進めることにして、条約締結日を一八五九年（安政六年）七月四日（独立記念日なのでハリスはこ

ワーグマン筆「東禅寺討ち入り図」
（『エルギン卿遣日使節録』）

の日を選んだのである）から一年半延ばして一八六一年正月（ほぼ三年後）にしたい」と回答した。これを聞いてハリスは「貿易準備に必要な公使の居留を三年も延ばすようなら、私は帰国するしかない」と憤り、忠震たちは「そう短気では困る。よく相談して決めよう」と答えた。この後もハリスの「盗賊」論、忠震たちの「人心不折合」論で押し問答が続いたが、結局「公使の江戸駐在は条約に書き込むが、実際の派遣は（ハリスとの紳士協定で）一八六一年正月（万延元年十一月）前には行わない」ということで妥協した。

次に公使や領事などアメリカ官吏の日本国内旅行の自由が議題になった。ハリスが最初に提出した草稿では「ヂプロマチーキ官（外交官）並びにコンシュライル官（領事）は故障なく日本国のある部（事実上全国）を旅行することができる」とあったが、忠震たちは、「一、公使の旅行は認めるが、条文には『公務のための旅行』と書きたい、二、領事たちの旅行は制限したい」と主張した。後にイギリス公使オールコックが富士山に登ったと聞いた水戸藩士が東禅寺（英公使館）に討ち入った事件を見れば分かるように、外国人の

「自由歩行」を許せば尊攘派が激怒するのは明らかだった。攘夷派人士は、外国人の旅行目的は日本の様子を窺って将来の侵攻に役立てることにある、と信じていたのである。

第一の公使旅行についてハリスは「公使が遊山に出ることもある」と反対し、忠震たちは「公務というのは形式で公使という役が公務なのだから私用でも公務と見做す」と日本的なことを言った。これらは難題だったから議論は先延ばしされ、第十一回目の談判で漸く決着した。この時も忠震たちは、公使と総領事以外の旅行は制限したい、と言い、ハリスはそのような制限事項は万国法に逆行すると論じた。

ハリス　貴国では非人も国中を旅行できる。アメリカ人を制限すればそれは非人に劣るということだ。

岩瀬ら　では「故障なく」の部分を「故障なき国の部分」と改めてはどうか。

ハリス　そうすれば多くの土地に故障があるとして旅行できなくなるだろう。日本は諸外国よりずっと政府（幕府）の権力が強いと聞いている（ハリスは、岩瀬らが言う「大名たちの反対」は口実だと思っていた）。もし大名領で公使に危害が加えられれば、露英仏などがその大名に攻めかかるだろう。

岩瀬ら　それを防ぐためにこうして論議しているのだ。大名領にも幕府の権威は行き渡るが、条理が立たない法令を守らせることはできない。では「旅行」を「政府に届けの上、旅行」と書き換えよう。

ハリス　届けなどしていては危急の際、間に合わない。それは合衆国を侮辱するものだ。それなら旅行に関する項はすべて削除するしかない。公使や領事の権利まで狭めようとするのはなぜか。
岩瀬ら　そうではない。公使などは旅行先に政府から達しを出して自由に旅行をさせるが一般官吏の随時の旅行は許し難い、と言っているのである。
ハリス　それでは「公使と総領事は故障なく…」と書き改めよう。政府へ届け上の上、旅行…と書くのはよくない。実際問題としてこれら高位の人の旅行を役所に届けるのは欧米でも普通である。
岩瀬ら　それではそういうことにしよう。

結局条文には「日本政府は、米国公使・総領事が公務のために日本国内を旅行するための免許を与える」と書かれた。文面だけ見ると草稿と条文はほんの少ししか違わないが、裏ではこれだけの議論があったのである。二〇〇年の鎖国後の開国は容易なことではなかった。

2　開港地と外国人の居住形態

公使の江戸駐在、自由旅行と並ぶ大問題は開港地の数とそこに住む一般人の居住形態および行動の自由であった。まず開港地から見ていく。ハリスの草稿には「開港地は

開港地問題

下田、箱館の他に長崎、平戸、大坂、京都、江戸、品川、および裏日本で二港とする。なお下田は江

戸品川開港後六カ月で閉ざす」と、十港を開港するよう書かれていて、第二回の談判の際、彼は開港地が多い場合の利点を力説するとともに、日本側が心配するほど外国人は増えないし、大都会を開くべし、と次のように演説した。

「商売は安く売らないと儲けもない。陸路を遠く運ぶのは運送料がかかる（開港地は多い方がいい）。江戸二〇〇万の人が外国製品を買って一人一分（一分は一両の四分の一）の関税が取れれば一年の政府の収入は五〇万両になる。また輸出品として樟脳、茶、漆器、銅、反物を出せば大利が得られる。商業こそ立国の本である。支那は八〇〇〇万両の輸出があるが在住外国人は一〇〇〇人に満たない。日本で二〇港を開いても外国人は二五〇人以下だろう。箱館は鯨漁船のみだから貿易振興の役には立たない。江戸京都大坂を開いてこそ貿易の実が上がる。開港日は今すぐではなく、相談して日付を決めるだけでよい。

（第三回目談判で）長崎箱館横浜では人口は併せても八万くらい、とても貿易収入は望めない。長崎で自由貿易をしても五年で三〇万両、下田は一度に五〇羽の鶏も集められないほどで神奈川はそれに比べれば良いが、それでも年間五万両くらいだろう」。

しかし忠震たちは「人心不折合い」が心配だったから、「貴君の商業意見はよく分かり、大名たちにも説明したが武士たちはなかなか理解しない。だから今は三港にしておいて他の港は、人心が折り合った後にだんだんに考える」と返答した。

ハリスは平戸と裏日本の一港はすぐにあきらめた。また品川は遠浅な上、神奈川（横浜）があるからこれも撤回した。日本側も新潟は仕方がないと思ったので残る問題は江戸京都大坂になった。ハリスは「江戸京都大坂の開港日を約束して貰いたい」と食い下がり、忠震たちは「京都は天子の御座所で国民が神明のように尊崇しているから、そこに外国人を来させることはできない。それに京都の土地は狭く産物は織物が少しあるだけだ。何故貴君が京都にこだわるのか分からない。また大坂は京都までわずか五里（二〇キロ）だからここも難しい」と拒絶した。日本側の強硬な姿勢を見てハリスも京都は難しいと覚ったが江戸と大坂については頑張り、この日（第三回）の談判の終わりに次のように提示した。

「では一八五九年七月四日（安政六年六月五日）に神奈川を開き、六カ月後に下田を閉ざす、新潟は一八六〇年正月（安政六年十二月）の開港、大坂は三年半先の一八六一年夏、江戸は五年先の一八六三年正月（文久二年十一月）としてはどうか。この条約の適用期限は一八七二年だから、その時もし鎖国に戻るなら僅か九年で江戸を閉ざすこともできる。和親は永久だが貿易は年月を限ってもいいのだ」。彼は、再鎖国はあり得ないと知っていたが、条約をまとめるために出任せを言ったのだ。

江戸と大坂は逗留地

江戸と大坂の開港は忠震たちにとって難問だった。長崎横浜箱館新潟なら外国人を尊攘派の目に触れないようにできるかもしれないが江戸大坂だとそうはいかない。しかしハリスはそれに固執しているから談判を決裂させないためには何か妥協が必要だった。これに加えて忠震たちも個人的には江戸を開きたかった。それで彼らは、保守派や現状維持派を宥めるために「在住」と「逗留」という言葉を考え付いた。

ハリス（第四回談判で）商売のためには商人が居留地から江戸に出てこなければならないから江戸の居住を認めて貰わなければ困る。神奈川から七里の道を一日で往復することなど不可能だ。

岩瀬ら（第五回談判で）では神奈川（横浜）を居留地として、江戸には商売のために出張してよいことにしよう。しかし「在住」と「逗留」と言葉を使い分けて、神奈川には妻子とともに在住できるが江戸は商人が単身で逗留することにしよう。ただその逗留期間は五〇日でも構わない。

ハリス　それは外国人妻子を嫌うということだ。そのような仇敵のような取扱いでは懇親とは言えない。

岩瀬ら　とにかく人心が外国人に慣れるまでは妻子連れの「在住」はいけない、五年もたてば外国人に馴れるだろうが、今は在住と逗留を分けなければ人心が一気に硬化して先行きが見通せない。

このようなやり取りの結果、結局「江戸を一八六三年に逗留商売のために開く」と決まった。「在住」ではないからこれ以後江戸は（後には大坂も）開港ではなく開市と呼ばれた。

江戸が終わったから残るは大坂である。江戸の開市を認めた時忠震たちは続けて次のように言った。

岩瀬ら　江戸を開くのでさえ千辛万苦の末、漸く説得できた。だから今、大坂などたくさんの港の名を条約に書き載せると、人心が動揺し政府でも取扱いに苦しむ。日本に騒動が起これば、それは貴君の使命にも関係してくる。懇切の間柄だからこちらの事情も汲んでほしい。

ハリス　日本は世界一政府の権力が強い国で、命令とあれば国民は水火を辞せずと聞いている。
岩瀬ら　確かに人心協和して法令を守るが、それは日本人が心和を尊び、政府も人心の向かう方向に政治を行うからであって、人民の望まぬ法令は実行し難い。

この会話は現在でも通用するようである。

大坂開市と兵庫開港

大坂の開市は難航した。第六回談判の際、大坂開市と一般外国人の旅行に関して忠震たちは、「打ち明けて言えば国中の者がなぜ外国人を忌み嫌うのか、我々も解しかねている。だが、今まで一度も開かなかった地を、数百年の鎖国の後に突然開くということはできることではない。我々も心を尽くして応対しているが、今、外国人の自由旅行を公布すれば人心沸騰して大騒ぎになる。我々もいつまでも引き延ばすつもりはない。広く航海を開き日本人が外国の風俗産物に慣れてくれれば自然に国は開かれる。我々は支那のように条約を結んだまま放擲し、土民に蜂起させるようなことはしない（清国で人民が条約反対で蜂起したことを指している）」と心中を正直に吐露した。そしてこの談判の翌日ハリスを非公式に訪問した井上清直は、「江戸城内は神奈川開港、公使駐在などを聞き知って非常に激高している。この上京都の開市や米人の国内旅行を固執すればこれまでの交渉成果は烏有に帰すかもしれない。これまでに合意した内容で平穏に条約を結べば五年後には大坂開港と米人内地旅行は困難なく認可されるだろう」と述べたから、ハリスも多くを望むのは危険だと感じた。それで彼は「他の条項に満足できればアメリカ人の国内旅行の自由は取り下げる」と約束した。

それで第八回談判の時、岩瀬たちは、「大坂開港は難しいから堺から出商売をしてもらうしかなく、大坂の開市日は一八六五年一月一日（元治元年十二月）としたい。江戸は一八六三年正月に開くからこれによって外国人に馴れさせ、京都近辺はその後にしたい」と説明した。しかしハリスは、「これまで江戸は五年後、大坂堺は三年半後ということで私は米人の内地旅行を撤回したが、その大坂が七年後ということなら他の条項も考え直さないといけない」と強硬に反対した。しかし忠震たちは「年限についてはこちらが承諾していない」と突っぱね、大坂開市の押し問答が続いた。それでも結局日本側が譲歩して江戸の開市を一年早めて一八六二年とし、大坂・堺はその翌年の一八六三年と決まった。忠震は横浜・江戸と堺・大坂の開港日の時間差をできるだけ長くして、その間に「横浜が主力貿易港」という既成事実を作り上げたかったのである。

ハリスは第六回の談判の際、堺は遠浅で港としてよくないという話だから、風波の激しい時や船の修理の際には兵庫（神戸）への緊急入港を認めてもらいたいと求めた。兵庫は、和田岬の陰で船がかりが良いからである。忠震たちは「緊急の際なら許すが堺と兵庫を共に開くことはできない」と答え、また第九回の談判において「兵庫だけを開く（大坂は開かない）ならそれでもよいが、兵庫と大坂を開くのは認めがたい。なぜなら兵庫から大阪に行くには途中に公家領があってそこの通行が難しいからだ」と断った。

しかし一月十日の十二回目の談判で外国人の遊歩地の広さが議論になった時、忠震たちは、「遊歩地は各開港地で定めるしかないが、堺の遊歩距離を半径十里とすると大和国にかかり、ここは御陵などが多いから自由歩行は制限される。だから堺を止めて兵庫を開こうと思う。但し京都方向は猪名川（兵庫県と大阪府の境あたり）を遊歩地の境とし、他の方向は十里としよう。大坂と兵庫は十一里離れているが、商人が船で往復して大坂に逗留するのは構わない」と提議しこのように決まった。忠震たちが兵庫を候補に挙げた背景には忠震の兵庫視察が関係していたかもしれない。だから横浜のみならず神戸にとっても忠震と井上清直は恩人である。

雑居禁止と遊歩距離

以上の交渉から分かるように、開港地と外国人の遊歩範囲とは密接に関連していたが、そもそも「遊歩地」という概念は「外国人が日本でどのように住むのか」という問題に端を発していた。ハリスは、アメリカ商人たちが長崎出島のオランダ人のように狭い場所に監禁されることがあってはならない、と固く決心していた。だから第一回の談判の時から彼は「支那で外国人は市中に支那人と雑《まじ》って商売している」と述べ、町の中に外国人と日本人とが混じって住む「雑居」を主張した。他方日本側は、治安の立場から雑居は不可能で、外国人は必ず「居留地」に住まわせるが、自由に歩き回れる「遊歩地」を認めるという立場だった。それで忠震たちはハリスに「居留地に地所を借り教会堂や倉庫を建てるのは構わないが内外雑居は不可である」と断言した。

ハリスは教会建築許可に狂喜したが、同時に雑居は到底ダメだと覚り、第七回の談判の際両者は、「外国人の借地場所は領事と奉行所役人の相談で決める、堡塁などを築いてはならないが、日本側も門を立てたり塀を廻らしたりはしない」ということで合意した。こうして問題は遊歩地の広さになり、ハリスはできるだけ広く、日本側はできるだけ狭くしようとした。忠震は日蘭、日露条約で「長崎の遊歩地は幕府領内」と決めたから他のところもそうしたかったがハリスも強硬だった。

ハリス　第七条の遊歩地について考えたい。箱館新潟長崎は半径十里（四〇キロ）としたい。

岩瀬ら　長崎はすでに公領私領の境で限りを立てた。里数では決められない。函館は五里である。

ハリス　それでは禁錮同然だ。箱館などは田舎だから十里でよいだろう。

岩瀬ら　事情は土地土地で違うから、土地の奉行と相談する必要がある。神奈川の場合は東北は六郷川（今の多摩川）まで二里半、西南は境木まで二里半としたい。

ハリス　長く滞留している者をそんなに狭いところに閉じ込めるのはよくない。西洋人は遠出を好むから十里くらいは何でもない。西洋人は自由を愛する。

岩瀬らが、片道五里歩けば往復一〇里だから十分だろう、と言えばハリスは、いや西洋人は二〇里も歩く、と応酬して譲らず、結局十二回目の談判まで決定しなかった。そしてハリスが、「旅行と自由歩行に関する意見をまとめて述べたい。一、江戸と大坂の開市を承諾されたから国内自由旅行は撤回した。二、自由旅行の代わりに遊歩距離を数十里にしたかったがこれも断念した。またもし十里に決定しても、開港地の一方は海だから遊歩地はそれよりずっと狭い。四、五年間も見慣れた場所だけを歩くのは耐え難い。東洋人は酒食が足りれば家に居て幸福、歩行などは疲れるだけかもしれないが西洋人にとって散歩は不可欠である。神奈川では六郷川は仕方ないにしても他方面はもっと広げたい」と頑張ったので忠震たちも譲歩し、前に述べたように大坂近郊の開港地を堺から兵庫（神戸）に改め、そこに住む外国人たちは京都方面以外は十里まで歩いて行っていいことになった。また横浜も江戸方面は六郷川で区切ったが他の方面は十里を認め、箱館と新潟もおおよそ十里となった。また長崎も大村侯から最近上げ地になったところを遊歩地に加えた。

以上が日米条約で一番問題となった「外国人の姿が見える場所とその範囲」に関する談判の概要である。今から見れば不思議だが、当時は外国人の存在こそが大問題、関税や治外法権は小事だったのだ。

3　インターミッション

「外国人の見える場所」に次ぐ大問題は自由貿易だったが、その前に「世界の中の日本」に目覚めた忠震たちの心構えを紹介する。第三回談判では次のような問答があった。

日本の国風の誇り

ハリス　アメリカは日本に対し、国家間の仲裁や海上での救難、それに合衆国での貿易や行動の自由を保障しているのに、日本はわずか数港の開港も認めない。相互に譲り合ってはどうか。

岩瀬ら　当方も公使の駐在、下田の改港、自由貿易を認めた。我々二人も懇切の応対している。それをそう気短かに言われても納得しかねる。日本では人心の折合いを一番に考えるのだ。

ハリス　大名その他高貴の人が保守的なのはどこの国も同じである。幕府が諸港を開き年に三〇〇万両の収入があれば段々大名は衰えるから、政府（幕府）の都合がよくなるだろう。

岩瀬ら　我が国は皆が栄えることを望み、幕府のみが強力になるのは願わない。諸大名の国々にも利益を得させたいのだが、まだ人々が貿易の利を知らず、反対ばかりするので難しいのである。

このように忠震たちの心には既に幕府を越えて日本国という観念が生まれていた。このような意識は外国人と応対して世界の中の日本を考えるようになった者には当然生まれるべきものであろう。第四回談判の時には領事館の広さや従僕の数などが話題になった。

岩瀬ら　公使の住居の広さを知りたい。これは広げさせないというのではなく大体のところを知っておきたいのである。ワシントンではどのくらいか。またそこで使う従僕の数はどのくらいか。

ハリス　あとで土地を借りればいいから初めは適当でいいが、強いて言えば五百坪で四階建てくらいである。従僕の数は国によっていろいろだが、ロシア公使館は五〇人から一〇〇人、アメリカは二〇人ほど、イギリスは大国だがワシントンにいる公使の従僕は三人に過ぎない。私用で外出する時は別当一人、公用の時でも公使が一人で歩いていく。英仏の皇帝でさえ私用の外出の際は三人くらいの陪従である。

岩瀬ら　日本でも保養の時の従者は一人である。ワシントンもそのうち見物に行くつもりだ。

大袈裟な大名行列や土下座などを強いられた庶民など、窮屈な制度の下にあった日本と比べれば外国の君主と公務員はかなり自由であった。しかし忠震たちは「日本でも保養の時は従者一人」と負けん気を出していて微笑ましい。また「ワシントンを見物に行く」という言については次項で触れる。

第七回の談判の時ハリスは「金銀輸出禁止は居留者には不便だからそのうちお考え直し願いたい」と言った。これに対して日本側は「外国の金銀は輸入し日本からは許さぬ、というのは公平を欠く」と答え、次の談判の時「貿易開始以後は面倒な手数を省くため、両国の金銀引換は止めて、両国の通貨が同等に通用するようにしたい。それで日本通貨吹き替えのための六分の割増し（打歩）も止めようと思う」と提案した。自分の方から平等を主張したのである。「その意気や壮」と言わなければならない。

ヨーロッパ人も同じ天地間の人

第三回の談判の終わりにハリスは「アメリカはお国に騒動を起こすつもりはなく、好意で条約を結ぼうとするのであって、これによって日本はヨーロッパ諸国と軋轢を起こさなくて済む」と例の如くイギリスの危険を諷《ふう》した。これに対して忠震は「貴君はいつも外国の危険を言われるが、私はそうは思わない。ヨーロッパ諸州の人も同じ天地間の人であるから、誠実に応対すれば決して問題は起こらないと思う」と答えた。ハリスは「我が国と諸外国の違いはいずれお分かりになる」と負け惜しみを言ったが、すでにプチャーチンなどと交渉した忠震は「それぞれ癖はあっても外国人も普通の人」という自信を持っていた。外国人を特別視しないこの心こそ忠震が日本人の中で最も早く身につけたものであった。

同様のことは第八回談判でもあった。ハリスは草案の第十六条に「この条約は合衆国の他、蘭英露仏ベルギープロシャ墺伊スウェーデンデンマークスペインポルトガル両シシリーおよびシャムにも及ぼすことができる」と書いていた。彼はこの条約締結を自分の手柄にするとともに、日本外交の負担を減らしてやろうと思ったのである。当時の独立国はたったこれだけ、アジアではシャム（タイ）だけであるのは非常に興味深い。この条項に対して忠震たちは、それは必要ない、と言った。

岩瀬ら　第十一条から第十四条まではこれで結構である。第十五条（元の第十六条）に国々が列挙してあるが、これは「今後貿易を乞うものがあればこの条約の通り允許する」と書けばいい。

ハリス　この条項がないと（イギリスなどが）ペリーのように軍艦を率いて渡来するかもしれないから書き載せた方がよいと思う。同様のことはオランダ条約には載っているのではないか。

岩瀬ら　外国がどう考えるにせよ、我が国としては小舟で来ようが軍艦数隻で来ようが、誠実に応対して条約を結ぶまでである。日蘭条約にもこのような事項はない。ただオランダ領事が、ポルトガルでも願い出れば条約を結ぶか、と書面で尋ねたから、そのつもりである、と書面で答えたまでである。

ハリス　それなら改変していい。最後の条約署名者は将軍その人でなくてもいい。

岩瀬ら　日米和親条約に基づいてすでにペリー、アダムス、貴殿と三人が来た。今回の条約についてはこちらからワシントンに使節を派遣して調印してもいいか。

ハリス　まことに結構なこと、条約に書き載せてもいい。アメリカを見て下されば私は嬉しい。

こうして条約の第十四条には「条約批准のために日本使節団がワシントンを訪問する」と書き込まれた。この条項があったから万延元年（一八六〇）に新見豊前守一行はアメリカ軍艦ポーハタンに乗って渡米し咸臨丸も太平洋を渡った。失脚した忠震は行けなかったが、彼が外国人を恐れず、自らアメリカに渡ろうとした意気込みが咸臨丸の快挙を生んだのである。

4　自由貿易と問屋制度および商品価値

ハリスの自由貿易教授

また条約談判に戻って、本節では自由貿易に関する議論を紹介する。第一回談判でハリスは、自由貿易とは外国人商人が町中で商売できることである、と主張したが、岩瀬たちは、「交易は交易場において商人同士が行い、外国人の居宅商売は想定していない。貴君は、それは自由商売ではない、と言うが幕府役人は交易場には関係しないし、買いたい者はだれでも入札して物々交換でも金銭取引でも勝手にできるから事実上の自由貿易である」と外国人の出店を拒否した。ハリスは納得せず、その後第四、五、六、七回と双方の言う自由貿易について議論が続き、ハリスが自分の言う自由貿易とはいかなるものか教授した。

「外国の貿易仕法をお話ししたい。ニューヨークなどには商船を三、四〇艘も所有する運送業者がいて、彼らは荷主から運賃を受け取りその荷物をニューヨークから神奈川まで運ぶ。荷主には受取証を出すから荷主はこれを神奈川に居る代理人に通知し、代理人は神奈川着船の後の荷物改めや運上（輸入税）の際にこの受取証をもって証拠とする。代理人はまた日本で売れそうなものを会社に連絡する。運送業者は荷物を送ることしかしないが帰り船にも貨物を載せなくては損だから、荷主と同様に神奈川に代理人を置いて輸出に適当な日本産の荷物を選び、あるいは上海や厦門に廻って適当な物品を帰り船に載せる。

だから荷主や運送業者の代理人たちが神奈川に縛り付けられ、江戸に出て購買者や生産者と直接交渉することができないなら、それは自由商売とは言えない。日蘭条約のような貿易の仕方（第四章で述べた本方商法や脇荷商法）は諸外国には無い。オランダ政府（ジャワの政庁）が荷主になるのは（特許貿易だから）政府の恥である。欧米では商人の地位は高く、器量のあるものは英国では公使にもなる。今度日本に使節として来る予定のボーリングももとは毛織反物の商人であった」。

ハリスは幕府が人民の購買要求を妨害していると考えていた。そしてそれはある程度当たっていた。だから彼は条約草稿に「日米の商人同士は日本役人の立会いなくして個人的に売買してよい。また一般日本人も外国の物品を自由に買い、また生産品を外国商人に売ることができる。日本は自由売買を妨げている専売制度を止め、倹約令のような物品の自由使用を禁じる法令を撤廃する」と、内政干渉まがいのことまで書いていた。

忠震らの問屋制度教授　以上のように「アメリカ人と日本人の直接売買こそ自由貿易である」と主張するハリスに対して忠震たちは、日本での商売は問屋がすべてを請け負う、ということを分からせようとした。

岩瀬ら　神奈川（横浜）を開港すれば江戸商人（問屋）は皆引き移る。貿易には広い場所や倉庫群が必要だが、横浜にはその土地がある。またわが国も大船を建造して海外に行くつもりだが、その港も横浜にする。貴君は横浜では商売ができないというが、諸商人が大挙して来るから忽ち大都会になる。

ハリス　売買は買う人が商品を見ることが第一義である。横浜では江戸からの買い手が来ない。例えば時計・ランプ・眼鏡・鏡など高価な商品は大名や奉行など高貴の人が見てこそ売れる。

岩瀬ら　日本では大商売は問屋が行う。彼らは一括購入して小売業者に売らせる。ものによってはまず少量を売らせて売れたら大注文をする。この問屋がたくさん神奈川に移るから何でも売れる。貴君が是非というから江戸も開くが江戸では小商売しかできない。また問屋なら輸出品も大量に集められる。

ハリス　輸出品を江戸の問屋からアメリカ人も買えるのか。

岩瀬ら　本店は江戸でも神奈川の支店で何でも買える。大量仕込みは問屋を通さなくては不可能だ。

ハリス　江戸では小商売しかできないと言われるが、神奈川では会所に役人が介入するだろう。
岩瀬ら　もし江戸で買い整えられるなら大商売もできる。神奈川でも商取引に役所は関与しない。
ハリス　問屋に引き合って高すぎる時は別の小売店数か所から買う方がいい。それが自由商売である。
岩瀬ら　もちろんそうしていいが、問屋から買う方が必ず安い。
下田奉行の井上清直　自分は雁皮紙の産地である伊豆の熱海でその紙を買ったが、江戸で買った方が安かった。問屋はたくさんの零細生産者から買い集めるから安いのだ。
ハリス　問屋を経なければならないならそれは自由商売ではない。直接職人たちを回って買い付けることができるのが自由だ。政府が問屋を通して商売に関与するのではないか。
岩瀬ら　そんなことはない。問屋同士で儲けを争うから高くはならない。
ハリス　支那にホンという巨商があり、これはギルドを組んで他に商売をさせなかった。これがアヘン戦争の一因だった。問屋も神奈川に移るかどうか疑わしい。
岩瀬ら　ホンと問屋は違う。日本の商人は利を追ってどこにでも行く。また特定の高価な物品を大名が買おうとすれば家来を神奈川に派遣する。
ハリス　何にしても外国人商人が江戸に居住しないなら商売は行き届かない。

自信家のハリスは容易に自説を変えなかったが、彼もおいおい問屋制度が商売抑圧と無関係なことが分かってきて、また幕府が自由貿易に舵を切ったことも理解した。そして制限付きとはいえ江戸の

横浜波止場より海岸通の異人館（『横浜・歴史と文化』）

開市が認められたからハリスも妥協し、倹約令禁止などは条文から外され、「両国商人は、役人が介在することなく自由に取引ができ、日本人は米国製品を自由に売買し、かつ所持できる」とだけ書き込まれた。

横浜開港と問屋制度に関しては忠震たちの見通しの方が正しかったのは論を待たない。横浜には商人たちが蝟集して忽ちのうちに大都会となり、日本の貿易のほとんどは横浜で行われた。筆者は商業に暗いが、日本の問屋は現在の商社に引き継がれているのではなかろうか。外国には日本の商社のような「何でも扱い、どこにでも出先機関をもつ会社」は今でも余りなく、生産者あるいはその団体が直接小売業者や購買者に売るのではなかろうか。何にしても商習慣の異なる日米の最初の貿易協定は難しかった。

商品価値の決め方や密売の罰則

自由貿易に次いで問題になったのは関税だった。ハリスは第四回談判で「持ってきた貨物が売れなくてもアメリカ商人は陸揚げ貨物の関税を払うが、ただ関税が高すぎると貿易が不活発になって商人が貧困になる。逆に安すぎると貿易は活発で商人は富むが政府は貧乏になる。その兼合いが問題だ」と教えた。各種輸出入品の関税率は第十次以後の談判で決まるのだが、日本側とすればその前段階としてもっと基本的な問題があった。それは、アメリカ商人が見計いで荷物を持ってきた際、関税逃れをさせないためにその商品価値を正しく見積もる必要があるが、そのやり方、あるいは関税逃れをした場合の罰則などである。忠震と清直の二人は変に知った振りはせず、第七回の談判の席でこれらを正直にハリスに尋ねた。

岩瀬ら　第四条の「何程の運上（関税）を払うべし」という文言を「この条約添付の定書の通りに払うべし」と改めることに異存はないが、いったい西洋では関税をどのようにして決めるのか。

ハリス　税関役人はすべての商品について値を付けられる目利きを備えるべきである。申告額が安すぎる、と不審に思った品には税関吏が「せめてこのくらいは」という値段をつけ、それでもなお外国商人が安値を申し張ったら、その値段で買いとるという日本商人と引き合わせる。売り手が売ればそれでよし、売らないと言ったら虚偽申告としていい。私は日本の為に、虚偽申告は百両の罰金、とした。

岩瀬ら　わかった。では例えば砂糖百俵を輸入した時は全数検査をするのか。

ハリス　検査はしなければならないが全数は難しい。はじめ五、六俵ごとにして疑わしければ一つおきにする。荷物が多い時は船に役人を派遣して行うといい。

岩瀬ら　わが国では武士（役人）は武道は学ぶが商売は分からない。外国ではどうしているか。

ハリス　商売に詳しい者を捜して武士に取り立てるしかない。相場は変わるからニューヨーク相場を電信で問い合わせたりする。関税は国家財政に役立つから私は日本の為に全力で調べたのである。

この会話は面白い。忠震たちは「貿易を始めたらもう武士の世の中ではない」と思っただろうか。第九回談判で忠震たちは、長崎で忠震がプチャーチンと結んだ日露条約より今回のハリスの草案が「よいもの」であるか、ハリスに対してダメを押した。

岩瀬ら　（商法定則書について不審部分の問答があった後）我々は貿易を初めて行うから、些細なことまで貴君に尋ねない訳にはいかない。貴君が提出された定則書は正直公平なものと思うが、今後ロシア人などが来てこれらは良くない、世界ではこうなっている、とか論議するようでは貴君とのこれまでの商議も甲斐ないことになる。だからこの定則書に瑕疵がないことを屹度請け合ってもらいたい。

ハリス　この定則書は貴国の関税収入を確かにし、密貿易がないよう入念に調べており、決してロシア人からかれこれ言われるようなことはない。

岩瀬ら　それはそうであろうと思うが、ご苦労だが日露条約の税法ともう一度照らし合わせたい。

ハリス　それは結構だ。ただロシアの商売筋は遅れているから今回の条約とは若干違っている。

岩瀬ら　日米条約の第二条では、偽の申し立てをした場合はその品物を没収する、とあるが、日露条約では船主から六六五ルーブルを科料として取り立てる、とある。これは如何。

ハリス　それはロシア人の考慮不足である。例えば船主に恨みをもつ水夫が船主に損をさせようと企んで「これは密売品だ」と奉行所に訴えれば船主は科料を払わねばならない。これは不都合である。罰は一回で足りるから品物さえ取り上げれば科料は必要がない。

ハリスの提案を容れて忠震たちは罰としての科料は止めて品物取り上げに止めることに同意した。

次の談判でハリスは、貨物の点検や港の構造、あるいは輸出統計や輸出品改めについて教えた。

「プチャーチンは豪傑だが貿易実務に疎い。今回の条約の方が違反が起き難い。貨物点検の具体的やり方は、船主が甲板に荷物をならべ、税関役人が出張して前に提出された目録といちいち照合する。手馴れれば小船なら役人ひとり、大船なら二人でいい。夜間の抜け荷を防ぐためには船倉に鍵をかけ波止場を見回る。ニューヨーク、シドニー、リヨセニロ（リオデジャネイロ）、コンスタンチノープルは四大都会と言われ、繁盛している（ハリスはニューヨークの波止場の平面図を描き、埠頭の船の係留の仕方まで説明した）。また一年の輸出総計を知りたいなら、日本商人からも外国商人からも『某国某商人に某品幾許を売った』という届を出させるとよい。偽申告者からは一五〇ドルの罰金を取る。輸出品の改めは役人が乗り込んで検査し、出港手続の際の届書に偽りがある時は出港を差し止め、船主から荷主に達して科料一二五ドルを払わせる。商品が怪しい場合は梱包を解いて改める」。

5　関税と治外法権など

嚬税輸出税取るべからず

ハリスは基本的に自由貿易論者だったから、第十回の談判の際、嚬税（入港した船の貨物の価値に依らず、船のトン数に応じてかける関税）に強く反対した。

「関税は国家財政にとって非常に重要だからよくお聞き願いたい。まず嚬税は国の為にならないから取らない方がいい。嚬税は外国船にだけかけて自国船にはかけないから自然外国船の入港が減り貿易量が減じる。また貨物を自国船で運ぶようになるから船主は儲けるが国家財政には益にならない。なぜなら嚬税は船荷の価値に頓着なくかかるから安い品物を載せてくると損が大きいし、売れるかどうか分からない品物をちょっと持って来てみる、という訳にもいかず入港船が減るのは確実だからである。また嚬税を取ると国家はその時は儲けるが、輸入品が高くなって結局人民が損をする。

今の規則（日露条約）では一五〇嚬以下の船は一嚬一匁、それ以上なら四匁となっているが、香港（イギリス）、ジャワ（オランダ）、アムール（ロシア）からなら小舟で運べるがアメリカは大船でないと運べないからその入港は減る。また日露条約では商売以外、例えば船修復のための必要品購入の際には嚬税免除となっているが、それだとアメリカの鯨漁船が修理のため箱館に入港しても一切国家収入にはならない。私が作った日米条約では入出港手数料を取るから一〇〇艘入れば二五〇〇ドルの収入になる」。
これらの意見は忠震たちに強い印象を与えたらしく、十二回目の談判で日本側は噸税をとらないことをハリスに伝え、ハリスは喜んだ。また輸出関税についてハリスは、「輸出税をかけるなら輸入税を軽くしないと諸外国が納得しないし、基本的に輸出税は取らないのがいい。輸入は物品が一艘にまとまっているから役人の改め方も簡単だが、輸出はそれぞれから関税を取るからその手数が非常に煩雑で役人の手間を取る。英米は二〇年前に廃した」と述べた。しかし理由は分からないが、日本側は輸出税を取ることに決したから最後の談判の時ハリスは次のように言った。

「輸出のことだが貴国にしか産しないものは税を払っても輸出できるだろう。例えば西洋風に製した茶（紅茶）、漆器、棹銅の類である。しかし輸出税が高ければ輸出量は少なくなる。貴君らの言われる一割二分五厘の税はとんでもないもので、シャム（タイ）も支那も五分である。本質的に輸出税は良くないものだが、貴君らの要望だから全ての品で五分にしたい。それ以上は何と言われても妥協しがたい」。

こうして輸出税率は五分（五パーセント）に決まった。

輸入税率と輸出禁制品

輸入関税率についてはこの日米交渉ではそれほど議論になった様子はない。第十回の談判でハリスは輸入品目を四種類に分けてそれぞれの税率を示した。

第一　金銀貨幣、地金、日本に居留する人の衣類、書籍、諸道具は無税。

第二　外国船舶の需要品、すなわち各種動物、パン、塩漬けなどは無税がよいが一応一割。
第三　酒類一切は奢侈品だから三割五分。
第四　他のほとんどの物品は二割。

ハリスは続けて「この他、米麦は無税がいいが一応一割とする。そのうちこの条約は年限切れになるから貴国のいいように改正すればいい。とにかくこの関税法ならアメリカから年間五〇万両の関税が入るだろう」と述べ、岩瀬らは感謝してこのように決まった（第二類は後に五分とした）。日蘭、日露条約では商人が入札価格の三割五分を会所に納めたから、二割という税率はかなり低い。しかし貿易が盛大になれば税率の低さを補って余りあるから忠震たちは同意したのだろう。実際、開国後の貿易額は、この談判後三年経った文久元年（一八六一）には輸出が五〇〇万ドル、輸入が二〇〇万ドルというような巨額に達し、その後もうなぎのぼりに増えたからハリスの見通しはそう違ってはいなかったのである（開国直後は四メキシコドルが一分銀十二枚、すなわち三両と交換されたから二〇〇万ドルは一五〇万両である）。

なおこの税率の見直しについて日本側は今から三年後と言ったが、ハリスは江戸大坂を開いた後三年（一八六六年、慶応二年）を主張し、結局そう決まった。しかしこの後、江戸大坂などの開港日を延期したり外国人殺害や外国船砲撃事件が起こったりして幕府は外国を宥めるために輸入税率を下げることを余儀なくされた。例えば文久二年の竹内使節団は、酒類の関税を引き下げ、ガラス類の関税を二割から五分に引き下げざるを得なかった。尊攘運動は日本の富を流出させるのに貢献した訳である。

忠震たちの交渉では輸出禁制品も問題になった。開国反対の一つの理由は「外国からは時計などの奢侈品ばかりが輸入され、日本からは米や銅など生活必需物資や国富が奪われる」というものだったから忠震たちはこれを考慮する必要があったのだ。第七回の談判の時忠震たちはこれを取り上げた。

岩瀬ら　米、麦、棹銅の輸出は禁止したい。輸出の為に国の穀物が足りなくなっては困る。

ハリス　経済学的には日本の米相場が上がればジャワなどから安い米を輸入すればいい。

岩瀬ら　そうかもしれないが、当面米輸出を禁じておかなければ国内世論が沸騰する。

ハリス　食物を禁輸するのは御尤もと思う。銅はいかが。

岩瀬ら　銅は一定量までならよい。また武器を買う時、外国人が対価として銅を欲すれば与える。

ハリス　それでは武器商人を優遇することになる。武器も銅も安く売るものから買い、高く買うものに売るのがよい。それが公平というものだ。だから「銅は政府の所有に有余がある時には払い下げる」としよう。また第三条に「この条約を全国に公布する」と書いた意味は、勝手商売を全国の日本人に早く理解させたいと考えたためである。

岩瀬ら　こちらもそう思うから、それで結構である。

宗教および法と裁判

この時の談判では外国人在住と貿易以外のことはほとんど議論にならず、両者は相手の言い分を正しく理解することに力を注ぐのみだった。だからたいていのことはすいすいと決着した。例えば第八回談判の際、忠震たちは「礼拝所（教会）は埋葬所と異なるのか」と聞いた。これに対してハリスは、「教会と墓地とは違う。下賤でない欧米人は日夜、特に日曜は教会に行って善や福を祈るが、教会は居留地に一つくらいでいい。宗教上の暴力行為を禁じる文章は条約面に載せておきたい」と答えた。日本の武士たちは、形而下の学に優れている西洋人がなぜ毎週教会に行って祈るのか、理解に苦しんだが、教会は居留地にしか建てないと条約に書き込まれたのでこの件は落着した。踏絵も「長崎での踏絵を廃する」と簡単に書かれた。同じ時、武器の輸出入が議題に上り次の問答があった。

岩瀬ら　米国からの兵器の購入（第十条）についてだが、日本では百姓や町人に武器を渡さないようにしているが、貴国ではどうか。

ハリス　アメリカでは大砲、小銃、火薬、刀剣まですべて平民が作り、国家は商人からそれを買う。では第三条に米人持越しの武器は政府と武家のほかに売ってはならぬ、との一項を設けよう。

武士という身分がないことに忠震は感銘を受けただろうか。

十二回目の談判では法律や裁判が議題になった。

ハリス　第六条についてだが、和親条約には「正しい法には従う」と書いてあるが、貴国の法がいかなるものか我々は知らない。国によっては牛や猿を殺すのと人を殺すのとを同罪と見做す。日本の規則に従う必要があるなら、まずアメリカ人に貴国の法律を残らず教え込まなくてはならない。

岩瀬ら　我々が規則というのは将軍や御三家の行列が通る時には近くに寄らず、道の前に立たず、葬儀の時は鳴り物停止を守る、などのことである。

ハリス　国々の法度は守るべきものだから、そのようなことは領事に指示なされば固く守らせる。

忠震たちは、殺人や窃盗の場合はどこの法律でもそれなりの罰則があるに違いない、とは思ったろうが、「日本の女と外国人が夫婦になった場合の彼女の権利」などは全然念頭に浮かばなかっただろう。だから「治外法権」（領事裁判権）がそれほど重要だとは考えなかった。だが彼らが言った「行列が通る時には近くに寄らず」は後の生麦事件に見られるように直ちに現実のものとなった。もし幕府の威令が行われる世の中だったら、リチャードソンを切り殺した薩摩藩士は（筆者の考えでは）多分切腹させられただろうが、殺された方も落ち度があるから賠償金は払わない、と日本側は主張したろう。「日本人の罪は日本の法令で裁く」ならそうなるべきである。しかしもし薩摩藩士を切腹させたらイギリスは賠償要求を放棄しただろうか。面白い問題だが、それは現実問題にはならなかった。

以上が日米談判の概略であるが、ハリスは後年、条約交渉の思い出を次のように語っている。

自分はアメリカの利益を謀ったが一方で日本の利益も損じないよう勉めた。治外法権のようなことはやむを得なかったが、自分も岩瀬らも初めからそうしようと思ったのではない。輸出入税（関税）について自分は自由貿易主義者ではあったが日本の為に平均二割の輸入税を定め、酒、煙草は三割五分の重税を課することに同意した。当時井上、岩瀬の委員は綿密に逐条の是非を論究して、自分を閉口させた。彼らの議論の為に自分の草案はしばしば真っ黒になるまで添削、改変せられ、その主意まで改正したこともある。このような全権委員をもったのは日本の幸福である。実に彼ら二人は日本の為に偉功のある人である。

人の公平な評価は「棺を覆った後に定まる」と言うが、以上の評言は忠震の真価を定めるものであろう。最後に栗本鋤雲の『岩瀬肥後守の事歴』の中の文を引いてこの章を終えることにする。

當時英仏露米を概して一にこれを毛唐人と称する蒙昧の政廷に立ちて弥縫周旋し、衆を開明に導き国を無欠の金甌に全くせんと企図する、その摧心労力幾何なりしや、今日これを想うも決して千百の十一に至る能わず。（中略）初め米国ハルリス航来して和約貿易の條例を議定せんとするに方り満廷逃避を以て高趣と為し、振って一人の能く負擔する者無く皆手を拱して盡く君を推す。君、此に於いて断然一身を抛ちて犠牲と為し自ら任じ辞せず。往復論弁、燭以て晷に継ぐもの數閲月、始めて稍や貼定する所のもの乃ち安政年の條約なり。今日より之を見ればその加删を要する者数十にして止らざれども、顧みて往時に遡れば一身の利益得喪を忘れて国家に黙汚せざらんと謀る苦心の一端を見るに足るべし。

第八章　日米通商条約の勅許下らず

1　上京に関する忠震の意図

条約勅許問題の始まり

忠震と井上清直は苦心して日米修好通商条約をまとめたが、あに図らんや条約締結の最大難関はアメリカではなくて国内にあった。日本中が条約反対だったからである。だからハリスとの仮調印はこれから半年後の安政五年（一八五八）六月に、ワシントンでの正式調印は万延元年（一八六〇）になされたのに、この条約が国内で公認されたのは慶応元年（一八六五）冬、条約完成から八年も経った後であった。本章では安政五年春の条約公認失敗の迹を見てゆく。

日本の政治は江戸時代も案外民主的だったからハリス出府の前（安政四年半ば）、幕府は各大名に対して、開国貿易やハリス出府についての考えを質した。これに対する大名の答書はほとんどが微温的なもの、すなわち鎖国が望ましいが今戦争もできないから適当に外国の鋭鋒を避け国土防衛の見込みが立てば鎖国に戻ればいい、今はハリスの出府も仕方がない、というくらいだった。しかし攘夷主義の火種がいつか燃え上がるのは明らかだったから幕府首脳はその反対運動を緩和しようと試み、まず大名の説得から始めた。そしてこの説得の主役も忠震だった。

安政四年十二月二十九日、幕府は大廊下（御三家・松平慶永［春嶽］などの親藩）、溜間《たまりのま》（会津松平などの家門と井伊、酒井など譜代の名家）、大広間（島津・伊達など十万石四位以上の国持ち大名）出仕の大名を招集した（他の大名たちは翌日集めた）。そして堀田老中が「アメリカとの条約についてもう一度海防掛から事情を説明するから、その後、各々方は腹蔵なく意見を述べられたい」と言った。これは意見を聞くという形をとって大名たちを啓蒙しようとしたのである。中根雪江（松平慶永の近臣）の『昨夢紀事』によればこの時忠震は外国の事情を滔々と述べた。例えば「アメリカ大統領の屋敷は私の屋敷より小さいくらい、外に呼び鈴があってそれを引くと取次が出てきて名前を問い、すぐに大統領の部屋に案内して会うことができる。事々しいことは何もなく我が国の風とはまるで違っている」とか、「プチャーチンは軍人としては万国に聞こえた名将だが商売貿易のことには暗い。だからアメリカが周旋した方がいいのだ、とハリスが言った」など自らの経験や伝聞を言って聞かせ、また「条約はこちらからワシントンに出向いて調印することに決まった。これを言い出した時はハリスも大いに驚き且つ喜んだ。談判の間こっちから言ったことでハリスを驚かせたのはこれだけだった」と笑い話もした。そして最後に「もし諸公に疑問や異論があるならこの場で何でも聞いてほしい。私としては徹夜の議論も厭うところではない。そうでなくて今日は黙して後日に異論を唱えられるならそれは面従腹背、節義のない振舞いである」とまで切言した。

大名たちの反対と朝廷の利用

しかし大名の中で条約の意義を理解できるのは松平慶永など数人に過ぎず、積極的意見を述べる者があれば、それは攘夷論だった。このことについてハリスは次のように書いている。

前年暮れに岩瀬たちが千代田城でこれまで決めた条約文を示すと城内あげて大騒ぎとなり、過激な者は「このような条約を結ぶなら切腹する」と言ったそうだ。老中（堀田）たちが説得して数人は納得したが、残りは頑強に反対した。だから流血なくして条約を成立させるのは難しいらしい。しかし岩瀬たちは「京都の天皇の認可を受ければ大名たちはその反対を撤回する、しかしそれには二カ月かかる」と私（ハリス）に告げた。私はこれを聞いて驚き、もし天皇が認可しなければどうするのかと聞いた。彼らは「政府は天皇から異存を受け取らないと決意している」と語った。私は天皇の一言がすべてを鎮静させる、という意味なのだろうと理解した（安政五年新年のハリスの日記）。

ハリスは仮調印までまだ二カ月もかかるのか、とがっかりしたが、無用の摩擦を避けるため江戸ではほとんど外出せず、調印までは下田に戻っていることを了承した。そして「調印延期は承知したがその間にイギリスが来ても決して条約を結ばず、私を後回しにしないよう願う」と要求し、忠震たちも「勿論である。先に談判した方を先にするのは当然で、たとえ幾艘の軍艦が来ても京都への奏聞が終わるまでは調印することはない」と確約した。それでハリスは安政五年一月二一日に下田に戻った。この時彼は重病（チフスらしい）にかかっていて命も危なかったが、何とか回復した。

忠震たちが語った「大名たちの頑強な反対」という話は、日本側が談判を有利にするために誇張したのかもしれないが、幕府首脳部が「攘夷主義者を黙らせるには天皇の権威を利用するのがよい」と思い始めたのは確かで、その主導者は忠震であったらしい。天保時代までならこんな策は全然考慮に上らなかったろう。江戸時代の初めから幕府の政策は「天皇や公家を政治問題から遠ざけておく」ことだった。しかし世の中は少しずつ動いて江戸後期には天皇尊崇の風潮が全国的に強くなっていた。その理由は国学が盛んになり、また朱子学の大義名分や王覇の別（春秋時代のシナで齊晉などの五覇ではなく周の王室こそ尊ぶべきであるという論、日本で言えば天皇は王で徳川家は覇）が知識階級に浸潤したためである。だから安政期には天皇を無視することはできなくなっていた。

これに加えてペリー来航という事件が皇室尊崇に拍車をかけた。事が国内を超えて、西洋に対して日本をどう立てていくか、という民族的問題になったからである。このような動揺期になると人間はある種の精神的拠り所を求めるようになる。そしてそれが天皇であった。だから内政に手落ちのない老中阿部正弘はペリーとの条約を京都に報告し朝廷を懐柔した。このような阿部のやり方を見て堀田や忠震も天皇を利用すれば攘夷主義者の抵抗を押し切れると考えたのであろう。

御門はゼロである

しかしこの認識は誤りだった。ではなぜ堀田や忠震は誤ったのだろうか。それは、忠震たちが安政五年一月初旬にハリスが書いている次の言葉から理解することができる。

岩瀬・井上は「京都は貧乏で人口は二十五万を超えず、坊主と寺社の町である。大工業もないし漆器も絹織物屋も二十戸とはない」と言った。また彼らは御門（天皇）についてほとんど軽蔑的に語った。予（ハリス）が日本人の天皇崇敬についてある人の説を引用したら彼らは大笑いした。そして「御門は金も政治的権力も、また日本において価値ありとされている何物ももたない。彼はゼロ（とるに足らぬもの）である」と言った。

もちろん通訳を通して聞いたことだから、ハリスが言葉のニュアンスまで正確に理解したかに疑問はある。しかし筆者が思うに、相手が外国人であったから忠震たちは本音を吐いたのではなかろうか。忠震が家康を尊敬したのは家康が徳川家の祖だからではなく、「二百余年の平和」の礎を築いたからである。忠震は時の将軍家定にはそのような気持ちは持っておらず、家定死去の時は「上天の日蝕で不都合だ」などと滑稽的に書いている。このように幕末になると武士たちも血筋より功績を尊敬するようになっていた。だから彼らにとって天皇は有難いものでも尊敬すべきものでもなかったろう。

しかしこれが間違いだった。たしかに実力や実務能力という点からみれば天皇という身分は忠震たちの言う通りゼロであったろう。当時の朝廷には金もなければ法的権利（慣習法としての）もなく、また見識もなかった。しかし不平の塊りともいえる地方諸藩の下級武士にとって天皇は唯一の拠り所で

孝明天皇（『図説歴代天皇紀』）

あって、彼らにとって天皇の言葉は千鈞の重みがあり、その言葉に鼓舞された。そして孝明天皇はまじめに開国貿易を憂い「鎖国の良法に戻りたい」と考えておられたから、日本中の青年たちは「夷狄《いてき》を攘《はら》うことは天皇の御為である」と思うことができた。人を動かす力という点では情、特に不平不満の情は理より強いものである。このところを忠震たちは見損なった。彼らは天皇とその周辺が少々攘夷的であっても何とか説得することができる、もし説得できなくても脅したり賺《すか》したりすれば「ゼロである」天皇に条約を認可させられると思ったが、相手は天皇だけではなかった。その裏には澎湃《ほうはい》と湧き上がる反幕府の空気があった。合理的な忠震たちはその空気を見損なったのだ。天皇の精神的権威という点ではむしろハリスの方が日本人の心情を正しく見ていたかもしれない。なぜなら彼は前述の日記の数日後に次のように書いているからである（一部省略している）。

加賀侯は「将軍が旧来の法を破ればすでに君臣ではない」と狂人の如く怒っているそうだ。しかし京都の帝は結局条約を承認し、これで日本中反対しないと（忠震たちは）言う。だがもしこれが本当なら彼らがほとんど軽侮的態度で天皇について語ったところと一致しない（天皇の意見が重要だと考えない訳にはいかない)。聞くところでは沢山の金銭が天皇周囲の役人に配られたそうだ。

2　旅の途中の感慨

京都行き

認識が誤っていたにもせよ、老中堀田正睦は天皇から条約勅許のお墨付きを得ようとして、林大学頭(韑)と目付津田半三郎(正路)を京都に先発させ、条約が出来上がった安政五年正月半ば、自ら勘定奉行川路聖謨と忠震を引き連れて上京した。川路は外交交渉の経験もあり公家たちとも面識があったし、忠震は条約交渉の当事者でその弁舌は当代随一だったからである。忠震にとっては昨年の長崎行きに引き続き二年続けての遠路出張だった。この時も彼は道中と京都でかなり克明な日記『西上日記』(『岩瀬鷗所日記』第五巻)をつけたから、本章ではこれによって彼の心の動きを見ていく。忠震が築地の自宅を出発したのは正月二十一日だった。この日は雪が舞ったが、彼は上野で徳川家の墓地を拝し見送りの人たちに別れを告げた。

旅の初め頃の日記は長閑な風物の記述とともに「今回も日本の為に尽くすのだ」という張りきった気分に溢れている。川崎では同行する平山謙二郎に次の詩を与えた。

○五歳に六回倶に遠征。危山険海、平生に慣る。春風遙かに指す京畿の路。又これ、今年第一程。

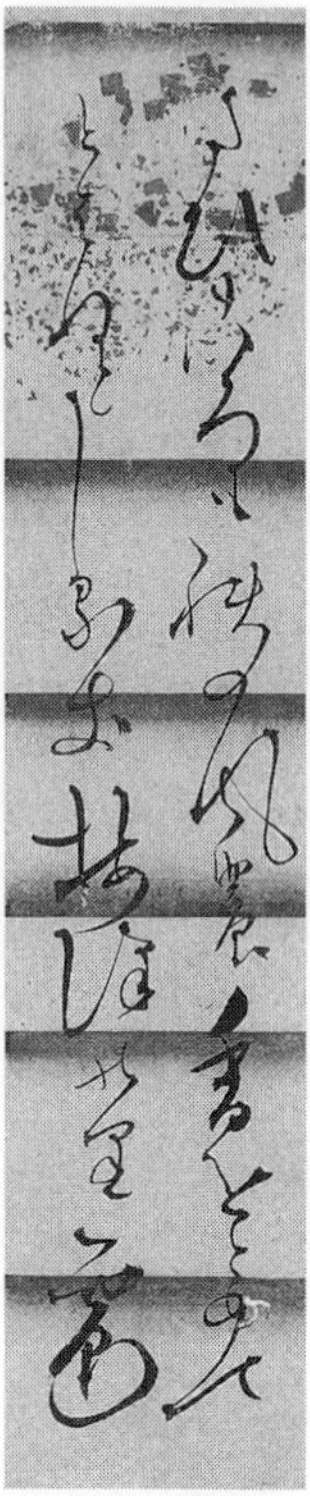
短冊「たびごろも袂の風の香をとめてとはねどしるき梅澤の里」
（『開国の星・岩瀬忠震』）

また「開国貿易」という自分の先見の明が現実化するだろうと意味の詩「多くの凡人たちの声を聴くと、怪しや、みんな間違っている。俺は、狂人と言われた自分の言が必ず現実になると信じている。大和魂は必ず世界に広まるに違いない」を作ったりして意気軒昂だった。

二三日、忠震は大磯で今年初めての鶯を聞き、梅沢村では鉛筆画を描いて、

旅ころも　たもとの風の　香をとめて　とはねどしるき　梅澤のさと

と梅を愛で、小田原宿はずれの村では地蔵堂の縁日の雑踏をのんびりと眺めた。また、

君が代を　思ふこころの　ひと筋に　いそぐも遠き　都路のそら
へだてじな　ゑみしの国の　遠くとも　通ふこころの　道の一すじ

と、幕府の恩（君は将軍家のことであろう）に報い、外国人（ハリス）と通い合う心を歌にした。箱根を上り下って三島では、六度の東奔西走を思い出したが、「まあ旅路も結構楽しいぞ（漫ろに道《い》う、客路、樂般々）」とノンビリした気分で、堀田侯が京都に着いたら朝廷に融和の春がめぐるだろう、という意味の漢詩を作ったりしている。

耿々不寐對燈火

しかし旅の途中から忠震の許には先発した林大学頭や京都町奉行から、情勢は険悪だ、という手紙が届き、こちらからも至急の書状を発するようになった。そのせいで一月二六日頃から作詩、作歌は減り、一月二九日、矢矧《やはぎ》川（矢作川）を越した時には「今回の出張は風流のためではないから、自ら警め、往観せず」と八橋の旧趾の遊覧も自粛した。そして昼は「雪解け道が滑って駕籠かきは大変だが、自分は恥ずかしながら籠の中でうたた寝だ」という滑稽詩を作ったりしたが、夜になると今回の使命を達成できるか深く心配して明け方まで上書を書いた。

○吐氣何開眉上黄　深憂勒客断然腸　耿々不寐對燈火　却恨春宵如許長

「ため息を吐くが眉間のしわは取れない。憂いは深く断腸の思いだ。徹夜で行燈に向かって上書を認めているとつくづく春の夜が長いと感じる」という意味である。

桶狭間で今川氏を偲んだ後、忠震は宮（熱田）から乗船して桑名に渡り、次いで四日市、石薬師、亀山を経て鈴鹿峠を越えた。鈴鹿峠は雨だったが、忠震は母方の祖父林述斎を偲んで、

むら雨の　ふりにし事を　しのぶ哉　すずかの山の　きじのもろ聲

という和歌を詠んだ。昔、述斎が雨の鈴鹿越えをした時の和歌「すずか山　今朝越くれば　村雨のふり出てなく　雉子のもろ聲」を思い出したからである。そして二月五日、忠震は京都の宿所、木屋町三条下ル瑞泉寺に着き、直ちに所司代、両町奉行、同役の川路左衛門尉を訪問し、次いで堀田の宿所本能寺で林大学頭、津田半三郎と京都情勢について意見を交わした。

堀田正睦は二月九日に昇殿して小御所で孝明天皇から盃を賜った。この時に川路や忠震も参内するつもりだったが、身分制度や慣行墨守の時代だからそれは行われなかった。また幕府の使者が上京した際は天皇から公家までに物を贈呈するのが習わしだったから、この時も禁裏（天皇）に色絵鳳凰香炉、伽羅木、黄金五〇枚、そのほか関白など宮中の高官に贈物があった。

3　忠震の公家説得

朝廷の組織と京都の攘夷熱

さていよいよ条約勅許のための公家社会との交渉である。堀田はその第一着として二月十一日朝に朝廷の重臣たちを自分の宿所本能寺に呼び、川路と忠震から条約の必要性を説明させた。重臣といっても朝廷の最高責任者ではない。ハリスとの交渉に老中が出ないように、忠震から実際のことを聞くのは議奏とか伝奏とかいう朝廷の第二級の官僚で一番上の関白とか左右大臣は来ないのである。

議奏伝奏への忠震の演説に入る前に、朝廷の組織と安政五年頃の公家社会の有力人物および京都の攘夷熱について若干説明する。朝廷は公家社会の全般にわたって儀礼、役職など、決めなくてはならないことは数々あった。しかしそれらは実社会と関係がある「世俗的な実務」ではなかったから、朝廷の機構は一〇〇〇年前とほとんど変わることなく存続し、それでさして困らなかった。

公的方面の最高責任者は関白でこれは今の総理大臣、この時は九条尚忠だった。関白の下に左右大臣（近衛忠熙と鷹司輔熙）がいたが、これは実権のない副総理格である。孝明天皇が一番親近して相談するのは内大臣三条実萬《さねつむ》で、これは内閣官房に近い存在だった。他に天皇に直接奏上できる実力者の太閤鷹司政通がいた。政通は安政三年八月までは関白の地位にあったから孝明天皇の師匠格、天皇には煙ったい存在であって、関白辞職後は太閤という御意見番のような地位にあった。もう一人、青蓮院宮がいた。宮は伏見宮家の出であるが、仁孝天皇（孝明天皇の父）の猶子（養子、形式上は孝明天皇の義兄）となって青蓮院門跡を継いだから青蓮院宮尊融法親王または粟田宮（青蓮院は粟田口にあった）と呼ばれた。この宮は中川宮、尹宮、賀陽宮朝彦親王、久邇宮と呼び名が変わったが、孝明天皇が最も信頼した人で、これ以後京都の重大事件に中川宮の名が出ないことはなかった。

以上は特に身分の高い人たちであるが、この他に政治的に重要な役として議奏と伝奏（武家伝奏）があった。議奏は種々の議案を合議する天皇の諮問機関、伝奏は徳川幕府（普通は京都所司代）との意志疎通のための機関で、この時は東坊城前大納言聡長《としなが》、広橋大納言光成《みつなり》の二人だった。

忠震が着いた頃（安政五年二月）の京都の政治情勢は基本的に条約反対、攘夷であったが、その最も強い理由は「怖れ」であった。天皇や公家たちは化け物を怖がるような意味で外国人が怖かったのである。だから外国人が日本に住み、全国を旅行する、ひょっとしたら京都にも来る、と思っただけで彼らは怖気をふるった。もう一つの反対理由は儒教倫理的なもの、すなわち「外国人は利益の為ならどんな悪行でもする、無道徳の禽獣である」という信念である。「怖れ」も「無道徳」も事実から帰納された結論ではなく「感情」であったから説得不能であった。

ただ同じ攘夷でも過激派と穏健派があった。穏健派は鎖国攘夷ではあるが幕府協調主義であって、その代表者は孝明天皇だった。天皇とほとんど同じ考えだったのは青蓮院宮と内大臣三条実萬などで、関白九条尚忠も「天皇の聖旨遵奉」主義だった。これら身分の高い攘夷派は幕府に対抗するつもりはなく、民に苦しみを与えるから外国との戦争は避けたい、と考えていた。しかし天皇は心からの攘夷主義だったから、京都の公家たちがお金をもらって幕府の政策に賛成するのを深く心配し、「黄白（お金）で開国賛成に寝返ることがないようにしたい」と関白宛ての私信に洩らされた。

これに対して下級公家たちのほとんどは過激攘夷だった。これは信念というより不平不満の捌け場だった。身分だけあって政治的権力はなく、寺院の文書や百人一首を筆写する内職をしなければ食べていけない公家たちの不満は地方の下級武士のそれと共通したところがあり、彼らは武家の世の中であること自体が面白くなかったのだ。黒船の到来はその不満に一挙に火をつけたのである。

反攘夷勢力も微弱とはいえ存在はしていて、その一番の有力者は鷹司政通だった。彼は攘夷の本家徳川斉昭（水戸烈公）と姻戚関係にあった（彼の妻は斉昭の姉）にもかかわらず攘夷主義ではなく、また「公家たちに政治なんかできない」と醒めた目をもっていた。そしてこの頃は将軍の跡継ぎ問題（次章で述べる）に絡んで烈公の攘夷主義もやや軟化していたから、政通の幕府協調主義は強まっていた。政通の他に幕府順応主義だったのは武家伝奏の二人で特に東坊城聡長は幕府とよかった。

演説①――外国人の要求

このような状況の下、二月十一日忠震は堀田の宿所本能寺に行き、川路とともに東坊城、広橋両伝奏と久我大納言建通、徳大寺大納言公純、万里小路大納言正房の議奏三人に向かって、日米条約のやむを得ないこと、開国は決して避けるべきことではなく日本の発展にとって好機であることなどを説明して聞かせた。この日の日記には「両天（伝と訂正）と儀曹に対して事情をつぶさに談じた」と書いてあるが、伝奏や議奏の字を間違えるくらいだから忠震は朝廷の役職に通じていなかったに違いない。忠震は翌日十二日に前日に述べたことを文書にし、十三日に再び伝奏や万里小路大納言に説明した。この時忠震が公家たちを啓発するために述べたことは「覚書」として残っている（蘇峰『堀田正睦』五）。内容はおおむね近年の外国交渉の経緯であって、とりたてて言うほどのものではないが、忠震の手になるものだから、分かりやすいように筆者が加筆して簡単に紹介する。

○世界の情勢――ナポレオン戦争後ヨーロッパは平和になって産業貿易が盛んになり、世界中と和親・交易している。そのせいでこれまで外国と交際しなかったシナも諸国と条約を結び、琉球（沖縄）も英米仏と条約を結んだ。また新世界が開け、アメリカ合衆国が独立したので、アメリカからヨーロッパやシナへ航海する船は日本近海を通り、その結果日本は世界貿易の通路になった。
○オランダ人の忠告——天保十四年（一八四三）オランダは我が国に書簡を送り、「シナのように孤立して他国と交わらない国は万国に嫌われ、アヘン戦争のようなことが起きる。この轍を踏まないために貴国が外国人に対する法律を寛大にされるよう希望する」と忠告した。嘉永五年（一八五二）にはジャカルタのオランダ総督から信用できる人物としてドンクル・キュルチュスが派遣され、彼は「外国と和親して自由貿易を行うのがよい、鎖国を永続しようとすれば戦争になる」と言っていろいろと献策した。さらに安政三年（一八五六）には船将ファビウスが長崎に来て開国のことやイギリス使節ボーリングのことを告げ、箱館や下田も見て回り、外国人取り扱いの改善を求めた。
○ロシア——嘉永六年（一八五三）にロシア人ブッセがカラフトのクシュンコタンに砦を作った。翌年引き払ったが、同年ロシア使節プチャーチンが来て、争いにならぬよう国境を定め日本の港で物品を入手したい、また世界は変化しているから鎖国政策を続けるのはどうかと思う、と論じた。
○アメリカ——同じ嘉永六年にアメリカ使節ペリーが来て、日本と交際を始め貿易もしたい、という趣旨の大統領書簡を差し出し、来年返事を頂きたいと言って退帆した。翌年正月に再来した時は戦争にもなりかねない勢いだったが、応接しているうちに意思疎通して和親条約を結んだ。しかしペリーは、この条約のまま永続することは不可能だ、と言った。
○通商を断れば戦争になる——その後イギリス人スターリング、ロシアのプチャーチンとも条約を取交したが、貿易や外国人取り扱いに関して、今の条約にはどの国も不満足で、また下田港にも不服を言っているし、米英は、徳川家康公の時代には御朱印貿易が許されていた、鎖国は日本の伝統ではないと申し立てた。『イギリス評判記』には「イギリスは日本が鎖国を続ければ武力に訴えるかもしれない」と書いてあり、英国人著述の漢文『地理全志』には「アメリカ人は日本が開国しないなら戦争するつもり」とある。また外国船の者たちも下田で「日本の規則が窮屈だ、こんなことが続けば戦争になるのに日本人は気がつかない」と嘲っている。和親条約を結んだ後、彼是と窮屈なことを言ったため戦争になって負けた国にはシナやメキシコがある。

○ハリスの出府と条約締結要求――一昨年（安政三年〔一八五六〕）アメリカ使節ハリスが下田に来て「貴国の危険は主にイギリスから起こるから、それに関する大統領の手紙を直接老中に渡したい。軍艦で行くのは騒動の元だから手軽な伴連れで江戸に出たい。このような親切を無にするようだと、大統領も体面上、何らかの処置をしない訳にはいかなくなる。貴国の防備は手薄だから大砲などなら五百挺くらいすぐにも御用立てする」と述べ、江戸出府を強く要求した。

以上のように諸外国の迫りくる要求を列記した後、忠震は次のように公家たちを脅かした。

和親交易を拒む国は万国から仇敵と見做され、同盟軍が押し寄せるから今は交易しない国はありません。シナと英国の戦争の時はフランスが援兵を出したし、クリミア戦争（ロシア対トルコ）には仏英独が援兵を出したが、その際のドイツの兵力は六〇万と新聞紙に出ておりました（これは誤報）。各国条約、すなわちシナと英米仏、露と米、英と米などの条約を幕府で翻訳しましたが、シナとの条約以外はみな似たようなもので、今回の日米条約と違いません。外国人の言説には虚偽の脅しもありましょうが、我々が直接対話した印象、またオランダ風説書の言うところ、あるいは彼らが携行する器械（大砲や軍艦など）を実地に見ますと、あながち虚喝とばかりは言えないようです。だから当初は反対した人も、鎖国はもはや維持できないことを段々理解し、現今の江戸では十人に八、九人は通商やむなしと思っています。

忠震と川路は戦争を避けるには通商はやむを得ない、と議奏・伝奏の面々を説得して、公家たちが「十人に八、九人は『通商やむなし』論者」になるのではないかと期待した。

演説②――通商不可避

以上に述べた二月十一日の演説とは別に、堀田正睦の名で九条関白の手を経て天皇に奉呈された上奏文がある。佐倉藩（堀田正睦の領地）の藩士だった依田学海（百川）はこの文書について「この原書は岩瀬肥後守が自筆で書いて、それに備中守（正睦）が筆を入れたもので備中の平生の持論」と語っているし、その上これはいかにも忠震らしい元気に満ち溢れた文だから現代文に逐語訳して示す（意訳。原文は『堀田正睦』五にある）。

近来世界情勢は一変してシナの春秋時代や我が国の戦国時代に似て、それを世界大に拡大したものとなった。すなわち各国は各々その国土に割拠し、あるいは他国を蚕食して（アフリカ、アジア、インド、南アメリカを植民地にして）帝や王と称している。ヨーロッパ諸国はキリスト生誕翌年を紀元とし、アメリカ合衆国もこれに倣ってはいるが、同時に自国の独立以来何年と唱え、ロシアもその建国を紀元としている。アジア諸州もそれぞれの年号をもっている（シナ文明圏では属国は宗主国の暦を用いた。いわゆる「正朔を奉じた」から忠震は特に年号のことを言ったのである）。

各国はそれぞれ制度が違っていて統一するところなく、互いに他を凌ごうと競い合っている。清国はひとり尊大に構えていたが他国との戦争にしばしば敗れたし、朝鮮・琉球（この時代沖縄は日本と清国に両属、ある意味で独立国だった）は弱国だから他国の鼻息を窺うのみ、ルソン（フィリピン）とシャムもこれに類して国勢が振るわないが、その他の強国は互いに和親同盟して貿易を開き有無を通じ艱難あれば救い合う条約を結んでおり、この条約に背いたり拒んだりすればその他の同盟国が連合してこれを攻める。そして戦争が止めば再び和親同盟を結ぶ。日本の戦国時代のように国の中だけで治乱興亡があるという時代ではなく、外国を知らずには済まされない。（中略）

ここの所を勘違いして、戦争の相手はただ一国と思い、ひたすら旧慣を墨守（鎖国を続けること）して、もし一国との戦争に敗れることがあっても頑固に外国人を近づけず和親同盟も拒絶するという策に出れば、それは大失敗に終わるに違いない。なぜなら我が日本はヨーロッパ・アフリカ・アジア諸国を西南に受け、南北アメリカ・ロシアのカムチャッカの地を東北に受ける枢要の航海路に当たり（これらの国の船が西南から来るか東北から来るか、という意味で、南アメリカが北にあるというのではない）、日本が鎖国を続ければそれはすべての国にとって妨害となるから、彼らは一同協力して軍艦を連ねて戦争を仕掛けてくるに違いないからである。我が国は勇武に優れているが、四面を海に囲まれた孤独の国だから万国を敵にしていつまでも持ちこたえることはできないだろう。
根本に立ち返って議論するならば、もともと何の遺恨もなく同じ天地に生息する国々、扱い様によっては我が国の爪牙・羽翼（味方の家来）ともなるべき外国人民を謂《いわれ》なく仇敵にしてしまうのは天理人情に悖るものであるし、それはまた時勢の移り変わりを察せず徒らに国家を誤るものでもある。また全世界を相手に戦争すれば、日本国中の無辜の民を塗炭の苦しみに遭わせることになる。鎖国を続けるという政策はただ国内に縮こまって志を鬱屈させるのみに止まり、五大洲に羽翼を伸ばし世界統一の大望を実現する時は永久に来ないだろう。
どこかの国に聖人でも出れば全世界がその威徳に服するかもしれないが、それは迂遠のことである。それまでは両国の力が拮抗しているなら同盟和親して世界共通のルールに従って交際するしかない。たとえば相手が領事や公使を置くならこちらからも領事と公使を派遣し、彼が軍艦を出してその商船を保護するならこちらも同じように軍艦を出すなどすべて対等互角の勢いを張って、彼の風土やその言の虚実をよく調べるしかない。外国のことを調べ、付き合うのはいつか我が国が世界を統一する、その下地を作るためである。だから今は広く万国に貿易交通して外国の優れたところを学んで我が国の足らざる所を補い、国力を養い武備を充実させるのがよい。（中略）
辱《かたじけな》くも我が神州（日本）は天照大神以来皇統連綿として今に続き、君臣の名分が正しく国家の姿が明らかで、その時々に強者が皇帝になるような諸外国（忠震はシナだけでなく西洋諸国も考慮に入れたのだろう）と同日の談ではない。すなわち天孫降臨以来易姓革命のない我が国は世界第一の旧国であって、地域こそ広大ではないが土壌は豊饒、人口も多くしかも義勇快烈であって、これは天が我が国を特別に愛していることの証拠であり今後も天が護らせ給うことは疑いない。だから今、乾坤一変の機会に三百年の鎖国の旧法を変じて全国の力をあわせて世界に打って出て、世界を統一する偉業を成就するために、なにとぞ外国交際の勅許を下されたいと懇願する。

4 朝廷の反応

何を言ってもダメ

忠震の演説の最終段はお決まりの儒教的壮語、特に朝廷向けの言説であるが、とにかく「全世界に打って出る」ことを夢見た忠震の意気が感じられる。しかし聞く気のない人には何を言っても通じないものである。堀田や忠震の説明は京都の人々には馬の耳に念仏だった。そしてこの後忠震が天皇や公家説得の表舞台に立つことはなかった。江戸時代は力量ではなく形式の世界だったから、低い身分の忠震が天皇や関白の前に出ることはありえなかった。忠震も身分制度の犠牲者だったのだ。

本書は忠震の伝記であって幕末史ではないから、忠震の関係しないところで行われた歴史の動きは大雑把にしか述べないが、京都での任務の失敗はその後の忠震の運命に影響を与えたから、以下に、安政五年二、三月の間の京都の政治情勢の変化を簡単に述べる。

議奏伝奏は二月十一日と十三日に忠震たちの話を聞いてそれを孝明天皇に復命したが、天皇の疑念や憂悶は晴れなかった。そして天皇は、信頼する近衛忠熙や関白九条尚忠の賛成を得て太閤鷹司政通の反対を押し切り、二月二三日に議奏伝奏を通して堀田に対して「今回の条約は国家の重大事だから、もう一度御三家以下各大名の所存を聞いて貰いたい。特に問題なのは、一、兵庫を開港地から除くこと、二、皇居を大藩の大名で警衛すること、三、夷人どもが国内で反乱を起こす懸念、の三点である」と質問された。天皇たっての希望なので堀田は、不承不承関東へ今一度照会し、自分の考えとして、兵庫開港については「昔堺で外国貿易が行われたこともあり、関西での商売を無下には拒絶できない。外国人は京都方面には猪名川より内に入らないと約束させた」と答え、京都防衛については責任を持って行う、と請け合った。そして最後の外国人反乱についても、「こちらが不条理なことをしなければ当面外国人の反乱は決して起こらない。遠い将来何が起こるかは測りがたいが、現在条約を結ばないとなれば外国との間に軋轢が起こるのは明らかである。これからは武備を強化し、外国人が信服する外交を行うしかない」と返答した。

堀田の返答はどれも尤もなものであったが、「ただ怖がるだけの人」には何を言ってもダメであって、議奏伝奏たちは「(天皇は)夷人一条を深くご心配にて寝食も安んぜられず、何とか宸襟を安んじ奉りたく」とただ落涙するだけだった。堀田は江戸の同僚への手紙に「理屈なればともかく、ひたすら御落涙のみなればいかんとも手の施しようなし」と書いている。そして江戸へ急飛脚を往復させて、「天皇へは『人心折合いのことは関東で引き受ける』とお答えしてよい」という将軍の了解を取り付け、三月五日広橋、東坊城両伝奏にこれを伝達した。

しかし朝廷、公家、公家の使用人、地下の人（浪人、儒学者など）からなる京都社会は堀田の期待通りには動かなかった。この頃公家上層部の立場は急転回しつつあって関白九条尚忠が幕府寄りになったのに反して太閤鷹司政通は突然攘夷派に変わった。以下にその事情を説明するが、この奇妙な変化の主な理由は焦眉の急たる日米条約ではなく、将軍家定の次の将軍すなわち世子（形式上、家定の養子）を誰にするか、という問題に関してであった。先に変わったのは関白の方で、彼は二月中旬ころから徐々に幕府側に立場を変えた。それは井伊直弼の臣長野義言（主膳）の遊説の結果であった。義言は九条関白に対しておおむね次のように言った。

京都情勢奇々怪々

世子を決めるのは徳川家の私事である。そして日本の伝統では跡継ぎは「御血脈の近いお方」と決まっていてこれを乱すのは人倫に悖る。今、世子について将軍家以外の人々（薩摩の島津斉彬、土佐の山内豊信〔容堂〕、越前の松平慶永〔春嶽〕など）が口を出し、それも「年長・賢明・人望のあるお方」（一橋慶喜のこと）などと言っているが、これはすべて水戸老侯（斉昭）の陰謀から発したものである。このように下が上を選ぶのがよいのなら、天皇も血脈ではなく選挙ということになろう。関白殿下が近衛三条などの人々と同調して一橋公を世子に推し堀田に条約勅許を与えないなら、朝廷と将軍の間の関係は決裂せざるを得ないが、その責任はあげて関白殿下に降りかかるだろう。

血脈というのは血のつながりのことで、慶喜は一橋家の養子になったがもとは水戸斉昭の七男であって将軍家との血のつながりは家康時代まで遡らなければならなかった。これに対して井伊直弼などが推す紀州の徳川慶福（十四代将軍家茂）は十一代将軍家斉の孫で今の将軍家定の従弟であった。だから井伊家君臣は「御血脈の近いお方」と主張したのである。なお慶喜自身は攘夷主義ではなく実父の水戸斉昭もこの頃は攘夷を封印していたのだが、京都の攘夷主義者たちも、それに多分義言も、烈公の子供だから慶喜も攘夷に違いないと誤解し、慶喜世子イコール条約拒否と理解していた。

九条家は井伊家と強い関係があったから、九条尚忠は義言の言を聞いて朝幕関係の悪化を恐れ、「政治は関東にお任せ」という線まで後退しようとした。こうして、これまで天皇の攘夷主義を遵奉していた九条関白が転向したから、堀田が急飛脚を立てた二月末頃は天皇を強制できる有力者、関白と太閤の二人ともが幕府側になるはずだった。そうならなかったのは鷹司家の侍講三国大学や諸大夫小林良典などが太閤鷹司政通を回心させたからである。

なぜ政通は変心したのだろうか。彼は天皇に疎まれていることを見て取って一応辞表を出し二月二十九日から朝廷に出仕せず、公家社会から総スカンを食っていたが、彼にとってこれは本意ではなく、九条関白に対する対抗意識からやっぱり「実力者」になりたかったのだろう。これが政通を攘夷に回心させた一番の理由で、和親貿易は間違いだ、と彼が思ったわけではない。彼の回心は論理より権勢欲だったように思われる。政通に限らず、この時の京都情勢は論理的でないことが多い。例えば島津斉彬と山内豊信は個人的には開国主義だったからそれぞれが親しい近衛忠煕や三条實萬を条約勅許側に引き込む努力をしてもよかったろう。しかし彼らは条約より一橋世子実現の方が大事だと思ったようである。

これとは別に越前藩主松平慶永（春嶽）は腹心の家来橋本綱紀（左内）を京都に派遣して、条約勅許の勢いで一橋世子の勅語を戴こうと計画した。しかし左内の立場は難しかった。左内自身は錚々たる開国主義者だったが開国主義は京都では大の不人気で、彼と松平慶永の思惑、すなわち条約勅許の勢いで一橋世子、という策は実現不可能だった。一橋世子に賛成するのは近衛、三条、その他多数の攘夷主義者だったからである。これに加えて攘夷派の公家には九条関白の反対を押し切って天皇に「一橋を世子にせよ」という勅語を出していただくだけの力がなく、それができるのは関白以外は鷹司政通だけだった。だから政通が天皇に嫌われる状況は左内にとって不都合で、政通の言を天皇に聞いてもらうには彼を攘夷側に留めておく必要があった。だから左内は、己の開国主義を広言せずに尊攘人士と交わった。彼はでき得る限り、開国と一橋をセットにしようとしたが、それは困難な道だった。要するに左内は「開国」を封印して「一橋」一本に絞るしかなかったのである。

攘夷公家のデモンストレーション

以上のように派閥構成が急変しつつある時期に「幕府で人心折合いは引き受ける」という堀田の書状は提出され、他方では青蓮院宮、近衛左大臣、三条内大臣などが「年長・賢明・人望」の詔勅を出そうと努力していた。だから幕府側になった九条関白は機先を制して三月六日、青蓮院宮・近衛・三条に対して「勝手に会合せぬよう、また朝廷に出仕せぬよう」命じ、同日、堀田に渡すべき勅答の案を武家伝奏広橋光成に示した。その概要は「『人心折合いは引き受ける』との言上があったが、東照宮以来の制度の変更は心配だ。しかし朝廷としても返答のしようがないから関東の方でよくよく考えよ」という何ともはっきりしないものであるが、とにかく幕府に委任した形ではあった。

公家たちの間には不満が渦巻いていたが、青蓮院宮などが欠席したから三月九日の朝議も何とか関白の意志が通った。しかし十日には青蓮院宮が参内し、十一日には、出仕を止めている間に攘夷主義に鞍替えした鷹司政通が前述の勅答に強く反対する書簡を差し出したので朝議は決定しなかった。そして政通と三条実萬の二人は幕府に近い伝奏東坊城聡長に迫って辞表を提出させた。

そしてこの日の夜、孝明天皇は自ら時局転回の引き金を引いた。すなわち天皇は攘夷派の硬骨漢久我建通に内々で「勅答を書き改めたい」旨の勅書を賜うたのである。これを知った攘夷派の公家たちは一気に盛り上がり、中下級の公家たち八八人は十二日正午に皇居に参集して懇願し、夕暮れには関白の邸に押し掛け「天皇が心配されているのに、何もかもを関東に任せてしまえば天下の望みは絶える。勅答を変改せよ」と強請した。皇権回復の大デモンストレーションである。八八人の中の有力者は中山忠能、正親町三条実愛、大原重徳、岩倉具視などである。このような示威運動に遭って関白は退却を余儀なくされ、十四日に予定されていた勅語の下賜はズルズルと延びていった。

以上が条約勅許不裁可の簡単なクロノロジーである。基本的には京都の攘夷熱がこの結果を生んだのであるが、以上に述べた反幕府運動の動機は二種類あった。ひとつは皇権伸張派でひとつは純粋攘夷派である。前者の代表は岩倉具視で、彼は「皇室を政治の中心に置く」ことを目標とした。他方、純粋攘夷派は、三月七日の中山忠能・正親町三条実愛などの上書を皮切りに、次々に建白書を提出した。彼らの思想を見るために中山忠能の上書の概要を紹介する。

一、赫々たる神国が蛮夷と同列に交わるのは国を汚すもの、天照大神以来の御先祖に申し訳がない。

一、堂々たる皇国が蛮夷の猛威に驚いて丁重に応対し、その言い分に随従するのは万世までの恥辱である。条約不同意の叡慮が貫徹して初めて幕府は人心を繋ぎとめられる。

一、諸蛮夷は、口では貿易の利潤を説きながら実は強欲を極め、我が国が拒めば大砲・軍艦で脅迫するだろう。彼らの目的は巧言をもってわが国民を誑かしてキリスト教に改宗させ、そのうち要害を構えて日本を横領するつもりだ。もし外国と戦争になれば天皇はどこに逃げ、また将軍はじめ条約を結んだ幕臣はどこに住むつもりだろうか。

右の上書は怖がりと空威張りの綯い交ぜであるが、京都の空気はこのようなものだった。

5　忠震の私生活と攘夷の勅答

京都での生活と趣味

上述のように二月から三月にかけて京都情勢は揺れ動いたが、それは公家社会のことで忠震は伝奏たちに演説した日以来暇だった。日記には毎日のように「午前十時に堀田侯の宿所本能寺に行って川路や町奉行などと相談し、昼過ぎには自分の宿所瑞泉

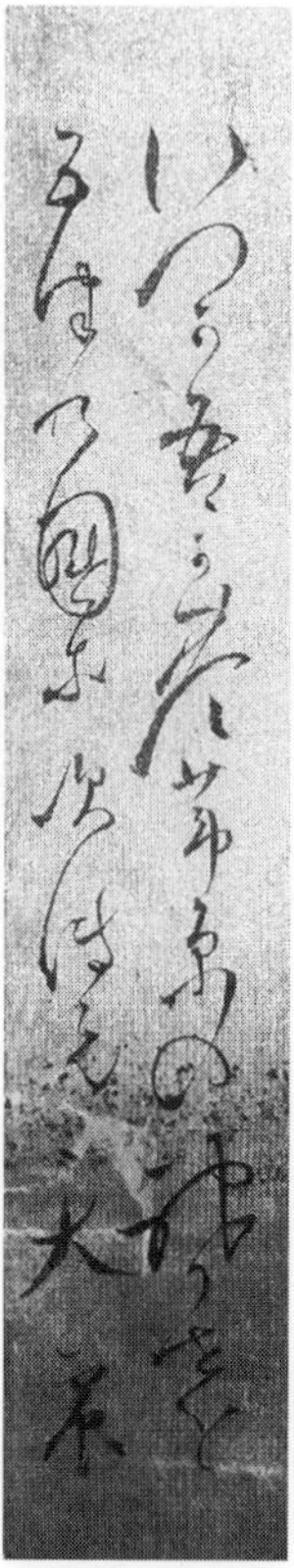

短冊「いつか吾が豊葦原の神かぜを五つの国に吹傳え天」（『開国の星・岩瀬忠震』）

寺に戻った」という記述がある。会議では禁裏附きの都筑駿河守峯重（禁裏附は御所の警備および伝奏と京都所司代の意思疎通機関だった）から朝廷や公家たちの模様が報告されただろうが、忠震の日記にはそれらの記述はない。だからこの日記は政治的には幕末史に寄与するところはないが、彼の詠嘆や憂慮は各所に書かれている。まず公家たちに説明した翌日の二月十四日には「人事は尽くした」という心境を、

うきをなど　憂とはいはめ　世の中の　うきはたのしむ　はじめなりしを
咲くも時　ちるも時なる　さくら花　身を春風の　ふくにまかせて

と詠んでいる。数日後には、勅許が得られれば我が国の将来は明るい、という希望を歌にした。

いつかわが　豊葦原の神風を　五つのくにに　吹つたえてむ

明らけき　御代のいさほも　あらはれて　心まばゆき　日のもとの船

また自戒あるいは他戒とも受け取れる心持ちを詠んだ歌も作った。

心せよ　猛きあまりに　打なみは　くだけぬ岩に　身をくだくなり

煙にて　車も船も　やるものを　力足らぬと　いふは誰が子ぞ

はじめの歌は多分攘夷主義者を諷規したもの、あとのは科学の理論を精神界に転用したもので面白い比喩である。

三月になると京都の情勢紛然、勅許が得られるかどうか分からなくなってきたが、忠震の生活は相変わらずのんびりしていた。以下に少し僑居の日常を紹介する。暇が多いので忠震は江戸の家族に十回以上手紙を出した。それも毎回、岩瀬家の両親、設楽家の生母、妻（忠震は再婚していた）など四、五人に出しているし、江戸からも同じくらい手紙が来た。その他、鵜殿長鋭、永井尚志、井上清直へもしばしば手紙を書いた。もちろん京大坂にいる幕臣には始終通信した。土屋采女正寅直（大坂城代）、浅野泉州、岡部備州、都筑駿州、林大学頭、目付津田半三郎、それに川路左衛門尉などである。

物のやり取りもしょっちゅうだった。京都に着いてすぐの二月六日には堀田正睦から鯛二尾を貰い、七日は禁裏附きの都筑駿河守から割烹料理が届いた。その後も大原采女から鱧かまぼこを、東坊城聡長から菓子を、浅野梅堂から豚肉を貰ったりしている。また忠震は連発銃（連響六響銃）を所持していて、これを川路聖謨や堀田正睦に貸している。

趣味の書画は鑑賞もしたし自分でも描いた。西町奉行浅野和泉守長祚《ながよし》（梅堂）は昔からの書画仲間であったから、忠震は彼から清人の書画や画巻、『中庸』の巻物など「珍蔵の書画」を借りて「目を驚かす」と喜んでいる。また東町奉行の岡部備前守豊常からも公家の書帖を借りた。暇に任せて宿所で書画も描いている。扇面や短冊は何度も描いているし、三月二日には平山謙二郎と一緒にたくさんの軸に書し、梅堂にも自作の画を贈った。堀田正睦からも委嘱されて嵐山や舞子（舞妓）の図に賛をしたり、瀑布（滝）の絵を描いて贈ったりしている。舞子図の賛は以下のようなものである。

○庸人は以て眼を悦ばし　識者は以て身を戒む　均しく是、この圖也。取る所はその人に存す。

京都で忠震が一番感動したのは二月十八日に堀田に随従して二条城で徳川家康が使用した道具類を拝見した時だった。この時は多聞櫓、蔵、座敷から城外の蔵まで見分したが、坐敷には探幽の画が多く、家康が乗った車は黒塗、秀忠と家光のは蒔絵であった。忠震は「この時世の盛なる事、諸器械を見ても想像すべし」と徳川全盛期を懐かしみ、また家康の乗った駕籠の構造を詳述して「御出入の方の御ひさしに刀疵あり。御□□の方、御左の方、御駕籠の角に砲丸のカスリ疵あり。懐古の情止む能わず」と書いている。弾丸の間を馳駆して太平の世を築いた家康は忠震の理想の人だった。

「かすみのよそ」が国の進路を決める

以上のように忠震は折節、浮世を離れた世界に遊んだが、三月中旬には厳しい現実世界に立ち戻らなければならなかった。十二日の本能寺会議は午前中で終わったが、西町奉行浅野長祚から「八八人の公家のデモがあった」と報せがあったので忠震はすぐに堀田と川路を訪い黄昏まで話し合った。翌十三日、堀田、川路、忠震、浅野、都筑は本能寺に集まって会議を開き、勅答を慫慂する書状を伝奏に差し出すことを決めた。その文章は忠震に委任されたから彼は直ちに草稿を書き都筑に届け、そしてもう一度推敲して十五日の会議で承認された。十四日の日記に次のような和歌がある。

くもるとも　はるるともなし　大方は　かすみのよそに　立へだてつる

朝廷は何をしているのだろう、とがっかりした気持ちがにじみ出ている。しかしとにかく忠震が書いた勅答の催促状は三月十六日に伝奏広橋光成に送られた。その概要を以下に示す。

今回の上京の使命には日本の治乱盛衰がかかっております。尋常のお祝いのための使者と異なることは申すまでもありません。しかるに到着以来すでに四十数日を経過し、アメリカ使節との約束の期日も過ぎたのにただ荏苒《じんぜん》と待つのみ、三月五日にお請けの文書を差し出しましたが何の御沙汰もなく、十二日には禁裏附きから参内の問い合わせがありましたが、これもそれきりです。不肖の私（堀田）ですが、今回は公方様（将軍）の代理であり私の言はすなわち公方様の言です。一旦約束された参内の日限が沙汰やみになるのは心得がたく存じます。

このように長引くのは定めて故障の筋が入って御所内に紛擾が起きたためでしょう。これについては種々の風説もあり、人心も動揺しており甚だ心配です。平常のお使いなら半年でも待ちますが、今回は外国に関係しますから機会を失すると後に臍を噛むことになります。このままイギリス軍艦が渡来するようだといよいよ事は面倒です。我が国の治乱盛衰は間髪を入れない場合なのです。よろしければ私が九条・鷹司両殿下に伺って事情を詳細に申し上げてもよく、もし何なら至尊（天皇）の御前で一々言上してもよろしゅうございます。もし大政に参与しない人々（御前会議に出席しない下級公家）で議論をしたいという者があれば私の旅宿に来てくれれば、私かあるいは召し連れた役人（川路や忠震）から説得させてもよろしい。古語にある「発言盈庭」（それぞれがそれぞれの意見を言うだけ）のようではいつまでも結論はでず、大事が去ってしまうと嘆息するばかりです。伝奏殿におかせられては、どうか御執り成し下さって早々に埒が明くよう願い奉ります。

実務官僚の切迫した気持ちで書かれたこの催促状も「かすみのよそ」の朝廷には何の効果もなかった。伝奏以外読んだ人があったかどうかさえ疑わしい。忠震の日記には政治的なことは書いてないが、堀田たちは御所向きのことは禁裏附きの都筑駿河守に任せきりで、自分たちが裏工作に走り回ってはいないようにみえる。すなわち堀田や忠震には実行手段に甘さがあった。半年後に井伊直弼が間部詮勝や長野義言などを使って行った政略、すなわち志士の逮捕や公家への恫喝をこの時行っていれば条約勅許は下っただろう。衆愚を相手にする時は正面から説得しても無駄で、実力で押さえつけるか金で懐柔するしかない。堀田たちは基本的に正攻法だけだったから失敗した。品が良すぎたのである。そしてそれは彼らに「御門はゼロである」という認識があったからに違いない。

堂上方正気の沙汰とは存ぜられず

勅答はなかなか出なかった。天皇の鎖国主義に鷹司政通が賛成したから日和見を加えてすべての高級公家は攘夷派になり、九条関白も手の下しようがなかった。それでも関白が幾分抵抗したから勅答は遅れた。そして三月二〇日にやっと御返答が出た。

「墨夷（アメリカ）のことは神州（日本）の大患で、国家の安危にかかわり容易ならぬ事態である。伊勢神宮や代々の皇祖に対し恐れ多い。東照宮以来の鎖国の良法を変更するのは人心の意向にも拘わり日本の安全も測り難いと天皇は深く心を悩まされている。もともと下田条約（和親条約）も問題だったが今回の通商条約ではとても国威が立たないと思われている。朝廷会議でも今回の条約は国体にかかわり、今後の患いになるという意見であった。だから幕府の方でも御三家以下の諸大名ともう一度衆議を尽くした上で再度言上されたい」。なお右文中の「国体」という言葉は昭和の初めまでいろいろな意味で使われたが、この時の「国体」は非ヤソ教と鎖国を意味したのだろう。

このような勅答を得た堀田は困ったが外交問題はこちらの都合だけではないから、二二日に、勅答の御趣意は分かったが、国内で衆議を尽くす前に対米交渉に問題が生じたり、イギリスなど外国が来るかもしれない。そのような時期が何時とは定めがたいが、もしそのような場合になったら関東で決断してよいか。

という伺書を差し出し、同時に次のような建白書を提出した。

天皇が憂慮されたので、人心折合いは関東でお引き受けすると申し上げたが、それについて堂上方（公家たち）から種々の御建論があった。それらは憂国深忠の発露であり感激したが、一方でこの群議によってますます叡慮を悩まされるのではないかと心配である。だから、これまで外国人と交渉してきた川路左衛門尉、浅野和泉守、岩瀬肥後守から異国の事情を関白殿、太閤殿はじめ有志の方々に直接言上させたい。そして数々の疑問を率直に質問していただき、今後の国家の進むべき道を正しく判断して天皇の御心を安んじたい。身分違いの者が直接言上するのは旧例にないかもしれぬが、今は国家の安危にかかわる局面だから非常の処置として、万事を簡略化して国家の大事を言上させたい。そうすれば人心折合いの方法、外国の事情、それに今後の国威発揚計画までを充分に説明することができ、天皇の御心も休まると思う。

まことに立派な建白であるが、誰も話を聞こうとはしなかった。朝廷は何度も会議をし、堀田たちは何度もその趣意を確認したが、朝廷の要望は「永遠の安全策、国体を変革せず後患のない（二度と外国の来航がない）策、条約を拒否した際戦争になるかも知れないからその防御策、の三策を言上されたい。衆議が出揃った上でなお決定しがたい時は伊勢神宮のおみくじを引いて戦争か和平かを決めるということもありうる」というものだった。何となく「絶対に平和安全であるように」という昭和平成時代の庶民の願いに似ている。要するにできない相談であった。

堀田正睦は神宮のおみくじで和戦を決定されてはたまらない、と伝奏たちと種々折衝したが、結局江戸に戻ってもう一度大名の意見を聞くしかなかった。それで彼は四月三日に京都を発って中山道経由で江戸に戻った（忠震は七日前に京都を発していた）が、京都を発つ前、三月二七日に彼が江戸の老中たち数人に送った手紙は面白い（二つの手紙をまとめている）。

京都での用件が長引いて申し訳がないが条約のことは何分難しい。公家方は世界情勢など一向に分からず討論してもその甲斐はなく、こちらから何度出向いて説明しても了解は得られず、質疑応答してもその場だけのこと、朝廷全体に行き届くことはない。その上他の公家たちが騒ぎ立てるから議奏伝奏も当惑して全然埒が明かない。これ以後いくら説明してもとても会得されないと思う。

京都の模様は何分穏やかでなく、実に堂上方は正気の沙汰とは思われず嘆息の他はない。朝廷によく理解させて時勢に合った処置をしなければ容易ならぬ事態になる、と非常に心配だ。さまざまな風説がお耳に入るだろうが、詳しいことは先に帰らせた岩瀬肥後守から聞かれたい。

条約問題と並ぶもう一つの懸案、将軍の世子問題にも一応朝廷の希望が出された。それは「世子には年長の人がなって政務を扶助するとよい」というものであった。もともと一橋派の公家たちは橋本左内の運動に動かされて「年長・賢明・人望」の三条件を内勅に書きこみ一橋慶喜の応援をするつもりだったが、最後になって紀州慶福派の九条関白がこの三条件を削った。それが堀田正睦の土壇場の努力で「年長」という文字だけが復活したのである。しかし孝明天皇は「鎖国の維持」には熱心だったが、将軍の跡継ぎにさほど興味はなかったから後に井伊直弼が個人名を挙げずに「世子を決めたい」と使いを出した時、朝廷はあっさり「結構である」と返事している。

第九章　井伊直弼の登場と日米通商条約調印

1　橋本左内との契合と一橋慶喜奉戴

江戸に戻る

三月半ばに勅許催促書を書いてから忠震はまた暇になって書画を揮毫したり、痔の治療のため医師有斎に肛門に水蛭を貼って貰ったりしたが、丁度この頃禁裏附きの都筑峯重が卒中で頓死した。朝幕関係が緊張していたから自殺という流言が流れたが、それはデマで忠震は「愍然何ぞ止まん」と悲しんだ。勅許が下りそうもなくなった三月二〇日から忠震はまた忙しくなって鵜殿長鋭や永井尚志に急便を出し、築地の自宅にも反物を送ったり手紙を出したりした。これは堀田が忠震を先に江戸に戻らせて将軍や老中たちに成り行きを報告させよう、と決めたためである。

忠震が京都を発ったのは三月二五日、二カ月前の上京時と違って彼の心は暗かった。日記には「蹴上を出ると菜の花が所々に残っているがすでに新夏の景である。しかし平山謙二郎と話しても憂慮ばかり、景色を賞玩する気にならない」とある。二六日は雨で、一首を詠んだ。

袖の上に　かかるなみだの　つもりてや　けふの旅路の　雨となりけん

忠震は毎日のように江戸や京都の幕臣たちと手紙のやり取りをしながら江戸に急行した。発足後五日目からは四月、すなわち旧暦の夏で衣替えの候である。忠震も気分を変えようとして、日記に「大井川を過ぎ途に富士山を見る。朝六十七度（摂氏二〇度）」と書き、次の歌を作った。

ぬぎかへて　人の心も　あたらしき　ころも卯月の　折に逢つつ

宇都谷の小休みでは十一個の芋を食べ、日記に「此處にて11 imoを喰う、亦一笑」と記したことからも分かるように、京都を離れるに従って忠震は元気を取り戻し四月四日に江戸に着いた。上京に十三日かけた道を八日で戻ったのである。戻るとすぐ彼は、下田から出て来ていたハリスに会って堀田の書簡を渡し、京都情勢なども話して条約調印の延期を要請した。

江戸に戻ってからの忠震は条約問題ではなくむしろ世子問題に熱中し、一橋慶喜の西城入りを目指して老中たちに働きかけ、また山内容堂にも直接会って善後策を模索した。忠震が一橋世子実現に全力を尽くす気になったのは、橋本左内と肝胆相照らしたためであろう。二人の初対面は三月二四日、すなわち忠震が京都を去る前夜のことだった。条約勅許獲得に失敗して落胆していた忠震はこの夜、彼の宿所瑞泉寺で平山謙二郎を交えて左内と夜明けまで語り合った。この日の日記に「左内は見た所は書生のようだが、その議論は純正だ」と評価しているから二人は一見して胸襟を開いたのである。忠震の京都での使命は条約勅許、左内のそれは一橋世子だったから両者の努力の方向は掛け違っていたが、左内は錚々たる開国論者だったし忠震の本心も一橋世子だったから両者は契合し、「公家や武家の陋習（旧慣墨守）を破るには我々が江戸に戻ってひと働きし、一橋世子を実現してその勢いで開国に持ち込むしかない」という考えで一致した。

才識高邁の橋本左内

橋本左内像（『橋本景岳全集』）

橋本左内は天保五年（一八三四）に生まれたからこの時まだ弱冠二五歳だった。彼は漢学で育ったが長じて緒方洪庵や杉田成卿《せいけい》に蘭学（医学）を学んだ。しかしそれ以外に師と仰ぐ人はおらず彼は自分の思想をほとんど独力で身につけたらしい。この時代、蘭学の専門家以外で「軍事のみならず西洋文明全般の導入が絶対必要である」と見通したのは、古賀謹一郎などごく少数、多分十指に満たぬほどであったから左内の明敏は驚くべきことである。左内はこのように類い稀な学力と判断力をもつと同時に優れた弁論の才をもっていた。岩瀬忠震と好一対だった。

左内はその知識と弁論をもって主君松平慶永を説き、

ペリーが来た頃まで水戸斉昭に私淑する攘夷主義者だった慶永を開国主義に変わらせた。慶永の用人だった中根師質（靭負、号は雪江）はその著『昨夢紀事』の中に左内と一橋慶喜の臣平岡圓四郎（方中）の開鎖に関する議論を次のように記している。この時圓四郎は主君慶喜の懸念、すなわち開国が国内に及ぼす悪影響を懸念する慎重派として弁論し、一方左内は自分と慶永の積極的開国主義を論じた。圓四郎の懸念は次のようだった。

一、貿易すれば日本の庶民の生活が困窮し国が衰える。
二、キリスト教を許せば仏教各派が反抗し一向一揆のようなものが起きる。
三、外国公使などが国内を歩き回れば夷狄を憎む者たちが襲撃して国際紛争を惹起する。
四、朝廷の言われることは正論だからこれを納得させるのは困難だ。

これに対して左内は次のように答えた。

一、貿易の現状はそうでも、こちらからも海外に船を出し有無相通じる貿易を行えば富国強兵の基となる。
二、仏教僧侶が不服なら各宗派の高僧を外国に派遣してキリスト教の僧侶牧師と邪正を議論させればいい。

三、外国人の旅行は日本人が慣れれば嫌悪の風もなくなる、外国人にも言い聞かせて漸進的に旅行制限を緩和すればいい。
四、京都を納得させるには水戸老公を派遣するのがいい、老公には一橋慶喜公から説いてもらう、一橋公には貴君、圓四郎殿から進言してもらいたい。

この議論を横で聞いて中根雪江は「圓四郎は智弁俊逸、その難詰は万般におよび、一方左内は才識高邁、疑問を解くこと明快で、また人の意表に出る。自分（雪江）は二人の弁論を横で聞いていたが、今（一、二年後）思い出しても恍惚として夢のうちにあるようだ。この議論は午前八時から午後三時に及んで、圓四郎は完全には納得しなかったが、やや悟るところがあった」と書いている。確かに左内の言には先見性があり、二五歳の青年の識見とは思われない。

徳川慶喜像（『徳川慶喜公伝』）

忠震と一橋慶喜

忠震が「一橋慶喜を次の将軍に」と期待したのはずっと前、目付になってから間もなくだった。古賀謹一郎は安政二年正月十八日の日記に「昌平黌校長の林復斎から『水野忠徳と岩瀬忠震が一橋慶喜を強力に推挙している』と聞いたがこれは嘆かわしいことだ。井戸対馬守（覚弘、北町奉行兼米国使節応接掛）や伊澤美作守（政義、下田奉行）は具眼の人である（彼らは一橋世子に反対だったのだろう）。『運』で将軍になる前例を作ればそれは将来の災いのもとである」と書いている。このように井伊直弼のような譜代大名のみならず、開明的幕臣の中にも一橋世子に反感をもつ人は大勢いた。彼らの反対理由は、血縁を重んずべし、という儒教道徳に論拠があったが、それ以上に慶喜が前水戸藩主徳川斉昭（烈公）の子供であることが大きく影響したに違いない。

他方、忠震は水戸斉昭にそれほどの悪感情をもたなかったようである。斉昭は国防のために西洋技術を導入した先駆的大名でその名声は全国に轟いていたが、一方で彼は耶蘇教（キリスト教）嫌いの攘夷主義者、神道・儒教を信奉するナショナリストだった。斉昭は幕府の軍艦旭日丸（俗に厄介丸）の製造を監督したが、その時忠震は目付としてその補助をした。栗本鋤雲によれば「岩瀬君はしばしば烈公にまみえて『今日の外国は昔の戎狄とは違う』と諄々と説いたから、烈公も、無謀の戦を起せば国家を害すると反省された。そして従来の考えを改め『良家の美人が、結婚を求める者がいても再三辞退し、その後漸く結婚を許せば夫婦仲はかえって厚い。我が国も鎖国二〇〇年の後に始めて開国すれば外国との交誼も必ず厚いだろう』と言われた」そうである。この比喩の当否はともかく、両者の関係がこのようであったとすれば、二人の仲はそれほど悪くなかったのだろう。

また慶喜は父と違って開国的であったし、その英明は当時評判だったから他の海防掛の目付、土岐頼旨、鵜殿長鋭、永井尚志（前年暮れから勘定奉行）などは熱心な一橋派だったし、川路聖謨、水野忠徳（この時は田安家家老）など勘定奉行系もそうだった。彼ら開明的官僚群は英明な将軍の下で開国路線を強力に推し進めたかったのである。

慶喜世子・慶永宰輔の策

前述した左内と圓四郎の議論は四月十三日、左内が京都から戻った翌々日に行われたが、左内は前日の十二日に忠震に手紙を出して面会を求めていた。これに対して忠震は十三日に「貴君の帰府を指折り数えて待っていた。実は私の方から御主君（松平慶永）に考えをお話ししたかったが、種々差し障りがあるので遠慮していた。お城からは午後二時過ぎに退出するからそれ以後ならいつでもお会いできる。江戸の情勢はあまりよくないが、多少の活路が見えそうでもある」と返事を出し、追伸には「この頃賤恙（痔疾のこと）で座っているのが難しいから失礼な姿でお目にかかるかもしれない」と返事した。そして十四日、忠震は、築地の自宅で左内に向かって次のように熱弁を振るった。

諸大名の意見を（開国に）一致させるためには慶永公に御依頼するしかないから、その前に越前に御帰国なさらぬよう我々は努力している（これは実現し慶永は将軍の命令で江戸に止まった）。さて、大きな声では言えないことだが、このような天下艱難の時に閣老衆は、将軍が型の如く存在してさえいればその御威光で天下は治まると思っておられた。しかし近年はどことなく諸大名の心底も穏やかでなくなったから閣老も少し気付いたようでもあり、私からも京都の模様が容易でないこと、内憂外患こもごも至ることなどを弁じたから、閣老たちもようやく目が覚めたらしく伊賀殿（松平忠固）の疳の虫もやや納まった。そこで我々海防掛一同の建議として、第一に西城（世子）

に賢明の君を建て、第二に老中の上に立って議を決する宰輔の人を置かなくては世は治まらないだろう、と述べたら、閣老衆も賛成し、備中殿（堀田正睦）の帰りを待って決めるとのことだった。

それについて宰輔の任はご苦労ながら太守公（慶永）を措いて他にはない。お家柄（越前藩は御家門の筆頭、御三家御三卿に次ぐ家格である）だから大老という名はつけないが、時に御登城されて将軍家の前で大事を決裁なされればよい。英明の世子と賢徳の宰輔がそろえばいかなる難事も克服できる。この人事を定めずしては朝廷への態度も条約も決められず、また人心も安定せず世が静謐にもならない。もはや傾きかけた徳川の御家を挽回すべき策はこれ以外にない。公の助けがなければ一橋公が西城に入られても何の詮もない。西城を決めた上で宰輔を任じるのは正理公論である。

左内は同感であったが自分の主君のことだけに「いや慶永公にそのような大任は」と謙遜した。しかし忠震は左内にろくろく物も云わせず、「貴君が臣下としてそういわれるのは尤もだが、それは陳腐の論である。では天下を治める別策はおありか、別に宰輔に任ずべき人があるか。あれば承りたい」と猛烈に突っ込んだから左内も閉口して同意せざるを得なかった。

この話を中根雪江にした時、左内は「肥後守（忠震）の才幹知略は当代きってであり、その雄弁は懸河の如くである。しかも襟懐（心の中）洒脱で小節に拘らず度量が大きい。だから私のような若輩も懇意な友人のように居間に呼び入れてこんな重大事を率直に話されるし、日本全国の形勢などのことも腹蔵なく議論される」と感心した。この左内の言葉は忠震の人となりを活写している。忠震は偉そうに構えたり勿体ぶったりせず、誰に対しても思う通りを率直に語る人だった。

2 日米修好通商条約調印に関する忠震の態度

忠震は他の目付たちと、「一、一橋世子決定、二、慶永の宰輔就任」という段取りを決めた。そして四月十九日に左内に会って城内の模様を次のように述べた。

大名の赤心は大約知れたこと

幕閣では明日堀田侯が帰るのを待って一橋世子を決める予定だが、(将軍の母の)本寿院が「そうなれば自害する」と言って将軍も困っている。自害すると言うのは姦婦の常套手段で珍しくもないが、誰か黒幕がいるに違いない。ただ重大な障害はこれのみだから、堀田侯が帰ったらまず諸侯を集めてその赤心(まごころ)すなわち条約についての考えを再度尋ね、次いでハリスを呼んで調印延期に同意を求め、第三に儲君(世子)を建て、最後に宰輔を置く、という順序で進めるつもりだ。ただアメリカとの条約は、一旦は待たせておくにしても、約束通り調印すべきだ。「諸侯の赤心」といってもその返答はおおむね知れ切っているから、大体の答申書を集めた段階で条約に調印してしまい、京都には「諸侯の赤心はこの通りでした。一方アメリカはしきりに催促し、このままでは戦争になるかもしれない、などと言い立てます。これでは永久安全の見据えもつきません。だから諸侯の同意を得て調印しました。それについて国内の警備はかくかくしかじか」と断然申し上げるのがよい。幕議では以上のように決めたが、京都にお使いに行く人はまだ決まっていない。

それにつけても尾張公（尾張藩主徳川慶恕、後慶勝と改名）は朝廷に諂《へつら》って条約否認論を提出したりして怪しからぬ人だ。彼は獅子身中の虫だから早く除くに如かず。外様でも土佐公などは議論も立派で感服の至りだ。海防掛一同からは「慶永公を宰輔に」と閣老たちに上申している。

右の話は、忠震が諸侯の建白などには全然重きを置かず、また京都には何を言ってもダメだから事後承認させるしかないと覚悟していたことを示している。忠震は民主的な意見集約より「日本のために必要なことなら一〇〇万人といえども我行かん」という意気込みで政治の任に当たっていた。もし忠震の思うとおりに運んだら幕末の歴史は現実とかなり違ったものだったろう。だが実際の世は忠震の思惑とは全く違う方向に進んだ。それが井伊直弼の大老職就任である。井伊直弼の登場は幕末史に特筆される大事件で、これによって忠震の運命も暗転したが、その話の前にハリスとの間で行われた条約調印延期交渉のことを簡単に述べる（交渉は直弼の大老就任数日後に行われた）。

条約調印延期交渉

堀田正睦はこの年の正月、米領事ハリスに「調印を二カ月延期し、天皇の条約勅許を得て諸大名の反対を抑える」と約束して上京したから、ハリスは三月初めに江戸に出て九段下の蕃書調所で堀田の帰りを今か今かと待っていた。しかし堀田が京都から戻ったのはそれから一カ月余り経った四月二〇日、しかも調印は当分できない状況になっていた。だから堀田は二四日にハリスと面会し、条約調印が遅れていることについて遺憾の意を表した。

しかし遅れた理由は前と同じように「人心折り合わず」と言う他になかったから、ハリスは「ではいつになったら調印できるのか、条約調印がこのように遅れるのは諸外国にはないことだ。幕府で調印できないのなら調印の権威のある人のところに出向いて相談する外はない」と詰問した。天皇と将軍と「政令二途に出る」状況が日本の政治を梗塞させ始めたのである。更にハリスは「幕府に調印の権がないならば他の国々もその権力のあるところに行くだろうし、自分も大統領に不明を恥じなければならない」と不満を述べた。しかし彼は攘夷派がたくさんいる日本の国情を察してもいたから「自分も堀田殿も日本の為に条約をまとめた。今後も力の及ぶ限り協力して条約調印に漕ぎつけたい。詳しいことは明後日岩瀬・井上氏と相談することにしよう」と妥協的態度を示した。

それで忠震と井上清直は二六日にハリスを訪い、調印までにあと三カ月の日延べを求めた。これに対してハリスは、米国軍艦が来れば自分は帰国せねばならず、次の来日までは長い時間がかかる、だからもし軍艦が来たらすぐに調印してもらわなければ不都合だ、と言った。忠震たちは、

こちらでいう「不都合」とは、反対意見を圧砕して調印を強行すれば流血が伴う、というくらいの国家的大事件である。これに比べてそちらの不都合というのはせいぜい期日の遅れである、容易な方が譲るのが親睦の趣意ではないか。

と論じてハリスの譲歩を求めた。ハリスは、では七月下旬の日を指定して、その日には調印するとい

う確約書を出してもらいたい、と言った。両者はその後も何日か交渉を続け、結局忠震たちはハリスに次のような老中念書を与えた。

日米条約は一月に決定したが、日本側から「わが国の安寧に関する重大問題だから調印は七月二七日まで延引したい」と申し入れ、貴君は了承した。しかし当方は条約そのものの変改や、これ以上の期限延引はしないと約束する。またアメリカとの条約締結後三〇日間は他の外国と条約調印しないことも約束する。五月二日。老中連名の花押（この連名は堀田、松平忠固などの五名で井伊直弼の花押はない。大老は署名しない慣例だったのだろうか。彼が責任を回避したとは思われない）。

今回の談判は日本側の約束違反から起こったことだから、忠震にとって楽しいものではなかった。二回目の談判が終わった四月二七日の左内宛ての手紙に忠震は「明日はまたハリスと応接のつもりだが、『拙談を彼是論じ候は困苦の至り、御憐察給うべく候』」と書き、五月十二日の木村芥舟宛ての手紙には「応接甚だ難しく死力を尽し漸々説得」と苦しかった心中を漏らしている。しかしとにかくこの老中念書を得てハリスは五月七日に下田に戻って行った。忠震が左内に送った手紙によれば「ハリスは大いに機嫌がよく、初代ミニストル（公使）になりたい様子だった」そうである。

3　井伊大老の出現

井伊直弼とアンチ一橋派

話は井伊大老出現の経緯に戻る。忠震たちが慶喜世子・慶永宰輔の線で工作していた頃、アンチ一橋派の陰謀も着々と進行していた。そして堀田の帰府直後にその陰謀は実行されたが、陰謀の話の前に井伊直弼の性格とアンチ一橋派の人々を簡単に紹介する。

彦根藩の井伊家は譜代大名として酒井家と並ぶ名門で老中になれば大老になる家柄であった。直弼は父直中の庶子、しかも十四男だったから家督を継ぐ可能性は低く自らもその住居を埋木舎と名付けた程だったが、種々の事情が重なって嘉永三年（一八五〇）に井伊家を継いだ。直弼には仏道、茶の湯、猿楽などの日本趣味があり、若い頃苦労しただけに権勢欲も強かったが、大老になるまではその鋭鋒を秘していた。彼は特に識見が高いわけでも人格が立派というのでもなかった。井伊家は宇和島の伊達家と親しかったから、伊達宗城は一橋派の中で直弼とある程度率直に話し合えたが、その宗城は直弼について松平慶永の臣中根雪江に次のように語っている（大老就任の後である）。

井伊直弼像（『井伊直弼』）

彼（直弼）は、諸侯の「赤心」（存じ寄り）の取り集めや京都へのお使いの人選にこれといった定見はなく、軍制改革で西洋流を導入すべきことを説いても当惑するばかり、外国貿易の利害もよく分かっていない、航海という言葉も初めて聞いたと言うし、西城のこと（世子）はまだ決定していない、と言った。

西城のことは直弼が故意にとぼけたのだろうが、彼が多くのこと、それも幕末という変革の時代に必須と思われることについて、これといった定見がなかったことは確かなようである。

しかし直弼は封建道徳に忠実で、自己の信念を実行する勇気と地位に対する責任感はあった。外国知識に乏しかったとはいえ直弼には「戦争をすれば負けるだろう」と判断するくらいの常識はあり、また「将軍の跡継ぎ問題に臣下が口を出すべきではない、それは日本の伝統的倫理観に反する」という道徳的信念を強くもっていた。これに加えていくつかの理由から彼は徳川斉昭（烈公）を憎んでいた。だから斉昭の子の一橋慶喜が世子になるのを是が非でも阻止したかった。

アンチ一橋派の筆頭は大奥であって、「水戸嫌い」は彼女たちの一致した意見であった。将軍家定の生母本寿院は慶喜が世子になれば家定が蔑ろにされると信じていたし、大奥の老女たちは「水戸藩はケチで烈公は武道とか儒学とか倹約とかうるさいことばかり言う」と嫌っていた。また紀州藩の附け家老水野忠央は紀州藩主慶福（後の十四代将軍家茂）を次の将軍にして自分も老中になりたかったから大奥に賄賂をばらまいたと言われている。首座の堀田を除く他の老中たち（久世広周、内藤信親、脇坂安宅および松平忠固の四人）も一橋派というわけではなかった。彼らは徳川譜代の大名だから、外様大名の島津斉彬や親藩の松平慶永などが将軍人事に口を出し、就中、京都（朝廷）を巻き込むのを苦々しく思った。なお決定権をもつ筈の堀田正睦は将軍跡継ぎにほとんど興味がなかった。彼は開鎖という大問題には熱心に取り組んだが、徳川家の家庭問題などはどうでもよかった。近代政治家的ともいえるし、総理大臣として失格だ、ともいえるだろう。

一橋派とアンチ一橋派は暗闘を繰り広げたが、何と言っても将軍本人とすぐ側の大奥が一橋嫌いだったから一橋派は分が悪かった。これに加えて「隠れアンチ一橋派」の老中松平伊賀守忠固（上田藩主）の野望が一橋派に止めを刺した。忠固の思惑は堀田を追い落として自分が実権を握ることであったから、一橋慶喜や松平慶永のような英明な人物が上に立つのを嫌った。だから彼は井伊直弼を担ぎ出した。直弼は「でくの坊」だから自分の操り人形にできると信じたのである。これは大きな誤解であったが、とにかく彼は将軍の一橋嫌いに乗じて井伊大老を実現しようと画策した。

井伊大老「児輩に等しき」

松平忠固は堀田正睦の帰府に合わせてその陰謀を実行に移した。堀田が江戸に戻ったのは四月二〇日、翌二一日に彼は江戸城に上って老中たちと相談し、次いで将軍家定に謁して「世子は朝廷の希望もあるから一橋侯に決めたい」と述べた。堀田にそれほどの熱意はなかったが忠震などに説得されて、条約勅許を得るには一橋を世子にするしかない、と思うようになったのである。堀田の進言に対して忠固は反対しなかったし、将軍も了解したらしい。

しかし忠固は天性の陰謀家だった。彼は目付たちや松平慶永に対しても一橋世子に賛成する振りをしていたが、土壇場の二一日になって将軍の御側用人平岡丹波守道弘と語らい、将軍に「井伊直弼を大老にすれば紀州慶福を世子にできる」と進言させた。もともと一橋嫌いの家定は丹波守に言われるとすぐにその言葉に乗った。それで二人は二二日に仲間の徒頭薬師寺筑前守元真を直弼の邸に派遣して上意を伝えさせ、翌二三日直弼は登城して大老に任じられた。江戸時代「将軍の命」は絶対で、その一言には誰も逆らえなかった。大老ができるとは数日前まで誰も思わなかったし、直弼がいかなる人物か誰も知らなかったが、とにかく将軍の一言で井伊大老は決まってしまった。

忠震は四月二〇日堀田が京都から戻るとその日のうちに彼の許に伺候して江戸在の老中や幕臣たちの考えなどを伝え、松平慶永の越前への帰国を止めるよう願った。この時慶喜・慶永コンビの実現を説いたものと思われる。その忠震が井伊大老任命の噂を薄々知ったのは二二日であった。この日の夕方松平慶永の命を受けて忠震を訪問した橋本左内に向かって彼は、

松平伊賀守（忠固）は、勅答は握りつぶして諸大名の意見は聞かなくていい、などと無茶な論議をしている。また今日は城内の様子が何となく慌ただしく大老職ができるような噂だが、我々にはよく分からない。もし彦根（井伊直弼）がなるようなら「（彼は）児輩に等しき男なれば何の妨げをすべくもあらず。閣老衆もあまりに馬鹿々々しき事をせられては、朝野の有志も欠望す」るだろう。

と不平を述べた。そして井伊直弼が大老に任じられた当日である二三日の朝、忠震は鵜殿長鋭、永井

尚志とともに老中たちに面会し「今の情勢だから老中の上に誰かを据えるのは理解できるが井伊掃部頭はその器ではない。どんなお考えがあってあんな人を推薦したのか」と難詰した。老中たちはばかばかしい答えもできず、ただ「井伊殿は員に備わるだけの飾り物である。ただ今後はこのような大決断を行うつもりだ」と訳のわからないことを言ったから忠震たちはあきれるばかりだった。

忠震たち目付はその後井伊大老に謁したが、その時直弼は「兵庫開港を止めないと叡慮（天皇のお考え）が立たない」と言った。忠震にとってそれは「陳腐の論」だったから彼は兵庫開港の必要と必然、その利害得失を歯に衣着せず大老に論じ立てた。それで直弼も「そういうことなら仕方がない」と黙った。忠震はこの直弼の質問と態度を見て「この男は大したものではない」という思いを強くした。しかし我々には、安政の大獄を起こした彼が「叡慮尊重家」であるのを知るのがむしろ意外に感じられる。とにかく直弼はこの頃多くの人から「でくの坊」と思われていた。

海防掛の有様奇怪なり

直弼は大老になった翌日からその本然の傲岸さを発揮して「備中（堀田）は京都（公家社会）の特殊な気習も知らず、人の言（直弼の助言）も聞かずに上京して、軽忽な振舞いで条約勅許に失敗した」と先任老中の堀田正睦を面と向かって叱責した。忠震は橋本左内に対して「大老の暴威はもっての外で、備中殿（堀田）を挫折させるから一橋世子説はお先真っ暗、それに伊賀殿（松平忠固）も大老に迎合して一緒になって備中殿を圧する勢いである。備中殿が罷免されるようなことになれば有志一同（海防掛目付）も後ろ盾をなくし、外国事務は停頓するだろう」と語った。

直弼は、これまで二代の老中首座阿部正弘と堀田正睦が若い海防掛たちに自由に意見を言わせたのとはまるで違っていた。彼は身分制時代の典型的人物、上下関係を重んじる権威主義者であって海防掛の目付たちが侃々諤々の議論をするのを嫌った。この頃直弼は伊達宗城に、

海防掛の面々、当時(現在)の枢務要職なるに誇りて、おのが儘なる事ばかりを申して、人もなげなる有様こそ奇怪なれ。上を犯す不遜の罪、遁るべき様なし。彼等が傲慢を押さえずしては、老中の見識も堕ちる業なれば、取分け口強げなる肥後(忠震)などは、条約日延べの事についてもさまざま不敬の申し立てもあれば、取り除けずしては適うまじと覚ゆる(原文ママ)。

と語っている。

直弼は、身分が下の者はへりくだってものを言うべきだと思っていた。逆に言えば、忠震はじめ海防掛は老中と対等の立場、というより自分の領分のことなら自分の意見を押し付ける勢いで物を言っていたことが分かる。そしてそのような忠震の態度は直弼に対しても全く変わらなかった。直弼の言「条約日延べの事についての不敬の申し立て」とは四月二七日に忠震が行った「彦根公へ余程の激論」(左内宛て手紙の一説)のことで、翌日忠震はその内容を左内に次のように語っている。

大老は、条約を一日でも二日でもできるだけ日延べせよ、と言う。延べている間に何かをする、

という見込みがあれば如何にしても延ばすが、大老はただ訳もなくひた延ばしに延ばせと言うだけだ。このように大老は全て取り締めた（見通しがある）ことはなく、思いつきで言うだけである。この頃彼は、幕府役人は諸大名と対話してはならぬと言い出した。幕府諸有司は徳川将軍のことだけをするとでも思っているのだろうか。国家のことは大名衆に関係することも沢山あり、相互の意志を疎通しておかなければ国の政治ができないのは知れ切っている。このような無道の幕閣では信頼できないから自分は今回のハリスとの応接が済めば退役すると申し出てきた。

このように両者は嫌い合っていたから直弼が上に居れば忠震の左遷は決定的だった。それが案外遅れたのは忠震がいなければ対米関係がどうなるか予想がつかなかったからで、逆に言えば直弼には、国家のためならしばらくは不愉快を忍ぶ、という自制心があったともいえるだろう。

紀州養君の内定と一橋派幕臣の放逐

大老になった井伊直弼は着々と自分の信念を実行に移し始めた。彼はまず四月二五日に大名を総登城させ、条約に対する各自の意見（忠震の言う「赤心」）を差し出すよう命じた。次いで五月一日には重要な決定が行われた。すなわち将軍家定は老中たちを前にして「養君は紀州慶福（後の十四代将軍徳川家茂）にする」と言明した。直弼が大老になったのはこのためだったから当然であるが、このことは有力大名たちも幕府役人にも秘密にされた。「紀州に決まった」ということが公になると一橋派がいろいろと策動しそうだったからである。次いで五月五日に川路聖謨が突然勘定奉行から西の丸留守居に、翌日には大目付の土岐丹波守頼旨が大番頭へと左遷され、二〇日には目付鵜殿長鋭が駿府の町奉行に移された。川路が最初に左遷されたのは彼が五月三日に一橋慶喜を世子にするよう老中に上書したからであり、土岐頼旨と鵜殿長鋭は同様の事を将軍に直接具申したから直弼に憎まれたのである。

これについて忠震は五月十二日付けの木村芥舟（長崎海軍伝習所頭取）宛ての書状に「土岐丹波守の突然の左遷には朝野愕然としたが、直情径行の輩がこのような行為に出る勢いは見られた。遂には人目を憚って物も云えなくなるかもしれない。松平対馬守正之（御小姓番頭）が上書して『姦党が謀叛を謀っている』と、我々のことを讒言したから土岐が真っ先に左遷されたのだが、だんだん水野、堀、それに自分に及ぶ勢いである。自分の屈辱などはどうでもいいが、重大事件が輻輳して治乱の岐路にある現在、このような状況であるのは慨嘆の他はない」と書き送っている。忠震は、紀州派は忠義、一橋派は不忠と単純に色分けした直弼とその一派を「直情径行の輩」と罵ったのである。

このように井伊直弼は気に入らない者を左遷したから忠震は左内に「言路は悉く閉塞して誰も言を発せず寂然たるもの、海防掛もはなはだ閑散」と語り、二四日付けの書状には「今日は姦党が左遷された。後にはまた別の姦人に罰が及ぶだろう。今日は此奴、明日は彼奴、と悪党どもの目を眩ませて処罰するのは、良工の好手段だ、アハハ」（意訳）と書いている。これは自分や鵜殿を姦党、井伊直弼を良工に見立てた諧謔である。また二八日にも「今回も上役（直弼）の仕方にどうかと思うことがあったので、昨今云うところの『ショウコリモナク』面責してきた。これで更に厳しい左遷になるだろうが、それも仕様がないネ。お笑い種に」と書いている。「性懲りもなく」という言葉は幕末にできたらしい。滑稽好きな忠震はこのように自分の身が危険な時にもそれを局外から眺めることができた。明るい性格ともいえるし、近代的であったとも評されよう。一橋党の左遷は六月も続き、忠震が京都で書画の交わりをした京都西町奉行浅野和泉守長祚が小普請奉行の閑職へ追われた。

「寂然たる」五月頃の江戸城

五月十五日、松平慶永は堀田正睦に会って「幕閣が紀州派になり忠直の士の川路左衛門尉も左遷された。貴公（堀田）に於いては将軍の前で切腹する覚悟で正論を吐き、天下のために一橋世子を実現して徳川宗社に勲功を建てられたい」と激論した。これに対して堀田は次のように答えた。

僕（堀田）も、その後の見込みが立てば死を惜しむものではないが、将軍家（家定）は厳しく言うとすぐに泣きだされて数時間も有無の御返答がない。だから将軍の御前で切腹したところでただの犬死、死に甲斐のあるものとは到底思われない。また老中を辞めてもよいが、海防掛の諸子は不肖ながら僕を目当てに勤めているから、徳川家のためには一日でも長くと思って勤めている。元来、伊賀（松平忠固）と掃部（井伊直弼）とは不仲だったが今は伊賀が掃部に諂っている。また伊賀は大老とともに僕を圧倒しようと企んでいる。このように外国問題も京都へのお使い問題も横に置いて、閣内の内乱が大変である。他の老中のうち大和（久世広周）は洞ヶ峠を決め込み、紀伊、中務（内藤信親と脇坂安宅）は事情を知らず進退に窮している有様だ。西城のことも大老は元から紀州党で伊賀も加担、これに奥向きの賢明忌憚の連中が加わって、一橋派は僕一人である。僕が「外国条約も世子も違勅の姿では相済むまい」と言うとこれには辟易気味だが、だからと言って一橋に決めるとも思えない（五月一日に紀州に決定という説があるが堀田はそうは受け取らなかったらしい）。

大老一派は海防掛や遠国奉行、それに尊公（慶永）、薩摩、土佐、宇和島などの大名を朋党、徒党と名付けて疎外している。先日伊達宗城が僕に「伊賀は一橋公に同意している」と言ったがそれは伊賀が宗城を騙したのだ。伊賀は、貴公のことは風上にも置かれぬと評判してクソタワケと言わんばかり。何でも僕を倒し紀州を立て、次いで大老も倒して己れひとりで大権を握るつもりだ。

五月中旬過ぎになると「養君、紀州に決定」いう情報が閣外に漏れ聞こえ、同時に松平忠固と井伊直弼の確執が表面化してきた。一方、諸大名の「赤心」も追々提出された。鎖国的だったのは御三家の尾張と水戸、それに鳥取藩主池田慶徳（水戸斉昭の子）など数家、はっきり開国を宣言したのは松平慶永（越前）、島津斉彬（薩摩）、黒田長溥（筑前）など数家、残りの大勢は「条約は仕方がないがハリスの要求はできるだけ取り縮め、開港地も京都付近は止めてその他もできるだけ少なくするのがいい」という退嬰的意見だった。

このような情勢を見て直弼は、紀州養君を決めるのは今がチャンス、と判断し、六月一日、個人名を挙げることなく「養君決定」を京都に報知した。そして朝廷の祝い状が届き次第、紀州慶福を世子として発表するつもりだった。ところが十四日に届くはずの祝い状はなかなか届かず、直弼とその一派は首を長くしてその到着を待っていた。

4　日米修好通商条約調印

四大強国一手に引き請け

そこに思いがけないニュースが飛び込んできた。それは英仏連合艦隊来日を予告する六月十四日付けのハリスの書状である。この書状がきっかけとなって日本の外交は急転回を遂げ、五日後の六月十九日には日米通商条約が幕府の独断で調印された。ハリスと約束した七月末でも確かとは言えなかった調印がこの数日のうちに既成事実になったのである。そしてこの独断調印を強力に主張し、実行した主人公こそ岩瀬忠震だった。男子の本懐であった。以下にこの時の事情を述べる。

安政三年（一八五六）のアロー号事件を発端として英清戦争が起こったが、兵器に優る英軍はたちまち広東を焼き払い、次いでフランス軍と連合してシナ大陸を北上し、この年安政五年三月には天津まで攻め込んだ。首都北京さえ危うくなったから清国はやむなく五月に天津条約を結んだ。このニュースが入った英国の植民地香港では、英仏連合艦隊が戦勝に乗じて日本に向かい通商条約を押し付ける、という噂が立ち、折から香港に入港していた米国軍艦ミシシッピはこのニュースを携えて下田に航しハリスにこれを報じた。六月十三日のことである。次いで十五日には米国軍艦ポーハタン、十六日にはプチャーチンを乗せたロシア軍艦も下田に来てこのニュースを裏書きした。

アメリカ領事ハリスはこの時を逃してはならないと思った。彼は母国の軍艦が来ればそれに搭乗して帰国しなければならなかったし、英仏艦隊来日が本当なら、自分が先登の功を誇ろうとしている通商条約を英国が先に結んでしまうかもしれない、と心配したのである。その上このニュースがあれば日本側に条約調印を迫ることができる、と彼は考えた。だからハリスはミシシッピ号がもたらしたニュースを十四日のうちに外交担当老中の堀田正睦に伝えて条約調印を急ぐよう求め、十七日には自ら蒸気船ポーハタン号に乗って神奈川小柴に至り、幕府に「忠告」を申し出た。

翌十八日の朝、忠震は「米国蒸気船が火急の用事で小柴に来た。他にもう一艘の米船とロシア人プチャーチンも軍艦で下田に来て、後者は今日のうちに小柴に来るという。五日以内に英仏艦三、四〇艘も来るとアメリカ人は言っている」という手紙を橋本左内に出し、続いて午後「今朝のことで今、出張を命じられた。直ちに品川から出船し、夜には神奈川沖に到着する予定。同封の手紙を君侯（松平慶永）に提出して貰いたい」と通信した。そして急遽、浜御殿（今の浜離宮公園）沖から軍艦観光丸に乗じて横浜に向かった。この手紙の追伸には「天地間の四大強国（米露英仏のこと）を引き請け候儀、また愉快の一つに御座候。御一笑」と書いてある。いかにも快男児忠震らしい爽快な一言である。彼は外国人を恐れなかった。それどころか、どこの国の誰とでも交渉して日本の立場を認めさせてみせる、という意気込みをもっていた。彼にとっては京都で晴れるとも曇るともつかない公家たちと話すより、歯に衣着せず具体的要求を提出する外国人と論議する方が性に合っていた。

なお右の手紙の中にある松平慶永宛ての書信の内容は、「一、一橋公を世子にするよう御尽力を願う（まだ公式には世子は決まっていなかった）。二、米船が小柴に来た今も幕閣はなお因循で嘆かわしい。

この上仏英が来航すればどんな不都合が起こるかもしれない、伊達宗城公や山内容堂公によろしく御伝声願う。三、松平忠固公を辞職させることは日本の為になる。ご配慮を願う。四、ハリスが懇願するのは勿怪の幸い、英仏艦隊渡来の前に条約調印を断行すべきなのにまだゴチャゴチャ言う者がいて我ら応接者は困惑している。御了察を願う。」というもので、外交内政両面にわたって彼が松平慶永に期待していたことを窺わせるとともに、調印断行が忠震の素志であることを明示している。

一日も早い調印こそ御為筋　十八日の夜、忠震と井上清直はポーハタン号に上り、ハリスに、「条約調印は七月二七日まで延期と諸大名に通達したから、ここでその時期を早めると紛糾する。できれば規定通りにしたい」と言った。これは彼らの本心ではなく、老中の指令を一応述べたのである（座には通訳や下役が居るから形式を整える必要があった）。それから両者の間に次の問答があった。

松平慶永像
（『橋本景岳全集』）

ハリス　自分はただ英仏艦隊来航の危難を報じ、これに対処するには私と条約調印した方がいいと忠告しただけだ。あとはそちらのお考え次第だ。

岩瀬ら　私としては貴公から老中に「仏英はこの日米条約と同様の条約を受け入れると保証する。もし仏英がそうしない時は自分（ハリス）が日本の友誼的仲介者として働く」という書簡を出して貰うといいと思っている。そうすれば調印できるかもしれない。

ハリス「保証する」とは書けないが、自分は、英仏はこの条約で満足すると信じている。だから「万一面倒が生じたら調停の労を辞さない」という文面なら書いてよい。

と言った。それで忠震たちはその書付を携えて直ちに江戸城に引き返し、老中、若年寄、三奉行、海防掛からなる会議に出席した。この重要な会議は十九日未明に行われたらしい。この時忠震は次のように言った（筆者が潤色している）。

米国軍艦の報知によれば、昨年広東を焼き払った英仏連合軍は清国内に攻め込み天津条約を結んだそうでございます。これはロシア人の筋からも確かめましたから間違いのないところ、そしてハリスは、天津には今イギリス、フランスの艦船合わせて四十数艘がおって、その艦隊は間もなく我が国に来て通商を強要する、と香港では専らの噂と申しました。これに確証はございませんが、既にロシア船も下田に入ったところを見ますとプチャーチンもそれを予期しておるように見えます。

そこで我が方の対策でございますが、今ここで英仏艦隊の入津を待ち、その上で談判を開くとなりますと、彼は戦勝の勢いに乗り、当方は外国条約を持たぬ、という有様で交渉を始めることになりますから、どうしても押され気味、イギリスが天津条約を持ち出すのは必定でございまして、その応接は甚だ面倒になりましょう。まして我が国の沿岸防備は未だ整わず、彼は大砲数十門を備えた蒸気船を連ねておるとなれば、よしんば我が国の申す通りの条約を結んでさえ、これは砲艦に屈したもの、とか、城下の盟じゃ、とか無学の輩が言い募るのを覚悟せねばなりますまい。

先んずれば人を制す、と申す如く、もし当方に外国条約がありますと、英仏が参った際にこちらから「日本と外国との条約はこのようなものでなくてはならん」と押し付けることができます。ですから彼らの入津前に日米条約に調印しておくのがよい。ハリスも「日米条約以上のことは英仏も求めまい、もし万一、彼らと日本との間に面倒が生じたら自分は調停の労を惜しまない」という書付を寄越しております。海防掛一同、一日も早い調印こそ御為筋と考えます。

海防掛は皆忠震と同じ考えだったし、老中の松平忠固は京都無視の幕府中心主義者、堀田正睦は朝廷に匙を投げていたから調印賛成、他の老中、若年寄、奉行たちも海防掛の理路整然たる主張に反対するような意志も知識もなかったから会議は調印やむなしという空気だった。ただ井伊直弼だけは慎重で、「皆の言うところも尤もだが、何と言っても勅諚は重い。天朝への伺いが済まぬうちに調印するのは如何か」と調印を渋った。しかし彼に同意したのは若年寄本多越中守忠徳だけで、残りの人々は「英仏の強要を強いて断って、もし兵端を開き敗北すればこれ以上の恥辱はない。叡慮には『国体を汚さないように』とあるから、今の状況では調印するしかない」と申し立てた。

日米修好通商条約調印と忠震の覚悟

結局全体会議では決せず老中たちは御用部屋に戻ったが、要するに調印するかしないかの二筋である。それで直弼は岩瀬と井上清直を呼んで「ハリスのところに戻ったらなるべく調印を引き延ばせ、できるなら朝廷の認可を得るまで調印は差控えよ」と命じた。清直は「仰せの趣旨を貫徹するようできるだけのことはするが、是非に及ばないときは調印してもよいか」と聞いた。直弼は「そうなったら仕方がないができるだけのことはせよ」と答えた。この問答を横で聞いていた忠震は「はじめから、やむを得ない時は、という料簡ではダメだから、是非とも引き延ばす覚悟で応接する所存」と言い切って井伊の前を退いた。しかしこれは忠震が恰好をつけただけ、あるいは井伊直弼をからかって言っただけであって、彼は初めから調印するつもりだった。そして横浜に戻った忠震と清直は十九日午後三時にポーハタン号に上り直ちに条約に調印した。以上が日米通商条約調印の実情である。

この時の忠震の覚悟の程は井上清直の直話として次のように伝えられている(『幕末政治家』)。

一、日本が富国強兵の実を挙げない限り、誰が談判してもこの条約より良いものができるはずはない。

二、英仏艦隊が来ればこれよりはるかに不利益な条項を議論することになるだろう。

三、日米条約がダメなら英仏との条約ももちろん締結できない。そうすれば英仏などが勅許の大権がある京都に直接談判に行くかもしれない。それでももし戦争になれば日本に禍根を残すだろう。

四、勝敗に拘らず一戦した上で和親すべしなど論じる輩がいるが、そのために取り返しのつかぬ禍根を残すこともあろう。戦わずして和するに如かず。

五、勅許に反して調印すれば徳川家が不忠の臣と呼ばれるかもしれない。しかしそれは朝廷が世界の形勢を御存じないからであって、今、調印は不忠に見えてもそれは忠義の行いなのだ。
六、この調印は徳川氏の安危に係わるかもしれないが、甚だ口外し難い事ではあるが、国家の大政に関与する重職は、このような時「社稷を重し」とする決断を下さない訳にはいかない。

忠震は清国の轍を踏まないために、外国と無用の戦争を避けようとした。そしてそのためなら徳川幕府が倒れても仕方がないと観念した。「社稷を重し」とは、日本の国の方が徳川家より大切だ、という意味である。家康を非常に尊敬した忠震にも、このような覚悟があった。

5　条約調印に関する様々な見解

調印は忠震のワナ？——井伊派の邪推

この調印の後、井伊側と忠震はそれぞれ相手方の悪意を疑った。まず井伊側から紹介する。直弼の腹心の家来宇津木六之丞は直弼が調印を容認したことを知って「調印したら、陰謀方はそれを違勅と言い立てて、その責任を御前（直弼）一人に被せるだろう。急いで横浜に使いを出し調印をお差し止め下さい」と進言した。「陰謀方」とは水戸斉昭以下の一橋派全体を指している。六之丞は、直弼を窮地に陥れるために忠震が故意に調印しようとした、と邪推したのである。しかし六之丞の進言を聞いた直弼は「責任は自分がとる」と答えた。最高責任者として当然ではあるが立派な態度であった。
六之丞の憂慮はある意味でその後の成り行きを見通したものであって、以後の政治情勢はこの言葉通りに動き、薩長をはじめとする尊皇攘夷の人々はいつまでも「違勅」を言い立てた。しかしこれは幕府内の一橋派が言ったのではない。忠震たちは日本の為に開国を断行したのであって、井伊直弼を糾弾したりはしなかった。しかし井伊派の人々にとっては、日本の進路より善人（井伊派）と悪人（一橋派）の勝ち負けの方が大切だった。そして悪人側の首領は水戸斉昭、幕府内でそれに加担するのは海防掛目付共、と信じていた。中でも忠震は「幕臣中の悪の元凶」としてもっとも憎まれた。一例として六月十九日付の薬師寺元真から井伊家の公用人宇津木六之丞に宛てた手紙を抄録する。

養君（世子）の決定が延び延びになって残念だ。そこに異国船もやってきて不穏であるし、京都の模様によっては水戸老公が何か手段を巡らすかもしれない。早く世子を決めないと追々どんな悪計が起きるかわからない。現に数日前には岩瀬肥後が何か運動した模様だ。四方八方の悪人には当惑するばかり、もし紀州様でなく一橋が立つようなら将軍の威光も闇となり国乱が起きるだろう。是非早く紀州養君を公布して一橋派の悪行を封じなければならない。上田（松平忠固）だけでも辞めさせられないかと願っていたが、今は岩瀬も大毒になったからアメリカ応接掛も交代させなければならないと思う。また水戸の老公も厳しく謹慎させるようにしたいものである。

責任は王倫・秦檜にある？

井伊直弼は六月二一日、宿継奉書をもって「勅許を受ける暇がなかったので臨機の処置として日米条約に調印した」旨を朝廷に報告した。これを前日に知った忠震は、

京都への報告は奉書で淡泊になさるそうだ。これは木同（松平忠固の符牒、上田松平藩の家紋は桐）が主張しているらしい。初めから朝廷に相談せず暴断するならそれでもよかろうが、堀田侯が上京して一旦お伺いを立てたのに勅旨に反して調印したのだから、それを一片の紙切れで通知するのはいかにも京都を軽蔑した態度である。調印済とはいえ、老中格の人がお使いとして上京し説明してこそ首尾整ったやり方と言えよう。特に今、所司代、町奉行、禁裏附きの誰もが居ない状態でこのようなやり方をすれば、京都から「わきのけにされている」と苦情を言われても仕方がない。

と松平慶永に通信し、二三日には井伊直弼に直接「誰かしかるべき人を使いに出すべきである」と激論した。この時は直弼も「必ずお使いを出す」と答え、間部詮勝《まなべあきかつ》を派遣することが決まった。

宿次奉書発出の翌日の二二日、幕府は一万石以上の大名たちを江戸城に出仕させて「達し書」を通達した。宿次奉書と大名への達し書には「将軍は朝廷に申し上げずに調印するつもりはなかったが、もしここで兵端を開いて敗れれば清国の覆轍を踏むことになり、容易ならぬ状況に陥る。だから井上信濃守と岩瀬肥後守が神奈川で条約書に調印して使節（ハリス）に渡した。まことに拠ん所無い場合だからこのように取り計らった」という一節があった。これを読んだ忠震は橋本左内宛てに、

この程の達し書面に、王倫、秦檜の姓名が書いてある。京都への奉書にもあるそうだ。名前を掲げたのには何か深意があるに違いない。王倫、秦檜が勝手に調印したのか、それとも命令で調印したのか、モヤモヤの名文だ。多分そのうち二人に大辟（重い刑罰）が下るだろう。

と通信した。王倫と秦檜は宋代の政治家であるが、夷狄の遼と屈辱的講和を結んだとして儒学的なシナの歴史書では悪人の代名詞として使われる人物である。忠震は、達し書に井伊直弼や老中の名がなく井上信濃守と岩瀬肥後守の名前のみが掲げられているのを見て、これは条約調印の責任を自分たち二人に被せるつもりだな、と感じた。そして朝廷や尊攘派から見れば条約調印者は王倫・秦檜のような極悪人だから、自分たちをこの二人に比したのである。忠震得意の諧謔である。

諸悪の根源・松平忠固と希望の星・松平慶永

井伊直弼が責任を下僚二人に押し付けた、とする忠震の受け取り方は必ずしも正しくはなかったろう。井伊直弼はそれほどの卑劣漢ではなく責任は自分で取るつもりだったようにみえるし、その後忠震などが左遷された時も独断調印がその罪状に挙げられることはなかった。ただ直弼も全責任をひとりで引き受ける覚悟は無く、責任回避ができればしたかったのかもしれない。というのは、達し書通達の翌日二三日に直弼は松平忠固と堀田正睦を免職にし、世間は、この免職は条約調印の責任を取らされたのだ、と受け取ったからである。だが直弼が松平忠固を罷免したのは、忠固が誰からも嫌われていたためと、彼が直弼を辞めさせようとした陰謀が発覚したためであった。他方、堀田の免職は将軍の意志だったらしいが、これは直弼の言だから真実と書いている。

でないかもしれない。忠震は六月二三日付の左内宛て書状に、松平忠固は当然だが堀田は気の毒だ、

　この手紙は「恢復の事も漸く望みが出てきた。この上に薦賢の事が成れば殺されても恨みはない」と続いているが、この「恢復」とは一橋世子のこと、「薦賢」とは松平慶永宰輔のことである。紀州世子がほぼ決定的、慶永も大老に嫌われていたこの時期に忠震はまだ希望をもっていたのか、と不思議な気がするが、忠震は諸悪の根源は松平忠固にあると思っていたから彼が放逐されれば「正論」が行われるのではないかと期待したのである。忠震が将軍家定と井伊直弼の心事を見誤ったともいえるが、前に引いた薬師寺元真の書状を見ると井伊側の人も紀州養君実現を心配していたから、我々が今思うのと違って、当時は何か突発事が起こるのではないかと人心兢々たる情勢だったのだろう。

　忠震の慶永にかける期待は大きかった。翌日二三日には一橋世子の可能性がますます薄くなっていたが、この日も忠震は松平慶永宛てに「宰輔を設けるのは一橋世子実現のためだ、という疑いをもたれているが、紀州世子が実現しても彼は少年だから、なおさら後見が必要だ。良い後見職があれば天下英雄の心を収攬できる。この場に臨んでは公（慶永）の御奮起がなければ日本の威風も衰え、お先真っ暗である。何とぞ徳川家を支える御偉業を祈り上げる」と手紙を出している。

　しかし井伊直弼は、松平忠固のような表裏のある人間ではなかったとしても、清濁併せ呑むような度量のある人物でもなかった。彼は将軍の意志に反して一橋を担ぐような人は「不忠の臣」だと思っていた。だから慶永が幕府の要職に就くことはありえなかった。そして六月二三日には紀州党が首を

長くして待っていた「養君が決まって祝着の次第」という京都からのお座なりの祝い状が届いた。前に述べたように孝明天皇は鎖国には熱心だったが将軍の跡継ぎに興味は薄かったから、近衛、鷹司などの一橋シンパも手の打ちようがなく九条関白の思い通りの祝い状が出たである。ただこの八日発の祝い状は十四日に江戸に届く筈のところ、二三日になって漸く着き、その上この祝い状を老中たちの前に持ち出した奥祐筆の志賀金八郎は七月一日に自殺した。何かの陰謀があったと思われるが真相は分からない。いずれにしろこの祝い状が届いたから紀州慶福世子の実現は目前に迫った。

「不時登城」と紀州世子の公示

祝い状が届き、老中が入れ替った翌日の六月二四日は「烈公などの不時登城」があった日である。これは水戸前藩主の徳川斉昭、その子の藩主慶篤、および尾張藩主慶恕が江戸城に上って井伊直弼以下の老中を叱責した、という有名な事件である。御三家の人々が老中と喧嘩するというようなことは江戸時代の長い歴史でもほとんどなかったからこの日の江戸城は大騒ぎだった。しかし現実には何程の事もなかった。反井伊側の総帥水戸斉昭は既に老いてその舌鋒は鈍っていたし、また松平慶永が同席できなかったなどの事情もあったが、根本的には反井伊側があらかじめ作戦を立てず、その論理が混乱していたことが失敗の原因であったろう。論争点は「一、条約調印は違勅、二、宿継奉書で朝廷に報告したのは不敬、三、今、養君を発表するのは朝廷に対して御不都合、四、松平慶永を大老の上に置くべし。」という四つであったが、井伊大老側は適当に答えることができた。またこの事件以外にもこの数日間には一橋慶喜の登城とか、直弼と慶永の個別会談などがあったが、これらは忠震と直接の関係がないから省く。詳しいことは講談社学術文庫『井伊直弼』（徳富蘇峰）を見られたい。

烈公不時登城の日、忠震はいつもの通り江戸城の目付たちの御用部屋に居て、その様子を見ていた。そして城中の模様を聞きに夕方訪ねてきた橋本左内に次のように語った。

今日こそ水戸老公の大議論で忠邪黒白がはっきりする、と我ら有志は期待し、談判の初めから片言隻句でも聞こえるか、とさも用ありげに松の廊下あたりをうろつき、少し声が大きくなると「さあ、老公の暴言が出たぞ」など言い合って固唾を呑んで耳を澄ました。ところが話が済んだ後、老中の部屋はさぞ粛然としているだろうと思いの外、大老も他の老中も呵呵大笑して騒いでいる。それで大久保右近将監（忠寛、一翁。「禁裏附き」だったがまだ江戸にいた）が堪えかねて「京都の事をお尋ねする」と口実をつけて大老の前に出て「今日は珍しく御三家方が不時に登城されましたがいかがの御用でございましたか」と聞くと、大老は「何かいろいろ申し立てられたがさしたる事はなかった。老公老公と鬼神のように言うが、耄碌されたのか何ほどのこともない」と笑われた。そして「老公は言葉に窮すると、越前（松平慶永）を呼べ、と仰せられるばかり、越前を頼みに御登城されたようだ」と老中たちも笑っていた。何にしても老公の意志は通らず、老公の威名も今日かぎりで通用しなくなり、諸有志は失望している。

この言は幕末史の証言としても重要だろうが、我々としてはこのような忠震の語り口、客観的でありながらそこはかとない滑稽感を漂わせる語り口が面白い（右の口語訳文では、滑稽のニュアンスが十分には伝えられなかった）。木村芥舟（喜毅）は「岩瀬君は烈公不時登城の時の様子を逐一手紙に記して長崎の自分のところに送ってくれたが、その手紙を紛失してしまい残念だ」と回想記に書いている。筆まめな忠震は江戸城の様子をドキュメンタリータッチで文章にし、長崎の芥舟に報じたのだろう。自分の考えは考えとして客観的に事象を面白がる忠震の面目躍如たるものがある。

「烈公以下の不時登城」を無事乗り切った井伊大老の幕閣は六月二五日に紀州養君を公示した。そして十日後の七月五日、直弼は将軍家定の命として不時登城に関与した五人、水戸前中納言斉昭、水戸藩主慶篤、尾張藩主慶恕、一橋慶喜、松平慶永に謹慎や隠居あるいは登城禁止を申し渡した。将軍家定はこの翌日に死去した（公布は八月八日）から、この謹慎命令などは将軍の意志ではなく直弼の「暴断」であったことは疑いがない。この水戸斉昭などへの圧迫は水戸藩はじめ多くの藩の志士たちの強烈な反動を呼び、これをきっかけとして幕末の動乱が始まるのである。

第十章　オリファントの見た忠震と安政の大獄

1　日英交渉席上の忠震

日蘭・日露・日英条約

安政五年（一八五八）の夏は条約調印や世子問題などで国内政治は大もめだったが、日米条約調印を知った諸外国は内政問題に頓着なく日本に押し寄せてきて、忠震はじめ海防掛たちはその応対に追われた。最初はオランダ領事キュルチュスで、彼は三月頃に江戸に出て日米条約調印が延期になった後も江戸に止まり新しい日蘭条約を要請していた。忠震はその談判も引き受け、「日米条約が成ればそれと同様の条約を結ぶ」と約束した。それでキュルチュスも一旦長崎に戻ったが、六月十九日の日米条約調印を聞いて直ちに江戸にUターンし、七月十日に日蘭修好通商条約に調印した。日本側の調印者は永井尚志、岡部長常、それに忠震であった。

次はロシアである。既に述べたようにプチャーチンはハリスを追って六月二〇日に江戸湾に入った。

忠震は二三日に「ロシアに日米条約を提示したら殊の外感服して更に異議もない様子、プチャーチンはこれまでになくおとなしくなったように見え安心した」と左内に通信している。その後曲折はあったが、七月三日に「日露条約は存外面倒が持ち上がり、例のプチャーチンがいろいろ文句をつけて頑張るが、何とか言いくるめてアメリカと似たようなところで決着した。調印はまだ先だが議論は終了」した。そして十一日、ロシア側はプチャーチン、日本側は四人の外国奉行（外国奉行については後述する）すなわち永井玄蕃頭、井上信濃守、堀織部正、岩瀬肥後守と目付津田半三郎によって日露修好通商条約が調印され、プチャーチンは翌日将軍世子の徳川慶福に謁した。忠震は七月五日の手紙に「ロシア人も拝謁するはずだったが、『上天の日蝕にて甚だ不都合を極め候』」と書いているが、これは将軍家定（上天）が危篤状態（日蝕）にあることを駄洒落的に言ったのである。

次いでイギリスが来た。六月下旬の英仏連合艦隊は来なかったが、北清事変の片がついたのでイギリス使節エルギン卿（エルギン・マーブルで有名なエルギン卿の子）が条約締結のため、上海から長崎を経由して七月二日に下田に入港したのである。その地で彼はハリスと会話したが、その時ハリスは日本と日本人を非常に褒め、その上通訳のヒュースケンを貸してくれた。だからエルギン卿は日本について良い印象と多大の便宜をもって江戸に向かい、乗艦フュリアス号は七月五日に品川沖に錨を下した。ハリスから、イギリスの相手をするのは容易でない、と聞かされていた幕府は今回はあまり面倒なことを言わずフュリアス号の品川停泊を認めたが、プチャーチンとの応接と将軍の病気が重なったために、エルギン卿が上陸して芝の西応寺に入ったのは七月九日であった。そして幾許かの商議はあったものの七月十八日、日本側は水野忠徳以下永井、井上、堀、岩瀬の外国奉行と目付津田半三郎、英国側はエルギン卿一名の署名によって日英修好通商条約は発効した。

蘭露米条約の容易な妥結は、「諸外国はこの日米条約で納得するだろう」というハリスの保証が真実であったことを意味し、また、忠震たちが「先にひな形となる条約を結んでおけば、他国にもそれを押し付けることができる」と主張したのが正しい判断だったことを示している。

英語を勉強する肥後守

ハリスの『日本滞在記』には忠震の個人的プロフィールはほとんど書き残されていないのに反して、エルギン卿の秘書として来日したオリファントはせいぜい二週間しか江戸に居なかったのにその著書『エルギン卿遣日使節録』に忠震のことを繰り返し書いている。これは彼が作家であったためだろう。オリファントの記録と木村喜毅（摂津守）の思い出とは、忠震の明るい性格や滑稽好きなど多くの類似点があるから、忠震は外国人とも日本人同様に付き合ったことが分かる。以下オリファントの著書からところどころ抜き出してみる。

七月六日に忠震は永井尚志などとともに英国艦フュリアス号に上って使節一行と初めて会った。オリファントは一見して忠震を好きになったと見えて「昨日の船で知り合った提督永井玄蕃頭と、名を肥後守（忠震のこと）と呼ぶ愉快な仲間とがいた。この男は私が日本で出会ったもっとも愛想のよい、また教養に富んだ人物である」と書いている。また彼は通訳の森山栄之助（多吉郎）のことも「滑稽な態度を装いながら、限りなく老練で機敏な常識を秘めている」と正しく見通した。この日忠震たちはイギリス人たちと昼食を共にした（以下の引用文は岡田章雄氏の訳文を少し変えている）。

昼食のとき、私は幸いにも肥後守の隣に坐った。そして彼といっしょに、その扇の上に語彙を作る仕事をした。彼はこの数カ月前までは、いまだかつて外国人を見たことがなかった（これは通訳の誤りで「数年前までは」であろう）。それでも英語の文字で書くことができたし、また私が話すすべての母音の正確な発音を実に速く聞きとり、頭に入れることができた。彼は私に向かって、自分はヨーロッパに派遣される使節の一人に任命される資格を得ている、だからどのような機会も逃さず英語を学ぼうと切望している、と言った。その後私が江戸に滞在している間、ほとんど毎日彼は姿を見せた。そして前の日に習得したことを間違いなく繰り返すのが常だった。彼は交渉の成り行きを見張るよりも英語を勉強することに限りない関心を寄せていた。そしていつでも懐に扇を何本も持ち歩いていた。その中に彼の語彙がはいっていたのである。それはともかく、昼食の席では、彼はどうやら義務と嗜好とを結びつけるように努めていた。そして皿が出るたびに、丹念にその名を書き留め、それからいそいで食べだした。

このように忠震は、もう蘭学の時代ではない、これからは英語の時代である、とはっきりと見通していた。明るい性格、滑稽好み、仕事に熱中すること、外国人を恐れないこと、過去に拘泥せず先見の明があることなど、忠震は福沢諭吉とよく似ていると思う。

忠震はオリファントと親しくなって彼に脇差を贈っている。オリファントは「（肥後は）昔の（切腹の）方式にもっぱら使用された小刀（ナイフ）を贈ってくれた。それは十インチ（二五センチ）ほどの剃刀のように鋭利な、きわめてよく鍛えられた鋼鉄製の、格別実用本位の武器であった」と書いている。ハラキリは「西洋社会に知れ渡った悪名高い自殺の方法」だったからオリファントは興味を持っていたのである。また忠震は、エルギン卿が外国担当老中の太田備後守資始《すけもと》と会見する時に椅子が要るだろう、というので増上寺から坊さんが座る台椅子などを借りる算段をし、それに黒ビロードの布をかけて用いた。ペリーが来て以来外国人との交渉に椅子を用いることはおいおい行われだしたが、当時の日本では腰かける風習はなかったから、外国人だけを椅子に座らせ日本側は高くしつらえた席に正座するようなことも行われた。忠震は川路聖謨などから話を聞いたし、自ら何度も外国交渉を行ったから椅子の調達などはお手の物だっただろう（椅子の話はオリファントの本にはない）。

ローレンス・オリファント像
（『エルギン卿遣日使節録』）

ハムとシャンパンとスケッチと洒落

日英交渉は英国使節の宿所西応寺に外国掛たちが出向く形で七月七日から始まった。この日忠震たちは昼前に着いて西洋料理を振舞われた。「客人たちは喜々として昼食の席に着き、ハムに向かって驚くべき攻撃をかけた。ハムはどの皿にもまして彼らの大好物である。彼らはまた遠慮なくシャンパンを飲みふけった。（しかし仕事の前に一杯やるのは危険であるのを知っていたから）肥後（忠震）は「条約にはハムとシャンパンの味がしないようにしたい」と冗談を言った。（中略）（全権委任状提示に関する協議が行われている間にベッドウェル氏が会議場の人々の正確な写生図を描いたら）肥後はそれに気がつくと早速鉛筆と紙をとり上げ、その画家の戯画を描き始めた。そしてたちまちその手を休めると、見事にでき上がった肖像画を得意になって示した」。忠震の絵の才能は座を和ませるのに役立ったのである。なお江戸時代の日本人は牛肉より豚肉の方が好きで、古賀謹一郎は豚肉ほどうまいものはないと書いているし、一橋慶喜も豚肉が好きだったから「豚公」とあだ名された。

オリファントは「日本側委員は論議に際して最大の英知を示し疑問点の論理的説明を理解するまでは決して了承しない」と称賛し、また日本人の滑稽に対する感受性にも感心している。談判で、ある難問にぶつかった時誰かが「ひとつお茶でも飲んで」と言った時、エルギン卿は「ちゃぱーにゅ（cha-pagne――茶とシャンパンをかけた洒落）ではいかがか」と応じた。

この修正は限りない喜びをまきおこして満場一致で支持された。日本人は滑稽を鋭く感じとる力をもっている。そして多くの困難な点を秀句で解決する。まったく彼らがたえまなく耽っている笑いから判断すると、いつも洒落をつくっているらしい。肥後（忠震）は一行の中で才人だった。その結果しばしば自分でぼんやりとしているばかりでなく、とかくほかの人々の注意をそらしがちだった。彼が洒落を案じているときは、その目がまたたくのですぐわかった。それでも業務上の問題についての彼の観測はいつも鋭く、正鵠を射ていた。

忠震は重要なところだけは集中して聞いたが、他の時は滑稽を考えていたのである。

ただ日本人すべてが滑稽を解したのではない。オリファントが相手にしたのが教養ある幕臣（江戸生まれの侍）たちだったからこそ英国人のユーモアが通じ、滑稽が外交現場の潤滑剤になったのであろう。薩長の田舎侍が政権をとった明治時代からは政治の世界で滑稽や諧謔はだんだん使われなくなり、その流れは現在に引き継がれて日本の政治はいわゆる「くそまじめ」になった。そして軽い冗談も「揚げ足取り」の対象になるので、政治家は誰も滑稽を言わなくなってしまったようだ。

忠震は英語を熱心に学んでいたから、それを実地で試したかった。それで彼はオリファントに日本側委員の名前を書いてやった。オリファントは次のようなスペルを書いている。

一、Midjmats-ko-goni-kami（水野筑後守）　二、Nagai Gembono-kami（永井玄蕃頭）
三、Inogge Sinanono-kami（井上信濃守）　四、Iwase Higo-no-kami（岩瀬肥後守）
五、Holi Olibeno-kami（堀織部正）　六、Tsuda-handzoboro（津田半三郎）

書き違いももちろんあるだろうが、水野、筑後、玄蕃、井上などが今のローマ字書きと違うし、aとoが今の発音から見ると混在しているが、こう書く方が外国人の発音に近いのかもしれない。あるいはオランダ綴りの影響があるのかもしれない。何にしても忠震の外国と外国語に対する好奇心は実に旺盛で、彼は外交官の鑑であった。

オリファントが「われわれはこの最初の日の会談の結果に十分満足した。それはいつも変わらない極度の調和と上機嫌で特色づけられた一連の会合の端を開いたもので、それらの会合に参加した人々の記憶に、多くの愉快な連想と楽しい追憶を呼び起こしたに相違ない」と書いているように、この時の日本と英国の外交官は面白く楽しく国際交流の実を挙げたのである。

2 オリファントの見た江戸と日本人

日本が気に入ったオリファント

エルギン卿やオリファント、それにフュリアス号の高級船員たちは忠震などの外国掛とともに王子に遠乗りしたり品川の遊郭を見て回ったりした。その際江戸の庶民は物見高かったが反外国人のようではなかった。攘夷運動はこの後激しさを増すが、それは武士、特に脱藩者や浪人に限られていて一般の日本人は外国人に興味津々だった。明治の欧化主義が自然に行われたのはそのせいである。

オリファントは非常な興味と愛情をもって大名屋敷、庭園、盆栽、耕作地と産物、茶屋、調理場、漆器、茶、風呂場、教育、知識欲、容貌、紙の使用、葬式、ガラス製品、女の髪型、刀剣、たばこ、根付、三味線、ハラキリ、入れ墨、寺、遊廓、刑罰、租税、女性や小児の地位、乞食や不具者の少ないことなど日本の事物を手当たり次第に紹介している。以下にいくつかの例を挙げる。

茶屋の少女たちの多くはわが国の夫人に比べて少しも劣ることのない美しい顔をしている。給仕の際の作法はしとやかで品がよい。ほとんどすべての品が漆器に盛られ、うやうやしく差し出される。客は畳のあちこちに坐って食事をすませ、それから横になって煙草を飲み茶を啜り腹ごなしをする。(中略)(漆器は)全然有害な影響はないばかりではなく、たとえ漆器の椀にきわめて熱い茶を注いでもワニスの匂いをほんの少しでも検出することはできない。

日本人はいわゆる未開の国民の中で、絵のような景色に直観的な鑑賞眼を具えているらしい稀な例である。(シナ人は、面白くもない題材を選び、それを前景の家庭生活や軍隊生活の場面に従属させ)しかもその描き方には遠近画法の知識が全く欠けている。ところが日本人はその国の極めて壮麗な風光を明らかに自分たちだけのために生き生きと描写している。滝や絶壁、または懸崖の上の絵のような村落、海に突出している岩礁などが好まれる画材で、その姉妹国で達成したよりもはるかに正確な芸術理念によって仕上げられている。

日本では(シナに反して)あらゆる知識の種類を採りいれることが切望されている。シナ人は孔子の書物の学問以外はどんな学問も下劣なものと考え、すべての現代の発明を冷静な侮蔑の態度であしらう。おそらく彼は、その技術がシナでは遠い昔から知られていたといい張る。そこでもし貴下が鉄道を彼に見せたとする。彼はきっと「それと同じもの、北京にあった。二倍も速い」というだろう。日本人は反対に熱意と好奇心に満たされる。彼は調べてみて、手のとどくかぎりのことは何でも質問を発してその答を丹念に書き留める。

そして最後にオリファントは「日本人は怠惰を好まず、趣味に適った仕事を愛し、商業は下劣な仕事だと考えているが、文学と美術及び科学的な常識は高く評価する。シナ人は退歩してその王国は滅ぶだろうが、今、日本人は西洋文明の光に浴したから必ずそれを採り入れようと努めるに違いない」と概括している。この予想は全く正しかった。

花押を書きなぐる忠震

日本滞在が終わる頃オリファントたちは浅草見物に行って広場の民衆や堂内の大提灯、奥山の射的場や花屋敷、飼禽園、生人形などを観覧して歩いた。そして帰り道におもちゃ屋でたくさんの玩具を買い込んでから宿所に戻った。宿所では忠震たちが待ち受けていて最後の晩餐会が開かれたが、その前に奇術と紙で作った蝶々の舞いが披露されてイギリス人たちを喜ばせた。特に蝶々を扇の端に静かに止める熟練の芸はオリファントを驚かせた。

浅草から戻った晩餐の席で「日本側委員たちは提供されるものは何でも片っ端から平らげ、また多少困った様子で、およそ調和しない食品を混ぜ合わせてしまったが、それでもこれまでに出会ったどの非キリスト教徒よりもずっとキリスト教徒らしく食べた。いつもこっそりとわれわれの方を盗み見して、われわれが何を食べているか、どのようにして食べているかを見ていた」（一部省略）。そして両者はお互いの国の元首ビクトリア女王と日本大君（将軍家定は死去していたが）のために乾杯した。

日英交渉の図（『エルギン卿遣日使節録』）

日本側は乾杯のような西洋流儀には無知だったのだが「われわれの客人たち（外国奉行）がどれほどたやすくわれわれのやり方に順応してしまうかということは注目に値することだった」。奉行たちはイギリス人に倣って自分の方からエルギン卿と自分たちの健康のために乾杯まででした。

日英修好通商条約調印日の七月十八日の午前中に英国人たちの買い物の決算が行われ、たくさんの商人で英国人の宿所西応寺は大騒ぎだった。この時はまだ西洋人は日本の店頭で直接購入することができなかったから、彼らが買い物する際には店に物品受領証を出しておいて、最終日に至ってこれを「総計銀何匁、よってメキシコドル幾ら」と幕府会計方の小吏が決算した。多くの英国人は大量の物品（狆《ちん》も買われたしエルギン卿は鳩まで買った）を購入したが、日本商人は廉直だったからイギリス人の覚書と商人の請求書とはよく一致し、買い物のことで苦情が出ることはなかった。

日英条約の文書はオランダ語、日本語、英語でそれぞれ三通作られ、その他に追加の約款が三通あったから一人が十二回署名する必要があった。そしてイギリス側はエルギン卿一人だが日本側は六人の委員がいたから全部で八四回の署名が必要だった。日本側の署名の仕方はいろいろだった。几帳面に署名し花押を念入りに仕上げる者もいたが、忠震は「イギリスで誰かが彼（忠震）の筆跡をまねて書くかもしれない、という懸念は全然もたず筆で書きなぐった」。オリファントはこう書いているが、条約書の署名（『エルギン卿遣日使節録』二九〇頁）を見ると忠震の署名が特に乱暴・無頓着であるようには見えない。彼は書くのが速かったのだろう。エルギン卿はこの日六本のペンを使って署名し、署名が終わってからそれらを日本側ひとりひとりの筆と交換した。永井玄蕃頭（尚志）は「両国の産物（筆とペン）の交換が両国の善意の交換の端緒となったことを喜ぶ」と挨拶した。

エンピロール号の引き渡し

条約調印が終わった後、英国女王から徳川大君への贈物として快走船エンピロール号の受け渡し式があった。この船は帝王のために作られた蒸気で走る遊行船である。忠震は木村芥舟宛ての手紙に「英国人献上の蒸気船はその美麗なこと目を驚かすが、さればといって軍艦にもならず荷物運搬船にもならず、つまり無用の長物」と書いている。帝王用だから内装が非常に豪華だったのである。日本では将軍のレジャーもせいぜい鷹狩くらいだったから、高価な蒸気船を無益な遊覧に使うのは馬鹿げている、と忠震は思ったのだろう。しかしこの受け渡し式には忠震も正装、多分陣羽織姿で乗船した。

（日本側委員たちが）まばゆいほどの衣装を華やかに着飾って快走船の甲板の上を気どって歩き回っているのを見た。肥後（忠震）は全くカニに覆われていた。その中にはイギリスの海港の記章にしてもいいくらい大きなものもあった。その衣服は刺繍を施した絹布で、そのカニは銀糸を重ねて高く浮き出していた。委員の中のある者は頭蓋骨の陽気な意匠を飾った衣装を見せびらかしていた。それぞれの人が、その胸と背に大きく描いた独自の紋章を着けていた（一部割愛している）。

エンピロール号（日本では蟠龍丸）が日本に引き渡されユニオンジャックが日章旗に変わった時、品川台場から二一発の礼砲が正確に十秒間隔で発射され、これに答えてフュリアス号とレトリビューション号から答礼の大砲が打たれた。そしてエンピロール号は日本人だけの手で堂々と運行され、見守る日本人とイギリス人をこぞって感嘆させた。

エンピロール号（蟠龍丸）

照り輝く日没が、この活気ある魅惑的な情景に美観を添えた。湾に沿った岸辺には人々が群がり、ところどころに緑樹に覆われた堤が水際に迫り大砲の煙は島の要塞の上に漂っていた。色さまざまの旗が微風にはためき数百の小船が静かな水面を漂っていた。一方、富士山はその円錐形の山頂を遠くの青空にもたげて壮大な背景をなしていた。この巨峰は大日本の王都に長い世紀のあいだ君臨しているが、今江戸湾で行われている風景はこの峯もかつて見なかったものである。

忠震たちはこの後レトリビューション号上の宴会に臨み、双方で大いに親交を示し合って最後の別れを告げた。なお蟠龍丸はその後戊辰戦争で幕府軍艦として活躍し箱館で沈没したが、その後引き上げられて上海で二本マストに改修され、日本海軍の「雷電」となった。図には改修前の姿を示している。以上がハリスから大いに脅かされていたイギリスとの通商条約締結の大団円であった。筆者は忠震と日本のことを以上のように詳しく書き留めてくれたオリファントに心から感謝する。

この後忠震は九月三日にフランス使節グロ男爵との間で日仏修好通商条約に調印した。ただし交渉は水野、永井、井上の三人で忠震と堀利熙は談判には出なかった。この日仏条約を最後に忠震は外交方面のみならず幕府の政治中枢からも外された。井伊直弼は米蘭露英仏という世界の五強国との条約が成ったのを見届けると、嫌っていた忠震を直ちに作事奉行という閑職に追いやったのである。

3 外国奉行への昇進と安政の大獄の始まり

外国奉行の新設

話は少し前に戻る。安政五年（一八五八）五月以来、すぐにも左遷されるだろうと自他ともに認めていた忠震は、不思議なことに蘭露英仏との条約調印直前に昇進して外国奉行になっていた。以下にその事情を述べる。

嘉永六年（一八五三）以来外国関係の事務は海防掛が担ってきたが、それは勘定奉行系と目付系の混成部隊であって、目付系の革新的意見はいつも勘定系に掣肘されてきた。だから忠震は、できれば目付系だけで「外務省」を作りたかった。彼が最初にこの構想を筆にしたのは六月二八日のことである。二五日に紀州養君が決まって慶喜世子の夢は断たれたが、忠震は屈せず、今度は慶永を後見職に据える方策を考えた。そしてなかなか凝った作戦を思いついた。それは、

（堀田がいない現在）大老はじめ老中たちはみな海外事情に疎く、外交に関する仕事を避けたがっている。だから今「別に海防局（今の外務省）を置きましょう」と言えば老中たちも案外賛成するだろう。その総裁には松平慶永公を充てるのがいいが、我々海防掛から言い出すと閣老たちは反対するに違いない。だからまず宇和島侯（伊達宗城、前述したように彼は井伊直弼ともよかった）から大老に「外国事務局を作られてはどうか、その総裁には松平慶永公がよい」と建議していただき、これが衆議にかかったら、我々海防掛は故意に「宇和島侯が適任である」と主張しよう。そうすれば閣老たちは「海防掛も一橋慶喜と松平慶永にこだわらなくなった」と思って、案外、慶永総裁に賛成し、ひいては侯の後見職就任が実現するかもしれない。

というものである。

次いで七月五日の左内宛ての書簡に忠震は「万国の船が次々にやってきて容易ならぬ時節に、外務担当老中（太田備後守資始）が、外国のことはただ漠然、というようでは交渉に際して万事手遅れ、いつも機先を制せられる。これでは先が思いやられるから、どうか『例の御工夫』をお願いしたい。平

山謙二郎も超多忙で貴公のところに派遣もできないが、至急、御良策をお願いする」と書いている。「例の御工夫」とか「御良策」というのは海防局総裁に松平慶永を据えるという意味である。

松平慶永総裁というこの計画は、この当日五日に彼が隠居・謹慎を申し渡されたくらいだからもちろん実現しなかったが、外国専門の新役所は実現して、井伊直弼は七月八日すなわち日蘭条約調印二日前に、水野忠徳（田安家家老から転出）、永井尚志（この時勘定奉行、もとは目付）、井上清直（下田奉行）、堀織部（箱館奉行、忠震の従兄）および忠震の五人を外国奉行に任命した。この五人はそろって一橋派であったが、井伊派（紀州派）には外国のことが分かる人物が一人もいなかったから、直弼は次々にやってくる外国使節の応対にやむを得ずこの五人を充てたのである。

存じ寄らず栄転を蒙り忝々有難く

奉行という役職は行政職の最高位であって今の大臣か次官に相当し（目付は内閣官房の一員である）、持ち高が二〇〇〇石に達しない旗本はその額まで石高を増やしてもらえた。その他に出張手当もついたから忠震は二〇〇〇石、役料二〇〇〇両の大身となり、幕府内での席次も遠国奉行の上になった。彼は八月十三日付の木村喜毅（芥舟）宛ての手紙に「今年の土用は連日雨天冷気、七月二八日からは一転快晴で残暑火を負うようだったが十一日から遽かに凄寥」と季節の挨拶を書いた後、「今般は存じ寄らず栄転を蒙り、忝々有難く存じ奉り候。不肖、浅才、大任堪えがたくと恐惶仕り候。この程の時気、忽寒忽熱、人事もまたかくの如くにて僕輩の転遷も天意の在る所、何れか知るべからず。栄か、はた瘁か、不言のうちに黙識すべし」と大袈裟に恐縮してみせ、またこの栄転の吉凶を警戒している。

水野忠徳や忠震などを外国奉行に任じた際、井伊直弼には思惑があったのだろう。前述したように目付は直接将軍や老中に言上することができ、老中たちはこれを拒むことができなかった。しかし奉行に祭り上げてしまえば彼らはその専門のことを上申するだけになる。だから忠震たちの侃々諤々の議論を聞きたくなかった直弼はこれ幸いと外国奉行職を設けたのではなかろうか。その一つの証拠として前述の木村芥舟宛ての手紙に「親藩は過激の処置（七月二八日の水戸藩邸監視強化のこと）だという論もあるが、これはやむを得ないと思う。しかし今の静謐が本当の静謐か、何かが起こっているか、小生は近来門外漢だから世の噂を聞くのみだ」という箇所がある。これは目付でなくなったために現在の政治情勢に疎くなった、という意味であろう。

忠震が予感した通り安政五年八月半ばは嵐の前の静けさ、本当の静謐ではなかった。この時すでに朝廷から水戸藩へ密勅が下っており水戸藩士鵜飼幸吉と日下部伊三次《いそうじ》はこの密勅を身に着けて東海道と中山道を下りつつあった。これが安政の大獄の直接原因である。江戸でも普通でないことが起こっていた。コレラである。忠震は芥舟宛てに「当地もコレラが流行し一家中無難という家は少ない。自分のところは幸い従僕が一人死んだだけで済んだ。罹った者は半日で死んでしまうほどで、奉行所の調べでは八月一日から十一日朝までの死者は二七四五人、病床にある者は四四六二人だそうだ。平山謙二郎は書物奉行に左遷され、コレラにも感染したが命は取り留めた」と通信している。

また忠震は芥舟に「アメリカから条約取替し使節迎えの船が来年二月に来る予定になっているが、その使節が誰になるか、まだ分からない。僕はかねてから『航海自任』であるが、今のような疑惑世界となっては予断を許さない。さてさて浩歎の至りである」とも書いている。この時点では安政六年春に遣米使節が海を渡る事になっていたらしい。そして忠震は、自分を措いて誰があるか、と思ったが、同時に井伊の内閣ではダメかなとも思った。そしてその通りだった。惜しいことであった。

安政の大獄の始まり

前述したように忠震は安政五年(一八五八)九月五日に作事奉行という閑職に追いやられ、これ以後外交方面で活躍することはなかった。そして一年後には作事奉行も免職、永蟄居を申し渡された。だから忠震の伝記としてはこれ以後の日本歴史は無用だが、彼が永蟄居の罰を受けたのは安政の大獄のせいだからこれについて簡単に述べておく(この事件は多くの歴史書に書かれており、筆者も拙著『幕末の魁、維新の殿』の中でやや詳しく述べた)。

安政の大獄の「獄」とは刑事事件(逮捕と裁判)という意味である。この大獄の直接の引き金は水戸藩士日下部伊三次と尊攘志士梅田雲浜などによる安政五年八月の勅書降下の陰謀であった。陰謀とはいっても孝明天皇の攘夷の気持ちが強かったからこのような密勅が下ったのであって、伊三次たちが天皇を騙したのではない。下賜された勅書の内容は「幕府は日米通商条約を調印してしまってから朝廷に言上した。これは軽率な行いである。そして水戸、尾張両家は謹慎と聞く。こんな風だと人心の一致も図れない。内憂外患のこの時、大老、老中、三家、三卿、家門、列藩、外様、譜代とも一同評議して、公武合体し、長く徳川家を扶助し、外夷の侮りを受けないようにせよ」というものであって、この勅書は幕府と水戸藩の両方に通達され、その写しは全国の有力大名家にも内々で達せられた。尊攘派は水戸烈公を世に出し、慶喜将軍を実現することを当面の目的とした。

水戸賜勅の後も志士たちはいろいろの方法で井伊排斥を画策した。京都での運動の中心は西郷吉之助などの薩摩人や水戸人で、彼らは、越前、土佐、因幡、長州、薩摩などに勅書を下して義兵を挙げ、特に井伊の居城彦根に「一発切り込もう」と策謀し、江戸でも運動した。また少し後には薩摩の有馬新七などが井伊大老や老中間部詮勝の暗殺を協議した。吉田松陰がかかわったのはこの時である。しかしどの藩の上層部も同調しなかったから、このような「連合官軍」は到底望めなかった。

一方公家の間でも攘夷派の気勢は上がって、九月初頭には、朝廷の唯一の幕府側の砦、九条関白（尚忠）を辞職させ、左大臣近衛忠煕を後に据えようとする運動が成功の間際になっていた。これは幕府と水戸へ下された勅書の過激を危ぶんだ九条尚忠が「今、主上は夷狄のことで気が立っておられるからこのように普通ではない勅書が出るのである。この段あしからずお聞きとり願いたい」という言い訳じみた添書を幕府に差し出したのが天皇や左右大臣の目に触れたからであった。

このような反幕府運動は全国的に広まる可能性があったから、井伊直弼は京都に「お使い」に行った老中間部下総守詮勝に命じて、九月初めから陰謀家たちを次々に逮捕させた。これが大獄の幕開けで、逮捕者は浪士の梅田雲浜、頼三樹三郎、水戸藩士の日下部伊三次、鵜飼吉左衛門、それに鷹司家の小林民部など二十数人に及んだ。西郷隆盛が僧月照を連れて逃げたのはこの時である。下総守は天皇や公家に圧力をかけ続ける為に、なし崩し的に長期間にわたって逮捕を続けた。

この威嚇政策は功を奏して京都の公家たちは震え上がり、安政五年十月末の徳川家茂の将軍宣下は「すらりと」行ったし、また条約についても安政五年暮には「天皇の御疑念御氷解」となり、「将軍や大老の真意は鎖国の良法に戻ることにあると聞いたから、今すぐの鎖国攘夷は猶予する。早く良策を廻らして国威を挽回せよ」という内容の勅書が下総守に下された。そして曲折はあったが安政六年初頭には朝廷が太閤鷹司政通、左大臣近衛忠熙などには辞官、落飾、内大臣一条忠香、近衛忠房などには引籠り、慎みなどの処分を申し渡し、これによって一応京都での粛清は終わった。

直弼は一橋派の全滅を策す

直弼のいわゆる悪謀家退治は京都に止まらず、江戸でも行われた。彼は水戸賜勅の根元は水戸にあるから、その一味を壊滅させなければ安寧は望めないと信じ込んでいたのである。彼が狙ったのは一橋派の有力者たち、すなわち水戸藩の安島帯刀《あじまたてわき》と茅根《ちのね》伊予之介、越前藩の橋本左内、幕府では忠震と永井尚志であった（大獄で重罪になったのはこれらの人である）。実際一橋擁立のために動いたのはこれら直弼から見た「不忠の臣」だったから党派的立場に立てば彼らを罪することは当然だったろう。しかしそれは一国の宰相の取るべき政策ではなかった。このような党派的復讐心とは別に、直弼には「時代を見る目」が欠けていた。安政時代に入ると幕府一強の時代は去ってこれからはオール日本で外国に対抗する時代であることは識者の目には明らかだった。阿部正弘は島津斉彬などの開明的大名と結んだし、忠震も「肥前の大砲、薩摩の船」と漢詩に詠み、また「国家のことは大名衆に関係することも沢山あり、相互の意志を疎通しておかなければ国の政治ができない」と手紙に書いている。しかし直弼は相変わらず「徳川様の御威光」で日本を治めようとした。

安政の大獄が政治的に誤った判断だったことは明らかである。そしてその責任はほとんど直弼ひとりにあった。なぜなら彼は裁判に当たった五手掛（大目付、目付と寺社、町、勘定の三奉行）が「事は京都にも関するから軽罪を」と答申したのを覆して安島、茅根それに橋本左内までを死罪にしたからである。これらの人々や岩瀬、永井などは幕府の忠臣、日本政治の牽引車であった。彼らが消えた後に残ったのは幕府では平凡人、水戸藩では過激派だった。二年後に直弼が桜田門外で水戸の脱藩者に殺されたのは彼自身が撒いた種を自ら刈ったものである。

以後の歴史を簡単に言えば、井伊直弼の暗殺は安藤信正の暗殺未遂（坂下門外の変、文久二年〔一八六二〕）を生み、これによって京都の勢力が幕府を圧した。その結果が一橋慶喜・松平春嶽（慶永）政権の成立である。忠震や左内が元気だった四年前にこの政権ができていたら幕府はもっと見栄えよく退陣できたろうが、文久二年では時すでに遅かった。この後京都では尊皇攘夷派が穏健派と過激派に分裂して八月十八日の政変（文久三年）となり、その帰結として禁門の変（元治元年〔一八六四〕）が起こった。同時に英仏蘭米の四国艦隊が下関を砲撃して長州藩を屈服させ、これによって日本の攘夷運動は終息した。これ以後は攘夷ではなく討幕の時代である。

以上に概観した尊攘運動の表向きの口実は常に「独断調印は違勅」であった。だから忠震が徳川幕府のために良かれと思って断行した日米条約交渉の妥結とその調印はかえって幕府の滅亡を早めたと言える。もし条約が一年遅れていれば安政五年の堀田の上京はなく、家定が安政五年七月六日に死去した後、平穏裡に慶喜将軍が実現していたかもしれない。これらは全て「イフ」の世界であるが、とにかく実際の世の成り行きは忠震の思惑とは逆になった。世の中は思うようにいかないものである。

本章の最後に松平慶永や忠震など一橋党の人々がなぜあれほど「賢明な将軍」に固執したかについ

て考えたい。慶永自身は明治になって「自分たちは水戸烈公の私心に乗せられたのだ」（『逸事史補』）と書いているが、これは責任回避であって慶永が主導者であったことは明らかである。筆者は、有力大名たちが一橋慶喜を担いだのは賢愚自体よりそのプロセスにあった、と思う。ペリー来航後武士階級は日本の将来を心配し各所で会合や議論が行われるようになった。その盛り上がりが「賢明な将軍」に収斂したのであって、有力諸侯とその家臣たちの真意は、自分たちも国政に参加したい、という所にあったに違いない。他方、忠震などの高級幕臣たちは将軍に重みがないと自分たちの経綸が実行し難いし、また、有力諸侯との協力なくして日本の発展はない、と思った。とにかく両者とも慶喜が将軍になれば自分たちの考えを政策に反映できると思った。そういう意味で、慶喜待望論は中央集権制と一脈のつながりがあるのだろう。

第十一章　作事奉行への左遷

1　落魄の境涯

自嗤欹石眠雲客
曾是乗風破浪身

安政五年（一八五八）九月五日、忠震は外国奉行から作事奉行に左遷された。作事奉行は禄二〇〇〇石、席次は町奉行の下、仕事は幕府関係建築物の造営・営繕である。安政五年十二月十八日付け、在長崎の木村芥舟宛て忠震の書簡に「（徳川家茂〔紀州慶福〕の）将軍襲職の大礼も都合よく済み、今日は諸侯拝見のお能があっている。現在作事奉行には同役の者がおらず僕一人だから相応に些末の用事が多い。幸い今はお能（の最中で暇）だから江戸城内でこの手紙を書いている」とあるから事務的な雑用は結構あったらしい。例えば安政六年正月には増上寺の修復場所の見分に行っている。

しかし作事奉行の仕事などは誰にでもできる、また日本の進路には何の関係もないつまらない仕事であったから忠震は落魄したと感じざるを得なかった。彼はその気持ちを安政五年から六年にかけて漢詩に詠んだが、そこには昨年までの東奔西走や対外交渉を思い出してわが身の変遷を驚き嘆く作と、新しい境涯に慣れてそこに安住するしかないという諦念の作とがある。前者には

○鎮西の山水、舊相知。征馬幾たび追う天の一涯。今日爐を擁して濁酒を温む。冷吟閑酔、亦随時。
○世態、棋の如く轉瞬に新。間忙来去、軽塵に似る。自ら嗤う欹石眠雲の客、曾て是乗風破浪の身。

などがある。思えば忠震がオランダと通商条約を結ぼう、という強い意気込みをもって長崎に向かったのは僅か一年半前だった。それが今突然何もすることがなくなって火鉢で酒を温めて飲むような毎日になった。「曾て風に乗り浪を破って」国のために働いた忠震が今、「石の枕から耳をそばだて（欹石）雲中で眠る」仙人のような生活を強いられたのである。さぞ無聊を感じたであろう。

江戸時代の武士にとっては「修身斉家治国平天下」が男子一生の仕事であったが、他方、もう一つの理想境として道教的諦観の世界があった。だから閑地に追いやられると、彼らは「竹林の七賢」のように世を低く見て自分の趣味に生きようとした。忠震も、

○茶梅寒菊半ばは頽衰。天竹、水仙又時に及ぶ。消長、由来妙理を存す。細かに人事を推せば復た奚ぞ疑わん。

のように「自然の摂理は人間界にも及ぶ」のような哲学的な詩、あるいは、

○白酔軒窓睡味新なり。踈梅清竹、浄、無塵。人間の楽地は随時に在り。世事到頭身に管せず。

のように、強いて世を忘れる境地に至ろうと努めた。次の詩、

○歳々征旗千里睽（遠）し。江都の春色幾回か差う（掛違う）。
新恩又辱《かたじけな》くす、清閑の福。捜さんと欲す、東西南北の花。

は、昨年までは出張で落ち着いて花も見られなかったが、有難いことに閑職に就いたからこれからはあちこち花見に行こう、という意味である。他にも「二月の暖かさが戻り蜂たちは役所にも行かず靄を追って梅の周りを飛んでいる。幸福なことだ」のように蜂の幸福を身に引き比べた詩もある。

無聊を慰める書画

江戸時代、学問に志した人たちは漢詩を作り、小吏から立身した川路聖謨のような人は短歌を作り、農商階級には俳句趣味もあった。その他に案外多かったのがスケッチである。彼らは旅に出る際矢立と巻紙を持ち歩き、いい景色や珍しい事物を見ると、道具を懐中から取り出して立ったまま絵を描いた。オリファントをはじめ、外国人の日本印象記にはたいていこのことが書いてある。忠震はとりわけ絵がうまかったから閑居の境涯になった後、たくさん

の絵を描いた。新城市設楽原歴史資料館の図録『開国の星・岩瀬忠震』に採録されている約二〇葉の絵の半数は作事奉行左遷後のものである。この頃は旅行に出ないからその作品には藤、芍薬、紫薇《サルスベリ》、蓮など静物が多い。安政六年秋には栗、へちま、キノコ、蓮根、葡萄、里芋などを描いて、

○月、蟲聲を導き檻頭に来る。野釀、酔を邀（迎）えてまた風流。銷金帳下に龍味を烹るも、村荘芋栗の秋に及ばず。（檻は手すり、野釀は地酒、銷金帳は花柳の巷、龍味は珍味）

と自賛した。また万延元年（一八六〇）にはアメリカから帰ったばかりの木村喜毅（芥舟）に依頼されて浅野梅堂（長祚）とともに秋の果物と野菜の図を描いた。梅堂は第八章で紹介した元の京都西町奉行で忠震とは風雅の友であるが、彼は謙遜してその引（短い説明文）に「自分の絵は拙劣で（これを蟾洲君の横に置くのは）無鹽蓁母が厚化粧して西施の横に居るようなものだ」と書いている。無鹽蓁母と西施はそれぞれ醜婦と美人の代表である。梅堂は幕府時代には甲府徽典館教授や浦賀奉行も務めたが、明治時代にはシナの書画鑑定の第一人者として令名があった。

忠震の漢詩に「南州の海、九州の山。雨馬風帆、幾往還。多病近来この事無し。放懐は唯、畫圖の間に在り」というのがあるが、彼は旅の思い出を描くこともあった。安政五年十一月三日には山水画一軸を描き、そこに「自分はしばしば公務出張して西南三六州を回ったが、昨年の今日は志摩の的屋浦に宿した。その山水の勝景は今も眼中に留まっている。今、自分は全く都城の人になったから旅に

出て景色を眺めることは二度とないだろう。だから時に画筆を弄して旅行気分を味わい、聊か自ら楽しむのだ」と引を付している。これに関して木村芥舟はその著『菊牕偶筆・四家邨荘』に「岩瀬蟾洲は長崎往復の間、要害の地や山水清絶の處に逢えば自ら筆を把ってその景を圖寫し、更に画家の一瀬君に命じて一々その真景を描かせた。その図は全部で二七十幀あり、これを十五軸に装幀して『観有餘焉』と名付け、巻首に有名人の題字や佐藤一斎、塩谷宕陰などの序跋があった。蟾洲の没後散佚して、今は僅かに私の家に四巻のみが存している」と書いている。彼が放懐（気分転換）したのはこの画軸を見てのことだろう。

忠震の絵は玄人はだしであったと云う。『絵画叢誌』三四三号には、

蟾洲ははじめ画法を椿椿山に受け、浅野梅堂と並んで「椿門一双の武家画人」と称された。しかし蟾洲は山水画を好んだのでおのずから崋山椿山の風趣を留めないようになった。その印文に「不踐古人（昔の人の真似をしない）」とあるように、蟾洲は古人に囚われず随意に筆を揮って独自の画風を開いた。しかも俊爽秀抜、有名画家に比べても劣らない。もし彼が画人として立っていればその名声は崋山椿山に次ぐものがあったろう（原文語文）

と絶賛した批評が載っている（忠震会報『爽恢』第三号今泉正治氏「画人岩瀬蟾洲」による）。

椿椿山は幕臣で渡辺崋山の高弟、人物画や静物画が得意であったから、風景画好きの忠震は、長じ

てからは気の向くままに色々な描き方を試みたのであろう。彼は十年前甲州に居る時、「不学画家画何問古人規　俯仰拈毫坐　江山皆我師」という詩を作ったが、死ぬ前年にも「(前略)筆墨に囚われず自然の気韻に没入すべきだ。今の画家どもは売ろう売ろうと思って人の真似ばかりしている」という詩を永井介堂(尚志)に贈っている。忠震は絵画においても爽快な生き方を貫いた。

2　横浜問題と西洋事情の紹介書

忠震は花鳥諷詠や書画の世界に没入しようとしたが、どうしても外交問題が気にかかった。安政六年正月二七日の芥舟宛て書簡に「(梅花の時節、近郊散策するのも人生の一幸だが)何分にも洋事胸中に往来致し、双柑斗酒の遊もまた興趣少なく覚え申し候」と書いている。「双柑斗酒」とは蜜柑と酒を携えて鶯の声を聴きに行き、詩の世界に遊ぶことである。「洋事胸中に往来」の気分は「洋氛を料理するは自から人有り。吾輩の経綸に苦しむを須いず」とか「去歳忙しく論ず、馭虜の疏。今年閑かに讀む、養梅の書」などの詩句に現れている。山水花鳥を愛する忠震であったがそれは為すべき仕事がある余暇にしてこそ楽しかった。それだけでは「男子一生の仕事」にならなかったのである。

洋事胸中に往来し
遊興も趣少く

忠震がこの頃考えていた「洋事」は横浜開港の具体策だった。安政五年十二月の手紙の中には「近々、ハリスが神奈川に出張して場所(港や領事館、商人住居の所)を決めるという話を聞いた。夏も近づくのに未だに規模（計画）も立たず、僕は傍観するのみで甚だ痛心している」というところがあるし、翌年正月二七日の書簡にも「神奈川開港がいよいよ切迫しているが、これからうまく処置していけるか、傍観するだけなので憂慮に堪えない」と書いている。また二月十三日の手紙には、

今の幕府は猜疑世界になって、今回神奈川でのアメリカ使節（ハリス）応接が終わるに際して永井尚志と井上清直が更迭され水野忠徳などに入れ替わった。これは馬戌（水野のあだ名）が上層部に諂って、例の「己が談ずれば」という勢いで交代したが、やってみると忽ち敗北した、というのが実情らしい。虚礼で人を籠絡するなんてできないし、向こうの言いなりになるまいとしてこちらで愚論を主張して相手に説破されると、「こちらのこともよく主張した上のことだから仕方がなかった」と復命してそれで済む、というようではいつも相手に先を取られる。残念至極である。

とある。忠震は永井・井上の二人が交代させられたのが不満だった（但し井上清直は勘定系である）。忠震の目からは、水野は「愚論を主張して外国人に説破される」ように見えたのだろう。

忠震と同時代の目付系には昌平黌出身の人たちが多かったが、彼らは勘定奉行系の人たちを「俗吏」として軽蔑するところがあった。例えば古賀謹一郎（彼は目付ではなく蕃書調所頭取である）は川路聖謨を嫌いだったし（拙著『古賀謹一郎』参照）、目付の堀織部（目付）と勘定吟味役村垣与三郎（範正、後に淡路守）が樺太を巡視した際には徒目付の平山謙二郎が「樺太を廻って骨を織部より　はやく帰

るが勘定與三郎」という狂歌を作って村垣を皮肉っている。

横浜は神奈川の内？

安政六年（一八五九）の一、二月頃永井尚志や水野忠徳がハリスと談判した際の争点は、外国人の居留場所を神奈川にするか横浜にするか、ということだった。江戸時代の「神奈川」とは東海道の宿場神奈川であってそれは今の横浜市神奈川区神奈川本町にあった。一方「横浜」とは今の横浜市中区関内付近の戸数百に満たない漁村であった。横浜と神奈川とは六キロほど離れており、海が埋め立てられていなかった当時、宿場町神奈川から見れば横浜は「海の向こうの寒村」だった。だから居留地が神奈川か横浜かは外国人にとってそれほど小さい問題ではなかった。交通の便を考えれば、現在の外国大使館を千代田区に置くか幕張に置くか、というくらいの感覚である。この神奈川—横浜問題は忠震の外交感覚にも関係するから簡単に説明する。

日米通商条約には「神奈川を開く」と記載されたが、忠震と井上清直がハリスと合意した時には居留地を神奈川にするか横浜にするかは決まっていなかった。交渉の際にハリスが「神奈川と横浜の両方を開くと思ってよいか」と聞いた時、忠震たちは「そのつもりだ」と答えているし、忠震が「居留地は神奈川宿ではなく新開地の横浜」とハリスに明言したこともなかった。多分忠震たちはこの問題が紛糾するを恐れて後の談判まで引き延ばしたのだろうが、海防掛の仲間内ではそうではなかった。忠震は初めから「開港地は横浜」と想定していたし、他の人々も「横浜は水深が深く神奈川は遠浅だから外国商人は自然に横浜に集まり領事もそうするだろう」と考えていた。

しかし条約面に「神奈川を開く」と書いてあったから外国領事たちは神奈川宿近くに領事館を置く

つもりだった。一方井伊直弼の幕閣は「参勤交代の武士たちが通る神奈川宿に外国人が居留すれば何が起きるか分からない」と憂慮し、安政六年のはじめ、外国奉行に「開港地は横浜にせよ」と命じた。それで外国奉行たちはハリスと談判で、「ペリーとの条約は横浜の浜辺で行われたが、アメリカ側もそれを『神奈川条約』と呼んで怪しまないのだから横浜が神奈川の内であるのはそちらも認めている」と屁理屈じみたことを言って横浜に居留地を設けると言い渡した。これを聞いたハリスは条約書を机に叩きつけて憤慨した。彼は「横浜は長崎の出島に等しく、これは外国人隔離政策だ」と思ったのである。そして彼は他の領事たちを語らって強硬に横浜移転に反対した。

前項に紹介した三通の手紙はこの神奈川―横浜問題が紛糾した頃のものである。水野が「愚論を主張して相手に説破された」というのは具体的には「神奈川を拒絶して横浜に移すと主張してハリスを怒らせた」ということであろう。この忠震の批評はほぼ当たっていた。この後の成り行きを簡単に言うと、ハリスは怒って安政六年三月「談判を要せず」として清国に行ってしまい、五月に日本に戻って来ると神奈川青木町の本覚寺に領事館を設け（開設日は六月五日、西暦の七月四日）、他の四カ国も青木町や神奈川町の寺院に領事館を置いた。日本側はこれを認めるしかなく、また子安付近を外国人居留地として下げ渡した。ハリスの強硬な態度が一旦は功を奏したのである。

しかし日本側も手を拱いてはいなかった。幕府はハリスが清国に去った直後から「昼夜を分かたず（野毛、戸部付近の）畑をならし山を開き商人を移住させ、役人宿舎を作り波止場を築き会所を建て倉庫を設け」（水野忠徳の手記）て、僅か三カ月で横浜を人が住んで貿易ができる港町に改めたのである。

港の水深は深く役所はあり土地は広くて貨物が置け、それに大店の出張所まである、という利点があったから外国商人のほとんどは横浜に居を構え、アメリカ以外の領事館もまもなく横浜新開地に移った。ハリスだけはしばらく頑張った（ハリス自身は江戸麻布善福寺の公使館にいた）が、文久三年（一八六三）に米領事館も横浜に移った。こうしてハリスの「理屈論」は日本側の「現実策」に敗れ、神奈川ではなく横浜が貿易港となったのである。だから結果的には、ハリスが神奈川居留に固執したことは大した問題ではなかったが、もし忠震がこの神奈川―横浜問題に携わっていたら、本覚寺などの領事館や子安の居留地などに若干の変更があったかもしれない。

海外事情紹介書の刊行

開国貿易と文明開化は忠震の悲願であったから、彼は左遷後も日本の開国のためにできることをしようとした。それは海外事情の紹介である。それを助けてくれたのは長崎目付の木村喜毅で、彼は職掌柄オランダやシナの書籍を入手し易かったから、忠震注文の本や趣味の物品を江戸に送ってくれた。これは忠震が左遷される以前からのことで、忠震は、例えば『瀛環志略』（誤って『環海志略』と書いている。シナ人著の世界地理書）の類は着いたら一日も早くお廻し願う」「オランダ人の乗馬靴一足渇望（これは手に入らなかったらしい）」（以上安政五年五月）とか、「英人漢字の新著述類お廻し願う」「オランダ国王から贈られた地図と猟銃が届いた、地図は最も妙」（以上八月）などの手紙を出している。

作事奉行へ転職後も「チャンチンの木で作った書棚を作らせてお持ち帰り願いたい」（十二月）、「晴雨計入手。有難し。難風で船が揺れたらしいが、（勝）麟太郎が護ってくれたので水銀があふれ出たくらいで済んだ」、「『海国図志』も麟太郎から受け取った。お手数をかけて恐縮の至り」「『婦嬰新説』は有難かった。大いに面白い」（安政六年正月）などの通信がある。最後の『婦嬰新説』は英国人B・ホブソンが、清国の管茂材の協力を得て中国語で著した産科学書で育児法や小児の病気などが記載されているという。忠震はこんなものまで読んだのである。

忠震は、これらの漢文訳洋書を多くの日本人に読ませて外国事情を知らしめたいと思った。それで『地理全志』を自費で公刊し、また種々の外国地理書を参考にして『瀛環表（万国年表）』をまとめて刊行した。『地理全志』は喜毅宛の書簡には記載のない本であるが、これは清国在住の英国人宣教師W・ミュアヘッド（漢名慕維廉）が一八五八年（安政五年）漢文で著した地理書で、日本にも直ちに輸入された。現在早稲田大学にその写本と山城屋佐兵衛などによる刊行本（和活字本）が所蔵されている。上篇五冊は「安政戊午晩秋新刊」すなわち安政五年刊で、この年の秋に書かれた昌平黌儒者塩《しお》谷《のや》宕陰《とういん》（世弘）の序文が付され、下篇五冊は翌年夏に刊行されている。いずれの刊本も「爽快楼蔵梓」であり、宕陰の序には「蟾洲岩瀬君、貲を捐て（自費で）これを刻す」と書いてある。

『地理全志』と『瀛環表』

『地理全志』は漢文で書かれたものとしては当時最も新しい世界地理書であった。上篇は地理学の用語や地球の海陸分布の説明から始まって、主に各国の地理、人民、産物、政治形態などを概説しているが、もともとシナ人に世界地理や諸国の有様を教えることを目的として書かれた本だからヨーロッパとアメリカが詳しい。下篇は地質学（化石学を含む）、海の潮汐、地球各地の気候、光の性質、生物（動植物）、人類や人種、星の軌道、地図の種類（緯度経度の説明を含

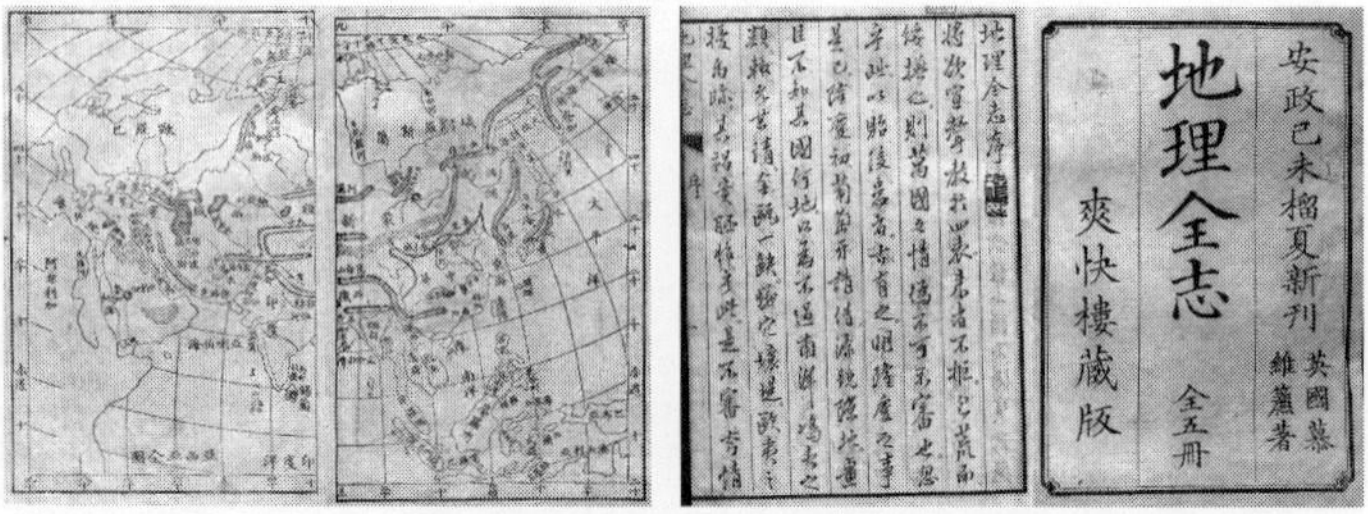

『地理全志』とその中のアジア州地図
（『古典籍データセット』）

む）、ヨーロッパ人による地理上の発見など、主に物理学や生物学すなわち理科系の事が書いてある。忠震が外交の他に石炭や鉄鋼にも興味をもったように、当時の人には「文科系」とか「理科系」の区別はなかった。

　この本の面白い点をいくつか挙げれば、冒頭一之巻の「創造天地万物記」が日本の版では欠けている。また下篇第一冊の序文（縁起と書いてある）のところどころに黒く塗りつぶした文字があるが、そこには「造物主」とか「天帝」とか書いてあったのだろう。当時まで西洋人にとって『聖書』は絶対の真理だったから「天地創造」は聖書に拠って書いてあるのだろうが、日本では少しでも耶蘇教に関係すれば公刊できなかったから、忠震はそこを削ったのである。

　宕陰の序に「この本は西洋人の撰述だから我が国の事には疎謬が多い」と書いてある通り、日本に関する記述はむちゃくちゃである。日本はアジアの章の「東洋群島志」の最初にあるが、その量は琉球国と同じであり、記述には「三つの島すなわち対馬島、長崎島、薩摩島からなり、王は長崎島の東北に居てその地名を彌耶穀《ミヤコ》と言い、七十二省（武蔵とか筑前などの国）に分かれ、首都は也多《エド》と言って京都（地名ではなく首府という意味）である」などと書いてある。その時代のシナ在住の英国人が日本の事をほとんど知らなかったことが分かって面白い。また日本人の性情の説明文には「日本人は遭難したアメリカ船が物品を買おうとしてもこれを欺くから、米人は報復のため軍艦を送ろうとしている。日本人が聞かなければ戦争の恐れがある」という一文がある。忠震たちはこのような西洋人の記述を読んで、もはや鎖国は続けられない、との念を強くしたのである。

もう一つの刊行本『瀛環表』はもともと、あるシナ人学者の編纂による「各国早わかり」のような冊子を忠震が増補したものである。安政六年末に書かれた忠震の識語（序文と凡例を兼ねたもの）があるから、彼が蟄居後にまとめたことが分かる。この本の刊行の意図は、漢文で書かれた世界地理書の統一的理解を可能にすることであった。漢文では例えばロシアは魯西亜《ヲロシャ》、邏車《リュス》、俄羅斯《ガラシ》などいろいろの書き方があるし、シナやインドあるいはアフリカ大陸には植民地や植民都市が沢山あったからそれらがどこの国の領土か分かりにくかった。また人口や総面積も書物によっていろいろ異なり、距離や面積の単位も日本、シナ、英国、ドイツなどでさまざまであって、各書の記述は必ずしも一致しなかった。忠震はそれらを整理したかったのである。

『瀛環表』の形式は各ページに横線を引いてほぼ十段に分け、各段に各国の状況すなわち国号、政治形態（帝国、王国、公領、合衆国など）、首府、面積、国境（隣国）、人口、宗教、経緯度、産物を書き込む形になっている。植民市などは国号の後に一段下げて書かれており、各項目について各書で記述が異なるものは「或いは曰く」として異説が付してある。国号や首府にはカタカナでルビが振ってある。例えば漢堡《ハンビュルグ》とか瓜地馬拉《ギュアチマラ》（南米ガテマラのこと）などである。漢字から外国地名を案外正確に発音しているのは現代から見れば驚異的である。

『瀛環表』には『海国図志』『瀛環志略』『地理全志』『地球説略』『大英国志』『遐邇貫珍《かじかんちん》』『六合叢談』『中外新報』『華英對譯』に出てくる国名は皆採録してあるそうで、当時外国事情を知るには大変な苦労が必要だったことを窺わせる。

3 木村喜毅など後輩への信義

木村芥舟との友情

作事奉行に移った後、忠震が最も親しく交際したのは永井尚志（介堂）と木村喜毅（摂津守、楷堂、隠居後芥舟）であった。永井尚志については次章で述べるが、木村喜毅は安政時代には長崎にいて、一橋党として目立った活動を行わなかったから大獄に引っかからず、忠震が左遷された後も変わらぬ交際をしてくれた。

木村家は代々、浜御殿（今の浜離宮庭園）の奉行だったが、お浜奉行は奉行とはいえ僅か二〇〇俵取りの小さい旗本に過ぎなかった。しかし十二代将軍家慶は喜毅の父の喜彦を気に入っていたし、また自家で栽培した砂糖や朝鮮ニンジンなどを薬種屋で売る権利が認められていたから家計は豊かだった。後に喜毅が咸臨丸で渡米した際に自費で三〇〇〇両を支出して航海の糧に充てたことは美談であるとともに、木村家の裕福さを示すものでもある。忠震は喜彦もよく知っていて、喜毅への手紙の端々に

「（長崎の喜毅へ）尊翁君御強健、御安慮」「貴君の旧居を今度水野（忠徳）に譲るに際してちょっと差し縺れができてお父上はお困りだったがこの頃落着の様子だ」「尊翁君が（我が家で）ゆっくりしてゆかれた」などと書いているし、喜彦その人にも手紙で、鰻や梅の花を貰ったお礼を述べている。

　喜毅は忠震より十二歳年少であったが忠震は出世が遅かったから、弘化嘉永年間（一八五〇年前後）二人は学生気分の付き合い（第一章参照）があり、芥舟自身も「兄弟の交わりをなす」と忠震を兄のように思っていた。これに加えて忠震は喜毅を目付に推薦してくれた恩人でもあった。すなわち安政二年（一八五五）九月の喜毅宛て書簡で忠震は「明日の目付選任は議論沸騰だろうが扛鼎の力を以て（鼎を持ち上げるほど、すなわち精一杯）頑張っている」と書いている。この時喜毅はまだ二六歳、講武所出役に過ぎなかった。この地位から一挙に目付になるのは、今なら防衛省の若い職員が外務省審議官に抜擢されるようなものだった。しかしこの時阿部正弘は一名増のところを二名に変えて津田半三郎（近江守正路）と喜毅を目付に昇進させたのである。

木村喜毅像（万延元年）
（『軍艦奉行木村摂津守』）

　忠震が喜毅を推薦したのはもちろん彼が「仲の良い後輩」であったためではなく、彼の人物を買ったからである。この頃喜毅は講武所に出ていたが、彼はなかなか鋭い批評眼をもっていて、自分が見た上役の人物評を次のように忠震に伝えていた。「跡部（甲斐守良弼）は一言も発せずただ鼻先だけで周旋する。土岐（丹波守頼旨）は実直だが才学に乏しい、久貝、池田は名利の念のみ強い、稲葉（兵部少輔正巳）は才略は少ないが真心があって共に談ずべき人物、その他の人々は皆私心が多いが、中に一人鵜殿（民部少輔長鋭）は職務に精励して抜群に優れている」。喜毅の評価は忠震や阿部正弘のそれと一致していたから二人は喜毅を「使える人物」と見込んだのだろう。

自重緘黙の勧め

このように忠震と喜毅は見方が一致していたから何でも言いあった。第五章で述べたように安政四年の長崎では「挨拶に行くがお着替えは無用」と言い送り、幕府の人事問題についても「老鼠（松平河内守近直）が黜れた（勘定奉行解任）のは天下雀躍の至り」とか「己の功を衒い、人の能を妬むの輩、己を利して国家を忘るるの族を一掃して有志が協力すれば為し難いことはなく、日章旗を世界の海にはためかすのも夢ではない」とか「一個のぬらくら老も不日に放逐相成るべくやと刮目いたし居り候。貴答如何」とか好き勝手なことを言って笑い合っていた。「ぬらくら老」は水野忠徳を指すのであろう。そして手紙の最後には「一瞥後丙丁（燃やして下さい）」などとおどけていた。

喜毅は二年ほど長崎に滞在したが安政六年二月、海軍伝習所閉鎖に伴って江戸に召還された。これが決まった頃忠震は作事奉行であったが喜毅宛に「今目付陣には人材がなく不振である。貴君御帰京後目付局を一新してほしい」と激励し、また安政の大獄継続中の幕府内の雰囲気を警戒させようと、

江戸に戻ったら「百事緘黙」と覚悟を決められた方がいい。一木支廈（一本の木で大きな建物が倒

れるのを支えること）はとてもできることではないから、今は光を包んで辛抱し後の好機会をお待ちになるのが良い。今までのような心持では忽ち破裂弾に当たる。どうか天下のために前後緩急を計って対処されたい。

と書き送り、喜毅が江戸に着いたその日にも「明日御登城だろうが、その際『揚揚、意気を示す勿れ』」と繰り返し自重緘黙を勧めた。忠震は自分の経験から「下から意見を言っても大老はそれを受け入れるような男ではない」と覚り、喜毅にその轍を踏ませまいとしたのである。

江戸に戻った喜毅は安政六年九月、永井尚志に代わる形で、目付から軍艦奉行並（「並」は今でいう「代理」である）に移された。この時忠震は永蟄居の厳罰を下されていたが、それにもかかわらず喜毅は文通を続けた。それに対して忠震はお礼の手紙を書いたが、その中に喜毅個人のことについて、

今は目付局にふらふらしているより軍艦奉行並の方が遙かにいい。そのうち二〇〇〇石（軍艦奉行の禄高、並は一〇〇〇石）の土地もできるだろう。

と書いている。その言葉通り喜毅は翌年（万延元年、一八六〇）軍艦奉行となり、遣米副使兼咸臨丸司令官としてアメリカに渡った。「遣米使節は自分の任」と自負していた忠震は残念だったろうが仲の良い喜毅のために次の詩を贈って壮行した。

木村楷堂の米利韓《メリケン》に航するを送る

○煤烟、舶を送り、去って茫々。逸氣、君の八荒を呑むを知る。（逸氣は優れた気性、八荒は万国）
剖判以来此の快無し。旭章、照破す、太平洋。（剖判は開闢。旭章は日の丸）

○送人は欣舞し、行人は勇む。豈、尋常の離別と同じからん。
我、一言を贐《はなむけ》す。君、且《しばらく》去って、洋西、将に播すべし大東の風。

なお木村喜毅はアメリカから帰国後、幕府海軍の改革を上申したが受け入れられず軍艦奉行の職を去った。その後開成所の頭取や勘定奉行を勤めたが、明治維新後は市井の自由人として福沢諭吉などと交流し、随筆や『三十年史』などの著述を行い、明治三四年に七二歳で死んだ。

信義の厚きこと
人の及ぶ所にあらず

遣米使節についての忠震の感想はもう一つある。それは仙台藩士玉虫左太夫に与えた漢詩である。左太夫は遣米正使の新見豊前守についてポーハタン号で海を渡った。彼は林復斎門下すなわち忠震の後輩であるし、堀利熙の蝦夷地廻浦に同行して『入北記』を著したくらいだから海防掛の人々と親しかったに違いない。忠震の詩は次のようである。

玉虫左太夫、某氏に従って亜夢裏加《アメリカ》に航す。これを賦して贐となす。

○蹈破す、□洋萬里の濤。手には提《ひっさ》ぐ、三尺斬魔の刀。
君を送るに何ぞ尋常の別を惜しまん。海外應に傳うべし、我士の豪。

左太夫はこの海外出張を『航米日録』としてまとめ、帰国後は藩校の指南役になった。しかし戊辰戦争で奥州同盟の有力メンバーとして活躍したので、敗軍後官軍に阿《おもね》った藩庁から切腹を命じられた。もと攘夷の官軍は、開国派人士をたくさん殺して「文明開化の手柄」を横取りしたのである。

木村喜毅や玉虫左太夫の例で分かるように忠震は後輩に対してとても親切だった。この二人の他にも山口直毅（後に外国奉行や陸軍奉行、外国事務総裁などを歴任）が目付として蝦夷地見分に出かける際には次のような手紙を送っている。

（前略）私の家来古田耕作（栗本鋤雲が太田耕輔を誤記したもの。後の白野夏雲）を蝦夷地出張に際して貸してくれないかとのことだが、彼は小生が公私の事を悉く委任しているから、折角ながら御免願いたい。そのかわり今回のお役に立つかと思い、数年前堀織部が蝦夷御用に出張した際の書留めをご参考までに差し上げる。

北地では護寒の御用意が専要、これは他の遠国と違い、よほど心を用いられるよう願いたい。総体的にいって携行品はなるだけ簡略になさるのがよい。兎角不用のものをアレも是もと持って行ってついつい無益の荷数を添えることになるのは誰しも同様と思う。小生もよほど簡易にしたつもりだったが、取捨の宜しきを得たのは、四、五度も旅行した後であった。また御道中のお泊りの際はなるだけ御家来の末々まで本陣に入れた方が弊害が少い。だから下宿の数はなるだけ減らして、チト狭くとも本陣付きになさるのが御都合がよいと思う。

今ふと心付くまま附記すると、遠国御用の節、任務そのものについて志が弛むことはないが、往返の路程の間に各地の形勢、人情の厚薄、産物の多寡、水利・橋道の類に至るまで一々注意されたらよい。そうすれば他年貴君がご発展の後、今日の旅行がこの上ない実地研修となると思う。隠者のいらぬ昔語り、ご免下さい。これまでも御文通を差し上げたいと思ったが、お勤めの上で嫌疑がかかるかもしれないから、御疎問に打ち過ぎていた。草々不具（原文語文、短縮した）

この手紙は文久元年（一八六一）、すなわち忠震死去の年に書かれた。往復の旅程の間に各地の地理、人情、産物までを注意深く観察せよ、と書いた時、忠震の脳裏には安政四年の長崎行きがあっただろう。栗本鋤雲はこの手紙を報知新聞紙上に載せた時「その匆卒の際と雖も朋友に盡す信義の心厚き、尋常人の能く及ぶ所にあらざる一端を知らしむ」と書いているが全くその通りであった。

第十二章　蟄居と終焉

1　永蟄居の重罰と岐雲園への移居

永蟄居

忠震は安政五年九月から一年間作事奉行の地位にあったが、安政六年八月二七日安政の大獄の決審によってこの職からも逐われた。この時の判決で水戸藩の安島帯刀などは切腹、越前藩の橋本左内、長州藩の吉田松陰などは死罪となったが、忠震に対する処罰は本人は「永蟄居」、また家督相続は認められなかった。蟄居というのは外出せず家の中の一室に閉じこもっていなければならない罰で永蟄居はこれに期限がないことを意味し、身分的な処罰としては重いものである。この時すでに書物奉行に左遷されていた平山謙二郎（敬忠）も甲府勝手小普請に貶された。

江戸時代の獄すなわち裁判は、処罰が切腹とか打ち首など身体に関する場合は裁判官が罰を決めた。裁判官も老中（井伊直弼）の意に沿わない場合は交代させられたから判決は恣意的になりがちだったが、とにかくこの場合はお白洲で証拠調べが行われ、被疑者は自分の主張を申し述べることができた。しかし削封、蟄居、隠居、免職など経済的あるいは身分的な処罰の場合は検察側（幕府）が小人目付などの探偵を使って被疑者の行動をスパイしたり手紙を探知したりして一方的に処分を申し渡した。その際被疑者に申し開きをさせることもなく、その罪過さえ明文化せず、ただ「不正の取計らいこれあり」とか「職務不行き届き」など漠然たる罪名で断罪できたのである。

それでも一応罪過があるような形をとる必要はあった。そして前述したように井伊直弼は悪の根元は一橋擁立運動でその首謀者は徳川斉昭と信じ込み、全てをそこに引き込もうとした。そして下は上に迎合するから小人目付などは直弼の気に入りそうな報告をした。だから忠震も水戸の陰謀の片棒を担いだことにさせられた。この裁判について忠震は九月二一日付けの木村芥舟宛ての書状に「日下部何某に懇意、及び福井退隠後、彼方へ罷り越し候などと申す意外を極めたる探索を受け居り候様子の処、それ等（が）実事にも相成り候義にやと存じ奉り候。百事緘黙」と書いている。「日下部何某」は水戸賜勅を実現させた水戸藩士日下部伊三次のことで、探偵たちは忠震が伊三次と親しいようだと直弼に報告したのであろう。また「福井退隠云々」は越前侯松平慶永が安政五年七月五日に隠居慎みを命じられた後、忠震がその屋敷を秘密裏に訪問したようだ、という意味の探索である。忠震が書いているように「意外な（偽りの）嫌疑を受け、それが真実になる」ような具合だった。

しかし直弼に言わせれば忠震の処分は軽いものだったそうである。栗本鋤雲によれば井伊直弼は「岩瀬の所業は死罪に当たるほどのものだが彼は日本の平安のために立案し全力でそれに尽くした功労があるから蟄居くらいの寛大な措置にした」と言ったという。これは直弼の本心だったのだろう。

思いすてたる
身こそ安けれ

忠震にとって永蟄居と家督相続不認は意外の重罰であった。永井尚志は忠震と同じ永蟄居だったが、他の一橋派の幕臣、川路聖謨、大久保忠寛、浅野長祚、鵜殿長鋭、土岐頼旨などは隠居・謹慎程度であった。忠震は己が井伊直弼に憎まれていたのは自覚していたから已むを得ないと思っただろうが不服ではあったろう。特に当時の儒教道徳では「親に孝」と「家名の存続」が第一の徳目であったから彼は木村芥舟宛て書簡に「養父老衰後にこのようなことになって不幸の罪は逃れがたく」とか「自分は隠居を仰せつけられたのと同じだから、息子が祖父の跡を継ぐのは問題がないと思う（この時岩瀬家は義父忠正が当主で忠震は部屋住みだった）が、このことに障碍が生じては嘆息の至り。貴君に何分よろしくお願いしたいし、水野筑後守にもよろしくご伝声願いたい」と頼んでいる。彼は養子に来た岩瀬家に対して申し訳ないと思ったのである。

しかし江戸時代の武士、特に「徳川家の御恩」が心魂に徹していた忠震のような士は徳川将軍の命とあれば、それが本当は井伊直弼の個人的憎しみから出たものと知っていても、その処分に対して不平不満を口に出すことは嗜みとしてできなかった。だから彼はこの処分をできるだけ淡々と受け止めようとして、九月一日から約一カ月間、毎日詩を作り歌を詠んだ。最初の詩「籠の鳥を咏む」は、

○物は定分に安んじるを貴ぶ。籠鳥は嘻して（和らぎ）相呼ぶ。
噆々《チュクチュク》以て日を終え、復た天衢を恋わず。（天衢は自由な空）

である。忠震はこれで再び世に出ることはないと思い、小さな世界に安住しようと努めた。そしていっそ世の中のことをあきらめてしまえばそれなりの安心がある、と自分を納得させようとした。

行すえを　思ふもつらし　おもはじと　思ひすてたる　身こそ安けれ

それでも職を失い一室に蟄居する寂しさは言いようもなかった。そのような詩歌はたくさんあるが、十日ほど経つと忠震はやや落ち着きを得て昔のことを懐かしむ余裕ができてきた。九月五日には「一昨年九月には長崎に居て峨眉山（長崎市の東にある彦山）で月を見た」と想起して、

○風露凄涼夜色濃し。端なく往事心胸に臥す。満簷の明月水よりも清し。筆は落つ、娥眉最上峰。

という詩を作り、一昨年の旅行日記を改めて開き、詩句の改作を始めた。
しかしそのようなことをする際にも寂しさは身に染みた。

まぼろしの　めにはあとなき　世の中に　あとあるものを　見るぞはかなき

しかし忠震は自分の行為には絶対の自信があったから、九月七日には、

○報國丹裏、快、剣の如し。投荒、曾て神明に愧じず。（荒は夷人のこと）
嗤うに堪えたり、衆毒の漫ろに相い妬すを。洋外喧傳す、勇士の名。

という詩を作った。「国のために尽くしたのだから快い。外国人と交際したことは天地神明に対して愧じるところはない。衆愚（攘夷家や日和見）はこぞって嫉妬するが、海外では勇者として賞められているのだ」という意味である。

岐雲園と墨江の抱え屋敷

忠震は譴責を受けた直後の九月十月はもとの築地の家にいたが、彼は早く「荒川の葦穂」の方にある葛飾の里に隠遁したいと願った。それは九月初めに作った和歌、

世に住し　姿をかへて　あら河の　あし穂のかたに　身を隠さばや
まぼろしの　世をいとふ身は　うば玉の　夢にもかよふ　かつしかの宿

に示されている。この願いが認められて、忠震が隅田川の向こうにある「岐雲園」に移居したのは安政六年十一月半ばであった。

岐雲園は今の東武伊勢崎線東向島駅（永井荷風『濹東綺譚』の舞台、昔の玉ノ井である）に近く、百花園（新梅屋敷）や白鬚稲荷の北東にあった。それまで忠震は築地、現在の歌舞伎座と西本願寺の中間あたりに住んでいて、そこは木挽町に近く芝居小屋もある繁華の地であったから、隅田川の東岸に移

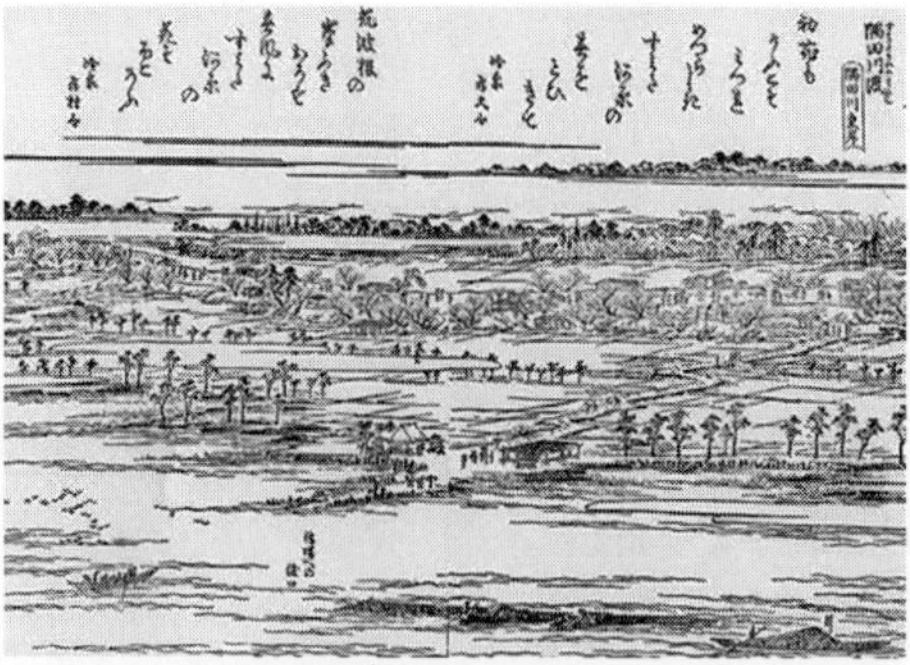

幕末の墨東（隅田川の渡し）
（『江戸名所図会』）

ればそこは本当に静かな隠棲地であったろう。もちろん墨東の地は文化文政の昔から文人墨客《ぼくかく》が遊んだところだから決して田舎ではなかったが、とにかく、

柴の戸は　人の訪ふべき　道もなし
野分折しく　すすきかるかや

○路は長堤に接して野趣、賒（豊）かなり。白鬚祠畔、是《これ》吾が家。秋風織り出す錦千聲。桔《き》梗《きょう》刈萱《かるかや》萩《はぎ》尾花《おばな》。

と忠震が詠むくらい自然が多い土地ではあった。忠震はこの地に移って本当に隠者になったような気がしたのだろう、実弟の設楽貞晋（我潤）が贈った詩の韻を踏んで「墨東に隠居したが、時に随って風物は豊かだ。この地で鷗鷺を友とし、書籍を読んで静かに暮らそう」という意味の詩を作っている。

岐雲園については雑誌『江戸』中の「蟾影集」末尾に平山成信（謙二郎の養子）の筆記がある。

岐雲園は向島白鬚祠の北東四町にある。昔、岩瀬蟾洲君は「魯岐雲の画巻」を手に入れたが、姫路藩の家老川合某氏がそれを譲ってくれと懇請したので、その意に従い画巻と外祖父林家の旧別荘とを交換した。岐雲の名はこれによって名付けたと云う。岩瀬君は蟄居後、鷗所と称してこの地で病没した。その後永井介堂君がこの園を購入して移居し、毎年岩瀬君の祭祀を行った。（明治二四年）介堂君が死去して園もまた廃されたが、白野夏雲氏の建てた碑のみは今も白鬚神社の境内に存する。白野氏は始め太田耕輔、岩瀬君の旧臣である。大正乙卯（四年）六月　成信記（原文語文）

その後の研究（竹内仲一『忠震会報・爽恢』第二号）によれば、岐雲園の譲渡を申し入れたのは忠震の側からであったという。画巻を譲ってくれと言った川合隼之助が偶然林述斎の別荘を所有していたというのはありそうもないから、この説の方が本当らしい。ただ、姫路藩家老の名前は高須書山という説もあり、入手の経緯にも別説があるが今となっては確定できない。介堂の死後、岐雲園には実業家の幸田成常が住み、その関係で弟の成行（幸田露伴）も一時住んだ。しかし大正年間にこの地は盛土されて住友ベークライト工場などが建ち、その後平成に入ってから墨田一丁目第二団地という高層アパート群になった。今この一角に「岐雲園跡」の説明板が立っている。

木村芥舟は「岩瀬君は岐雲園の庭が完成しないうちに永蟄居を命じられ、園に行くこともなく没した」と書いているが、これは間違いである。ただ芥舟が間違えたのには理由があって、忠震には別に抱え屋敷（拝領屋敷以外の屋敷）があった。安政六年九月二一日付けの芥舟宛て書簡に「先だって一年の支出を賄うほどの地面を買ったから自分の糊口は何とかなる。『分に安んじ足るを知る』を護符とするつもり」と書いているから芥舟はこれと岐雲園を混同したのかもしれない。

万延元年（一八六〇）秋の頃忠震は一年ぶりにこの別荘を訪れて「園には草が生い茂っているが鷗が自分を覚えていて窓近くに飛んでくる」と喜び、「昔は多忙だったが、今は毎日でもここに来てみたい」と詩に詠んだ。しかし病気が重くなって外出できなくなった。それで別荘を管理していた家来は翌年の春、その園で咲いた梅を届けた。忠震は喜んで「墨江の涯に別荘を買ったが、行きたくても行けない。幸いに園丁が歩けない私を憐れんで数本の梅の枝を贈ってくれた」という漢詩を作っている。鷗が飛んで来る「墨江の涯」だから抱え屋敷は深川か佃島の方にあったのだろう。

2　世を捨てた生活と友人との交流

気力の衰えと桜田事件の感慨

岐雲園に移った安政六年冬から忠震は体の衰えを感じ始めて、「ああ年を取ったなあ。白髪が増えて、家にじっとしているのに本も読まず、居眠りをすることが多い」という意味の詩を作り、また年の暮れには「養病十旬、雪、髭に満つ。箔《すだれ》を褰《かか》げて初めて驚く、歳ここに暮るるを」と詠んでいる。養病十旬なら、九月末すなわち蟄居を命じられた頃から忠震は病床に就いたのだろう。

この頃の詩歌には世間や人事はほとんど詠まれていないが、実父の設楽貞丈の二三回忌（貞丈は天保九年一月二一日に没した）の日が折しも雪となったので次の短歌を手向けた。

ふりしよを　忍ぶなみだの　つもりてや　はるもよそなる　雪となりけん

自分もいつまでか、と思った忠震は二一歳の時に死んだ父を偲んだのである。特に興味をそそられるのは晩春に作ったと思われる次の詩である。

○人間富貴是耶非　落魄街頭尚免饑　試看在家天眼鏡　光天雖好太危機

万延元年三月三日に井伊大老は桜田門外で暗殺されたが、この詩はこれに関する感想ではなかろうか。「現世の富貴はよいことか。落魄しても飢えるには至らぬ。家にある天眼鏡（虫眼鏡ではなく神通力のある眼鏡という意味）で見てみれば晴天で好いと思っていても甚だ危機なのかもしれぬ」という意味である。忠震は大老の横死を見て世の有為転変は測り難いと思ったのだろう。

岐雲園に移居した後、忠震は昔の旅の思い出より自然や花を詩歌に詠むことが多くなった。例えば、梅花を詠んだ次の詩、

○高格、人の識るなし。開いて寂寞の郷に在り。塵土も骨を涴《けが》さず。獨り揚ぐ世外の香。

は「世間を遠く離れても高貴な個性は自ずから現れる」という感想で、己の境涯に比したものであろ

う。また自画の墨竹図に題した、

○唯描神韻不描形　認柳疑蘆任客評　一笑前時狂大守　亦於畫裏得狂名

は、「他人は柳とも葦とも勝手に見るがいい、俺は神韻を描いたので形なんかどうでもいい。以前の気違い殿様（肥後守）は絵のほうでも『狂』の名を得たぞ」という意味である。

以上のような詩を読むと、この頃の忠震は昔の気分を失ってはいないが、もう一度政治や外交の第一線に立ちたい、という切迫した気持ちもなかったように思われる。病気が彼から「乃公出でずんば」という気力を奪ったのだろう。次の鶏の図に題した詩は「昔出張に出る朝はいつも、鶏鳴に遅れたな、と思いながら出発したが、今は病に伏して正午に鶏鳴をきくようになった」という感慨である。

○破風、幾歳、萬々程。晨征、毎《つね》に認む、新聲に後るるを。
病来、近日、多事無し。□裏閑かに亭午の鳴を聞く。

平山省斎および西洋の紙

井伊直弼が横死した後、大獄で罰せられた人も追々政治の舞台に戻ったが、それは忠震の死後であった。しかしそれ以前から監視の目は大幅に緩んだから、忠震も抱え屋敷に遊びに行ったり永井介堂や平山省斎と手紙のやり取りができるようになった。

平山謙二郎（敬忠、省斎）は忠震より三歳年長、下級の幕臣から徒目付となり、安政年間には堀利熙や岩瀬忠震など海防掛目付の従者として北海道や伊豆、長崎など日本全国を駆けまわった。彼は詩文が得意で仕事ができたから目付たちに愛されが、忠震の腹心であったために井伊直弼に忌まれ左遷された。しかし忠震の死後の文久二、三年頃から再び幕政に復帰して目付や若年寄・外国総奉行などの要職に就き対薩長主戦論を吐いたが、明治になると神道大成教を創立し、氷川神社や日枝神社の祠官として敬神愛国を唱えるという面白い人生を送った。彼の養子平山成信は明治期の官僚で、内閣書記官長（今の官房長官）、赤十字社社長などを務めたが、一方で特色ある雑誌『江戸』を発行して幕末の幕府の施策や幕臣の功績の顕彰に務めた。幕末歴史研究の恩人の一人である。

平山謙二郎の名は本書でも第三章の伊豆出張以来忠震の旅行記に時々出てきたが、彼は安政六年に左遷されそれ以来甲府に居た。忠震も昔徽典館で教えたから二人が詩文を往復すると、それは「夢は山紫水明の郷に飛ぶ」のように甲州の山紫水明を詠んだ詩やあるいは昔の旅の思い出になった。次の詩「名所圖巻頭に題す」は「昔の旅を今は画巻で偲んでいる」という内容である。

平山謙二郎（省斎）像
（『平山省斎と明治の神道』）

○山には群狼を叱し海には巨鯤。曽て期す、征旆

の乾坤に遍きを。　（乾坤は日本国中）
回思すれば今日、渾陳《みな》迹。畫巻、唯留む舊夢の痕。　（陳は古い）
日本の景色もだが、忠震は死ぬまで外国の事物が好きだった。例えば西洋紙に桜の絵を描いて、
○世界は萬國に交通す。天地は東西一家。かの欧羅巴の紙を以て、この亜細亜の花を寫す。
と賛をしている。

永井介堂

忠震が同僚として最も親しく付き合ったのは永井尚志（岩之丞、介堂）である。彼は忠震より二歳年長だったが若い頃から二人は一心同体ともいえる間柄だった。昌平黌にいた頃は林復斎の塾などで漢詩を作り合ったし、忠震が甲府徽典館から江戸に戻った時は入れ替わって尚志が徽典館に行った。それから五年後、目付になっていた忠震は下田からオランダ軍艦気付で長崎にいる尚志に漢詩を贈り（第三章）、二人は開国のために共同して働いた。安政五年七月末に尚志は勘定奉行から外国奉行に移り、翌年二月には軍艦奉行になったが、この時までは左遷というほどではなかった。しかし彼は熱心な一橋党だったから、同年九月に忠震と同じく永蟄居を命じられた。井伊直弼は尚志と忠震をもっとも憎んだのである。蟄居を命じられた時、忠震は木村喜毅宛の手紙に「永井はどうしているだろう。安否も分からない」と心配して書いている。このような間柄だったから二人

は監視が緩んだ万延元年秋からはよく詩文を往復した。そのやり取りは『猿鶴唱和』一巻になっている。まず介堂が芙蓉の花に附して、

　家の芙蓉の花を贈る。萎れないといいけれど。君が近くに居てももう一年以上会うことさえできない。鳥も友を求める、いわんや親友の二人だ。悲しいことだが人の一生は浮草のようなもの、離合は時の運である。世に時めいたとか捨てられたとか言うのは無用のことだ

という意味の詩を贈った。これに対して忠震はその韻を踏んで作詩したが、その内容は、「閏年は季節が暦より早く移る。まだ八月というのに秋も終わりのようだ。縁側の下の虫の音も少なくなり青桐（井戸周辺によく植えた）の葉も枯れだした。このように事物が移るにつけ君のことを思い出し憂いていたが、今、君の手紙が来て元気でおられることを知り、非常に安心した。君の手紙は友情に溢れ、一読して愁いも吹き飛んだ。顔は見られないがそんなことを恨まず互いの心を詩にして往返しよう。無言でいるより、別の道を取ろうではないか」というものである。こうしてそれから両者の

永井尚志（介堂）像
（『国史肖像大成』）

交流が復活した。次節に引く詩の多くは忠震が介堂に贈ったものである。

なお永井尚志はこの後、文久二年（一八六二）京都町奉行として政務に復帰し、以後大目付として幕末の京都で家茂、慶喜の政府を支え、戊辰戦争では榎本武揚と共に蝦夷地で戦った。箱館戦争で敗れた後一時獄に入れられたが間もなく赦され、明治五年に開拓使御用係として明治政府に出仕し、後に元老院権大書記官になり、明治二四年（一八九一）に七六歳で死去した。彼は忠震と共に働いた幕末と明治政府に出仕した後半生とを全く異なる二つの生のように感じただろうか、それとも日清戦争前の東京には江戸の名残りがあって、だんだんと文明開化したように思ったろうか。日本の開国を最初に計画し、それを見届けた尚志に聞いてみたいものである。

3　忠震の死と死後の追憶

重る病と死去

岐雲園に移った頃から忠震の病はますます重くなったが、これまでも病気は忠震につきものだった。三〇歳前の弘化年間（第一章）や三八歳の安政二年（第三章）は半年も床に臥している。彼の病気が何であったかは明瞭でない。血を吐いたり痔が悪かったりその他の症状もあったが、弟の設楽貞晋（我澗）が書いた「春山夢物語草案」によれば直接の死因は水腫病であったという。筆者は医学に疎いが、これら種々の症状の根本は結核にあったのではなかろうか。

文久元年が明ける頃忠震の病はますます悪くなった。忠震は死期が近いことを察して「その前に一

度春の景色が美しい別荘に行きたい」という望みを、

○二年跡を屛《とざ》し笻鞋（つえとわらじのこと）を廃す。病懶、迎春又一回。
　濹墅の韶華、想像するに堪う。鄭松陶柳、林梅に映ず。（鄭と陶は人名）

と詠み、また、荘子と同じく胡蝶に化して花を探りたいと思った。彼は隅田川の花をこよなく愛したからである。

○屛居、只天涯に在るに似て、都下の春光、幾度か差《たが》う。（差うは掛け違うこと）
　安んぞ得ん、斯の身胡蝶と化し、縦いままに亀戸墨田の花を探ることを。

墨田の花は見られなかったが、忠震は最後まで日本の政治情勢や外国の事物に興味をもち続けた。木村喜毅宛て文久元年の書簡には「新刊書」や「絵図引きの象牙の物差しや真鍮の半経規（コンパス）」のことがあり、また遣欧使節の人選について「随行目付は浅野氏祐か山口直毅のどちらかと思っていたのに意外な人選」と幕閣の目のないことを歎じている。また「君侯は流賊を捕えにもいかない」と書いているが、これは水戸藩の尊攘派（玉造勢）が関東一円で暴行を働いたのに水戸藩が彼らを討伐しないのを難じているのである。彼らはこの直後に東禅寺の英国公使館に討ち入った。

忠震がいよいよ悪くなったのはこの年の五月であった。四月二九日に忠震の家来の太田耕輔が永井介堂のところに「肉体が砕けても精神は衰えない。天賦の本性を養うとは道に従うこと、と私は曾て習った。英雄の生死は天の定め、今更薬に頼っても仕方がない」という意味の詩を持参した。その署名には「病鷗」（忠震の自称）とあった。そしてこれが忠震の最後の詩となった。

忠震の病が嵩じたことを知って木村喜毅は五月十七日に新鮮な蓴菜《じゅんさい》と洋糖（白糖）をもって見舞いに来てくれた。翌日忠震は「今日は胸隔に水が突き上げるようで甚だ困苦している。蓴菜は清涼だからこの症状の緩和にはもっとも適していると思う」という礼状を書いた。そして文久元年（一八六一）七月十一日に忠震は世を去った。文政元年（一八一八）十一月二二日の生まれから数えて四四歳、満で四二年八カ月の短い生涯だった。

介堂はこの年の重陽九月九日『猿鶴唱和』を終わるにあたって以上の事情を記した後「太田耕（耕輔、後の白野夏雲）は慎み深く誠実で鷗所兄がもっとも信愛した臣であった」と付記し、忠震死去の日に作った次のような詞書と挽歌を載せている（原漢文）。

自分と鷗所君は単なる友人というのではない。二人の志や境遇は符を一にするように似ていて、いわゆる断金莫逆の友と言ってもまだ足らず、真に一体分身の二人であった。しかしもう共に冥界に遊ぶことはできない。鷗所君の忌日は辛酉（文久元年、一八六一）の秋七月十一日である。嗚呼哀しい哉。今、机上には君が病間寄せた詩があるが、これが絶筆となった。自分は燈の下、悲吟してこの詩に次韻し、君の不帰の霊に告げる。胸が張り裂けるようで悲しみの措く所を知らない。

○膠漆、爾来盛衰無し。肺肝廿歳應に相知る。青山に長臥するは終天の恨。腸断、燈前竹皮に題す。（膠漆は仲の良いこと、肺肝は心の内、青山は墓所、腸断は激しい悲しみ）

岩瀬家のその後

忠震は家庭的には不幸に見舞われることが多かった。最初の妻岩瀬氏は名を孝子といい、十四年の結婚生活の後、嘉永六年忠震三六歳の時に死んだ（第二章）。数年後忠震は旗本津田氏の娘と再婚し、京都に出張していた時は「反物類、町便に附し持たせ遣わす。寒室へ一封遣わす」（安政五年三月二一日）など妻（寒室）宛てによく手紙を出している。ただ彼女津田氏の名前は分からない。忠震には岩瀬氏との間に十人ほどの子どもができたが男子は皆病弱であった。子どもが育たないのは江戸時代にありがちのことではあったが、三人のうち成人したのは忠斌《ただたけ》（通称修理）のみであって、その忠斌も忠震が死ぬ一カ月前、文久元年六月に十六歳で死んだ。

女の子は六人が成人し、みな幕臣に嫁した。長女誂子は安政四年に池田政杲《まさあきら》（林復斎の子、池田家に養子）と結婚した。次女幸子は岡部長常（長崎奉行や外国奉行を歴任した忠震の同僚）の養女となって山高信離《やまたかのぶつら》に嫁した。山高信離は、慶応三年（一八六六）のパリ万国博参加のために徳川昭武一行が渡仏した際その御付き武官として同行し、明治期には帝室博物館長（上野の国立博物館）などを務めた。三女は本多忠宏に、また庶出の女の子は竹内正時に嫁した。以上は文久元年までに結婚していた（文久元年林鶯渓が撰した墓碑銘)。この後、六女吉子が本山漸《すすむ》に嫁した。本山漸は丹後田辺藩士の子、蘭学を学び幕臣高松氏の養子となって幕府の軍艦奉行組で海軍術を学んだ。明治期に本山漸と改名して明治二年から築地の海軍操練所に奉職し、その後主に兵学校や軍務局畑を歴任して明治二六年(一八九三)に海軍少将として退役した。またもう一人の女の子も後に一色家に嫁いだ。

忠震は永蟄居を申し渡された時、老いた義父に申し訳がない、と自責したが、その老父岩瀬忠正も忠震の死の二カ月半後、九月二六日に死去した。岩瀬家は跡継ぎの忠斌、忠震本人、老父忠正が六月、七月、九月と相次いで死んだわけで文久元年は悲劇の年であった。こうして岩瀬家は絶家状態になったが、文久三年十一月に忠震の養子として岩瀬氏善の次男忠升《ただのり》(通称修理)が認められた。岩瀬氏善は飯倉片町に屋敷があった一七〇〇石の旗本で小姓組番頭などを務めた人であって、忠震の岩瀬家の本家筋に当たる。忠升は養子になる前に木村喜毅などの尽力で両番入りしていた。喜毅は日記に「これで少しは忠震君の霊を慰めることができた。このように嬉しいことはない」と書いている。しかし忠升も間もなく死去したので岩瀬家は絶家となった。もっと昔ならなんとか家を存続させたかもしれないが、幕府そのものがなくなる時代だったから仕方がなかったのだろう。

忠震の墓と顕彰

忠震は岩瀬家の墓所、白山の蓮華寺に葬られ、爽恢と諡《おくりな》された。爽は「颯爽」の爽でさわやかなこと、恢は広く大きい、特に志が大きいことを意味する。忠震にぴったりな諡号である。蓮華寺の墓はその後荒れたので明治四二年に平山成信(敬忠の子)が忠震の六女吉子の夫本山漸と相談して墓を雑司ヶ谷に移した。この時忠震の従兄の林晃(鶯渓)が撰した墓碑銘も発見された。

忠震の偉業は明治維新になってから埋没した。明治政府は自分たちの正当性を宣伝するために「尊王」すなわち錦の御旗を掲げたが、日本人のほとんどが西洋文明崇拝に趨《はし》るようになると、今度は自分たちの昔の「攘夷」は棚に上げ「進取開国」も自分たちが行ったふりをしなければならなくなった。だから幕府開明派の業績を隠した。少なくとも幕府が開国を行ったとは言わなくなった。

こうして忠震は忘れ去られたが、明治も数年経つと政府もやや安定し新聞もいろいろ発行され、その結果旧幕時代の真実の歴史もおいおい語られるようになった。そして当時の有力な新聞人すなわち「朝野新聞」の成島柳北、「郵便報知」の栗本鋤雲、それに明治政府寄りではあったが「東京日日新聞」の福地桜痴などはみな旧幕臣であって、彼らは「幕府こそ開国の実行者」という自信を持っていた。中でも鋤雲は昌平黌の学友岩瀬忠震の偉蹟を顕彰しようと思い、明治十一年に郵便報知新聞に自分の随筆欄「出鱈目草紙」を持つや、その第一回に「岩瀬肥後守の事歴」を載せた。これについては拙著『栗本鋤雲』に書いたからここでは省略するが、最初に忠震に光を当てたのは鋤雲である。

鋤雲に次いで忠震の旧家臣今泉耕作（耕輔とも）が忠震の顕彰碑を建てた。耕作は忠震より九歳年少、甲斐の代官の手代の子として生まれ、忠震が甲府徽典館に来た時にその学僕となった。忠震は彼を愛して江戸に連れ帰り、その後は公私のこと一切を彼に委任した。耕作は幕末には天狗党征伐に行ったり彰義隊として戦ったりしたが、明治になると物産地質の専門家として北海道開拓使や東京の地理局あるいは鹿児島県に勤めた。彼の著作にはアイヌ語の地名や鹿児島の魚譜、トカラ列島の図譜などがあり、どれも先駆的な研究であった。耕作は都留郡白野村（現大月市笹子町）の出身だったから維新後に白野夏雲と改名したが、永井介堂は「太田耕」と書いているから、太田と称した時期があったことは確実である。夏雲は最後に札幌神社（現北海道神宮）の宮司となってその環境整備に努め官幣大社昇格を果たしたが、明治三二年（一八九九）に死去した。

夏雲は明治十六年に永井介堂を岐雲園に訪い「鷗所先生が亡くなって二十三年、岩瀬家の後は絶えて先生の業績も隠滅しようとしている。自分は岐雲園近くの白鬚神社に先生の顕彰碑を建てようと思うからその碑文を書いてほしい」と依頼した。介堂は快諾して碑文を草した。この碑は今も白鬚神社に存していて、忠震関係の種々の本にその全文がある。

介堂の碑文の中でこれまで本書で紹介しなかった内容が一つある。それは「（忠震には）藻鑑の明有りて常に養才取士の事に汲々たり。故に幕末知名の士は多くその識抜に出づ」という箇所、すなわち忠震に人を見る目があったというところである。栗本鋤雲もその例として「矢田堀景藏、勝麟太郎を小普請から抜擢して長崎海軍伝習所でオランダ海軍術を学習させ、平山謙二郎や河津三郎太郎（祐邦、遣欧使節の副使）を配下に置き、下曽根金三郎、江川太郎左衛門に洋砲訓練を任し、箕作阮甫《げんぽ》、杉田玄端を蕃書調所の教官とし、儒官古賀謹一郎（増、茶渓）を調所頭取にするなど、忠震の人材抜擢は枚挙に暇がない。」と書いている。介堂は墓碑の最後に、「忠震君は眉目秀麗で、自分の保身など考えず思った通りを断行した。大獄に連座して蟄居させられた後は絵画に心を注いだ。自分の心に恥じることも人に恥ずかしく思うこともない。今その魂は天に帰った」という銘（その人の一生のまとめ、四字の詩）を記している。

現代に甦る忠震

忠震が死んでから明治維新（一八六八）まで七年である。攘夷運動は忠震の生前から始まっていて万延元年（一八六〇）には日米通商交渉の通訳を務めたヒュースケンなどが攘夷の志士に殺され、また文久元年（一八六一）五月には水戸の脱藩者が高輪東禅寺のイギリス公使館に討ち入った。その後も攘夷運動は衰えなかったが、元治元年（一八六四）に英仏米蘭四国艦隊による下関砲撃によって長州藩が大敗すると、これが日本の攘夷運動に終止符を打った。攘夷運動のほかに尊皇運動、反幕府運動も桜田事件以後急激に盛り上がり、紆余曲折はあったが結局この運動が徳川幕藩体制を終息させた。我々が幕末の動乱と呼ぶのはおおむねこれらの事件であって、みな忠震死後のことである。

明治維新を迎えると日本人は西洋に心酔して鹿鳴館時代を現出するほどになったが、忠震が「貿易をして富国強兵を進め、公使や留学生を派遣して西洋の良い所を学ぶのだ」と上申したのは安政四年（一八五七）のこと、明治維新の十年も前である。栗本鋤雲が「岩瀬肥後守の事歴」に「明治元年一月に天皇は和親通商を国是とすると宣言された。これによって全国民を覆っていた雲霧は一洗され、幕府の開国路線を因循姑息と非難していた者も影を潜めた。そして岩瀬君の志は、その墓に植えた樹木が大木になった今日（明治十一年）に至って漸く実現された」（原文語文）と書いたのは決して誇大の言ではない。忠震は真の意味で先覚者、それも明るい希望をもった先覚者であったのだ。

忠震は大正四年に正五位を追贈された。幕臣で死後贈位されたのは川路聖謨、池田長発（文久三年幕の遣欧鎖港使節団の正使）、岩瀬忠震、それに小野友五郎（数学、海軍技術、製塩業などに通じた幕末の技術官僚）の四人のみであるという。これらの人にとって正四位や五位は何ほどのものでもないが、明治維新から五〇年経つと明治政府もある程度は彼らの功績を認めたのである。また横浜市は昭和五七年「開港の恩人」として初代アメリカ領事館が置かれた高島台本覚寺の境内に「横浜開港之主唱者岩瀬肥後守忠震顕彰碑」を建てて彼の業績を讃えた。

昭和三六年頃に白野夏雲の孫白野峰松氏が早稲田大学に忠震の長崎出張の際の道中日記などを寄贈された。これは忠震に関する第一級の資料である。昭和六一年に愛知県新城市に「忠震会」が創立された。新城市設楽原は忠震の生家設楽氏の旧領地であって、この会はその地の代官であった瀧川氏の後裔滝川一美氏が主唱して結成されたものである。会では新城市勝楽寺に石碑と撰文を建て、毎年会報『爽恢』を発行して忠震の顕彰に努め、また新城市設楽原歴史資料館（平成八年開館）と協力して忠震に関する資料収集や展示を行っている。石碑の撰文は国学院大学名誉教授の瀧川政次郎氏によるもので、その中に「天まさに忠震を降して日本の危機を救ふといふべし」の一文がある。平成二八年には滝川一興氏が歴史資料館敷地に忠震の銅像を建てられた。以上のように忠震を顕彰する気運は地味ではあるが途切れることなく続いている。これは忠震が日本の行くべき道を明示した最初の人であって、その後の日本の進路は彼の予言どおりに進んだことを証するものである。

参考文献

岩瀬忠震自身が書いた文書・話した会話の筆記・および絵画

上書類（幕府や老中への提出書類）および外国使節（ハリスなど）との対話書

東京大学史料編纂所『大日本古文書・幕末外国関係文書』東京大学出版会、逐次発刊。

＊安政三年半ばから安政五年初めまでの部の各所にある。

履歴書

『出鱈目草紙』郵便報知新聞「小言」欄、明治十三年十月五、七、八、九日。

漢詩集（短歌を含む）

『蟾洲詩稿』（自天保十三年［一八四二］至嘉永四年［一八五一］）、東京大学史料編纂所蔵、写本。

＊忠震の従弟林晃（鶯渓）が保存したものが東京帝大史料編纂所に引き継がれたのだろう。

『蟾影集』雑誌『江戸』第一、二号、江戸舊事采訪会発行、一九一五年、活版。

＊平山家に伝えられた安政前期から万延年間までの漢詩一〇〇首弱が掲載され、他に岐雲園の由来記、林晃や永井尚志の「墓誌」などが附記されている。

『続題画詩類（編）』国会鷗軒、稿本（著者未読）。

『岩瀬鷗所日記』第一巻、早稲田大学図書館蔵。

＊嘉永五年から安政四年までの漢詩と短歌集、写本。

『岩瀬鴎所日記』第六巻、早稲田大学図書館蔵。
＊安政六年から文久元年まで三年間の漢詩と短歌集、写本。
＊『岩瀬鴎所日記』は岩瀬関係書類として最も重要なもので、六巻本（写本）の全てが早稲田大学図書館のホームページ上で公開されている。『岩瀬鴎所日記』にはいくつかの錯簡がある。
『猿鶴唱和』永井介堂編。
＊介堂と忠震の漢詩、種々の人の弔詞挽歌なども附記されている。写本。
＊筆者は新城市の「忠震会」から永井家所蔵文書のコピーをいただいて読んだ。

旅行記類

『岩瀬鴎所日記』第二～四巻、安政四年の長崎往還日記、写本（錯簡がある）。

『岩瀬鴎所日記』第五巻、安政五年の京都往還および滞在日記、写本。

『豆役日乗』安政二年の伊豆半島出張中の日記。
＊現在行方不明だが、京口元吉氏の論文（後掲）にその一部がある。
『峡饕課余』広島大。（著者未読）

書　簡

『山口直亮宛書簡』一通（栗本鋤雲『匏庵遺稿』五〇〇頁）。

『大槻盤渓宛書簡』早稲田大学所蔵（早稲田大学のホームページで見られる）。

『木村喜毅（芥舟）宛　岩瀬忠震書簡注解』忠震会岩瀬忠震書簡研究会編、一九九三年。
＊原本は慶應義塾福澤研究センター編集のもの。
『橋本左内宛　岩瀬忠震書簡注解』忠震会岩瀬忠震書簡研究会編、二〇〇四年。
＊原本は国会図書館『橋本左内全集』にある。

漢詩と絵画（写真図版等）

『開国の星・岩瀬忠震』新城市設楽原歴史資料館、二〇〇四年。

＊忠震筆の絵画や漢詩の展覧会の色刷り図録で、たくさんのものが収められている。

忠震の著述以外の文献

岩瀬忠震の伝記

川崎紫山『幕末三俊』春陽堂、一八九七年。

京口元吉「岩瀬肥後守忠震とその手記」早稲田大学史学会『史観』第六二冊、一九六二年。

栗本鋤雲『匏庵遺稿』続日本史蹟協会叢書、東京大学出版会、一九七五年（初出は一八七八年）。

＊「岩瀬肥後守の事歴」は『匏庵十種』中の『漫録』の冒頭にある。

林晃（鶯渓）と永井介堂の墓碑銘（前出の『蟾影集』を見よ）。

福地源一郎『幕末政治家』岩波文庫（青一八六の一）、二〇〇三年（初出は一八九八年）。

松岡英夫『岩瀬忠震』中公新書、一九八一年。

森篤男『横浜開港の恩人・岩瀬忠震』横歴双書、横浜歴史研究普及会、一九八〇年。

『岩瀬忠震』新城市設楽原歴史資料館、資料集第二集。

その他の参考文献

石田千尋「幕末開国期における日蘭貿易」鶴見大学紀要第五一号第四部、二〇一四年。

小野寺龍太『古賀謹一郎』ミネルヴァ書房、二〇〇六年。

――『栗本鋤雲』ミネルヴァ書房、二〇一〇年。

L・オリファント『エルギン卿遣日使節録』岡田章雄訳、雄松堂、一九六八年。

木村芥舟『菊窻偶筆』私家版。

――『黄粱一夢』私家版。

木村紀八郎『軍艦奉行木村摂津守伝』鳥影社、二〇一一年。

木村喜毅『木村摂津守喜毅日記』塙書房、一九七七年。

高村直助『永井尚志』ミネルヴァ書房、二〇一五年。

土居良三『軍艦奉行木村摂津守』中公新書、中央公論社、一九九四年。

徳富蘇峰『(近世日本国民史)堀田正睦二～五』講談社学術文庫四六二～五、一九八一年。

――『(近世日本国民史)井伊直弼』講談社学術文庫六一五、一九八三年。

――『(近世日本国民史)遣米使節と露英対決篇』講談社学術文庫一〇〇二、一九九一年。
＊『近世日本国民史』は全一〇〇巻で民友社・明治書院本と時事通信社本があるが、忠震に関する部分はこの六冊の学術文庫本にほとんど収められている。
鳥井裕美子「オランダ人と絵踏」上智史学二五、一九八〇年。

内藤耻叟『安政紀事』幕末維新史料叢書六、人物往来社、一九六八年。

中根雪江『昨夢紀事』日本史蹟協会叢書、東京大学出版会、一九八九年(初出は一八六〇年)。

ハリス『日本滞在記』坂田精一訳、岩波文庫(青四二三)、一九五三年。

ファビウス『海国日本の夜明け』フォス美弥子訳、思文閣出版、二〇〇〇年。

福地源一郎『懐往事談・幕末政治家』続日本史籍協会叢書、東京大学出版会、一九七九年。

松平春嶽『逸事史補』(松平春嶽全集一所収)原書房、一九七三年。

原書房『江戸幕府旗本人名事典』一九八九年。

あとがき

本書を書き終えて私は改めて岩瀬忠震という人物が好きになった。彼のように気持ちの良い人物は日本の歴史上滅多にいないだろう。あれだけの大事業を成し遂げながら彼には大層ぶったところが微塵もなく、さればといって変に謙遜ぶるところもなかった。思った通りに物を言い、明るく人の悪口を言って笑った。こんな人と話したらさぞ面白かろうと思わせる人である。

そのような彼の魅力を充分に描こうとしたので叙述が長くなり、御覧の通り本書はかなり大部のものになってしまった。著者としては彼の周辺の人々、例えば永井尚志、木村喜毅、平山敬忠、それに瀧川一清、白野夏雲などの事をもう少し書きたかったが、紙面の都合で割愛あるいは短縮せざるを得なかった。それぞれの人には伝記が出ているから興味のある読者は併せて読んでいただきたい。

私は幕末の幕臣の伝記としてすでに『古賀謹一郎』と『栗本鋤雲』を上梓したが、本書の岩瀬忠震と合わせてこれらの人には深い漢学の素養とともに西洋文明に対する強い好奇心があった。著者が尊敬する比較文学研究者平川祐弘先生が言われる「三本足の学者」すなわち和漢洋に通じた学者であった。このように深い学殖をもった人たちが政治にも携わった幕末の日本は面白い時代であったと思う。

私は岩瀬忠震と何の関係もないが、新城市で忠震の記念碑を仰いだ時、その撰文が国学院大学名誉教授瀧川政次郎先生であることを知って奇遇に驚くとともに懐旧の情に堪えなかった。というのは私は大学生の頃に瀧川先生と何度かお目にかかり、名著『吉原の四季』を頂戴したこともあるからで、今回、幕末史においても先生と同じ判断ができたことをとても嬉しく思った。

本書を書く際、文献解読や文献の紹介、図版作成などで愛知県新城市の「忠震会」の方々には大変お世話になった。忠震会会報『爽恢』や設楽原資料館発行の図録『開国の星・岩瀬忠震』がなかったら忠震の家族について書くのは難しかったろうし、絵画は全然見つけられなかっただろう。特に前会長故滝川一興氏、現会長滝川一成氏、事務局長故森野進氏および新城市設楽原歴史資料館学芸員の湯浅大司氏に厚くお礼申し上げる。滝川一興氏と森野氏には是非本書を見てほしかったが、つい最近死去された。本書を墓前に捧げたいと思う。またミネルヴァ書房の堀川健太郎氏には本書の体裁について助言をいただき、発行に際してお世話になった。付記して謝意を表する。

平成二九年十一月一日

福岡市南当仁公民館事務室にて　　小野寺龍太

岩瀬忠震略年譜

和暦	西暦	齢	関係事項	一般事項
文政 元	一八一八	1	11・21江戸愛宕下西久保我善坊谷に生まれる。父は設楽貞丈、母は林氏（述斎の女）。昌平黌で学ぶ。	
一一	一八二八	11	父設楽貞丈『蒲桃図説』を著す。	
天保 九	一八三八	21	1・21父貞丈死去。	
一一	一八四〇	23	5・23岩瀬忠正の養嗣子となり、長女孝子と結婚。以後、木挽町築地中通に住む。	
一二	一八四一	24	7・20外祖父林述斎死去。	この頃から天保の改革。
一三	一八四二	25	子供を亡くす。	外国船打払令を止める。アヘン戦争後南京条約締結。
一四	一八四三	26	昌平黌乙科に合格し銀十枚拝領。長女誂子誕生。	
弘化 元	一八四四	27		オランダ国王の開国勧告書来る。
二	一八四五	28	この頃病気がちだった。アヘン戦争の詩を作る。	阿部正弘老中首座になる。この頃から外国船の日本近海航行が急増する。

嘉永 二	一八四九	32	2・3西の丸御小姓組番士となる（切米三〇〇俵）。11・18甲府徽典館学頭を命じられる（手当三〇人扶持）。	この頃幕府は海防を考え始める。
三	一八五〇	33	1月下旬甲府に出発。著述『御嶽遊記』。	
四	一八五一	34	2月中旬甲府から戻る。4・23昌平黌教授方出役。著述――天保十三年から嘉永四年まで十年間の漢詩を集めた詩集『蟾洲詩稿』。	
六	一八五三	36	秋、妻孝子が死去する。10・8徒頭になる。11・7布衣の位に昇る。	6・3アメリカ使節ペリー浦賀に来航。7・18ロシア使節プチャーチン長崎に来航。
七（安政 元）	一八五四	37	1・22目付（海防掛）になり浦賀に急派される。4・4台場建設、大砲鋳造、大船製造の補助を命じられる。5・9下田御用を命じられ、その後、江戸での蝦夷地御用や操船訓練、大砲打ち訓練の見分、および軍制改革と講武所設立御用も命じられる。6・18長崎・下田・浦賀での外国船応接の際には出張させる、と阿部正弘から命じられる。11月江川太郎左衛門と鳳凰丸に同乗する。12月ロシア問題で上申書を提出する。	1・16ペリー浦賀に再来する。3・3日米和親条約が締結され、この後、英露蘭とも和親条約が結ばれる。9・10忠震の絵の先生椿椿山死去。阿部正弘の幕政改革で、海防掛に川路聖謨、水野忠徳（以上勘定奉行系）筒井政憲、永井尚志（目付系）など、箱館奉行に堀

安政 二	一八五五	38	1・14領事駐在問題で古賀謹一郎と対話する。2・13対露交渉のため下田に出張する。3・10一旦江戸に戻る。3・20再び下田に出張し、大砲打ちを試みる。4・25伊豆七島巡視に出発したが悪天候のため江戸に帰る。9月木村喜毅の目付登用に尽力する。蕃書調所取り立てや旭日丸の製造および西洋式軍制改革などに尽力する。この頃旗本津田氏の娘と再婚する。	利熙など、講武所に高島秋帆、海軍伝習所に勝麟太郎、矢田堀景蔵など、蕃書調所に古賀謹一郎などが起用された。3・22プチャーチンなどロシア人が戸田丸で帰国する。10・2安政の大地震で死者四〇〇〇人、藤田東湖圧死する。10・9堀田正睦老中首座になる。幕府は蝦夷地を幕府直轄にし、洋式銃陣訓練を行い、長崎に海軍伝習所を設ける。
三	一八五六	39	3・16老中たちと小金井の花見に行く。4・16下田に短期間出張する。8・25四度目の下田出張に出発する。下田でハリスと対面し、オランダ船将ファビウスから長崎の永井尚志の動静と自由貿易の話を聞く。10月ハリス出府容認の目付系上申書を執筆する。11・20伊達宗城に海外渡航の夢を語る。12・16諸大夫となり伊賀守を名乗る。	4・25講武所を開く。7月、蘭領事キュルチュスから自由貿易要望書が来る。7・21米領事ハリス下田に来る。この頃から徳川斉昭が攘夷的書簡を京都に送り始め、松平慶永などが次の将軍として一橋慶喜を推し始める。

和暦	西暦	齢	略歴	一般事項
四	一八五七	40	4月頃、老中堀田の諮問に対して「開国、貿易、海外渡航」を力説した上申書を提出する。4・24長女誂子が池田政杲に嫁す。5・21対蘭交渉のため中山道経由で水野忠徳と長崎に向かう。8・29日蘭和親条約追加条約（事実上の通商条約）に調印する。9・7日露追加条約に調印する。9・23長崎を発って天草を巡視し、瀬戸内海から紀伊半島沿岸を回って江戸に戻る。著述『丁巳征西および東還日乗』。10・21伊賀守を肥後守に改める。11・6旅中、「横浜開港意見書」を老中に提出する。12・4下田奉行井上清直とともにハリスとの応接掛を命じられる。12・11蕃書調所でハリスとの通商条約交渉を始める。以後翌年一月十二日まで計十三回の談判。12・29、30諸大名に日米条約を説明する。	1・18蕃書調所を開く。2・1蘭領事キュルチュスから広東焼き払いのニュースが来る。6・17阿部正弘が没する。8・4プチャーチン長崎に入港する。10・21ハリスが将軍に大統領の書簡を手交し、老中に世界情勢を説く。11・1幕府、開国貿易について諸大名の意見を徴する。
安政 五	一八五八	41	1・21堀田正睦に随行して京都に向けて出発する。2・11議奏・伝奏に外国情勢と通商不可避を演説し、朝廷に上奏文を奉呈した。3・24越前藩士橋本左内と初めて会見する。3・25江戸に向けて出発する。4・14築地の自宅で、橋本左内と一橋慶喜世子―松平慶永宰輔の計画を立てる。4月下旬ハリスと7月	3・12攘夷公家八八人、外交を幕府に委任することに反対する。3・20条約調印反対の勅書が出る。4・20堀田正睦江戸に戻り、世子を一橋慶喜にするよう将軍に進言する。4・23井伊直弼が

末までの条約調印延期を合意し、井伊大老に兵庫開港や条約の定期調印の必要を激論する。6・18米艦上でハリスと会い、江戸に戻って条約調印を主張する。6・19井上清直とともに日米通商条約に調印する。7・8水野忠徳や永井尚志、井上清直、堀織部とともに新設の外国奉行になる。7・10日蘭通商条約、7・11日露通商条約、7・18日英通商条約に調印する。英国使節エルギン卿の秘書オリファントに英語を習う。9・3日仏通商条約に調印する。9・5作事奉行に左遷される。12月頃『地理全志』上編五巻を自費で出版する。下編は翌年夏に出版された。作事奉行に移された後、死去するまで漢詩を作り書画を描く生活を続けた。

大老になる。5月以後一橋派の幕臣が左遷される。6・17ハリスが英仏連合艦隊の来日を予告する手紙を幕府に送り、自ら神奈川に来る。6・21井伊直弼は条約調印を宿継奉書で朝廷に報告し、堀田正睦と松平忠固を免職にする。6・24徳川斉昭など江戸城に上り、条約調印などで井伊直弼など老中を問責する。6・25幕府は紀州慶福（徳川家茂）を継嗣に定め、7・5徳川斉昭に謹慎、松平慶永に隠居・謹慎、一橋慶喜に登城禁止を命じる。7・6将軍徳川家定が死去する。8・8朝廷から水戸藩などに条約締結反対の勅書が下る。9・7浪士梅田雲浜が京都で逮捕される（安政の大獄の始まり）10・23橋本左内が江戸で

六	一八五九	42	安政五年と六年に長崎目付の木村喜毅と多くの書簡を往復する。8・27安政の大獄で永井尚志とともに永蟄居の処罰を受ける。11月中旬築地の自宅から向島の岐雲園に移居する。年末に『瀛環表』を出版する。	拘禁される。10・25徳川家茂が将軍に任じられる。12・30朝廷から老中間部詮勝に条約調印了解の勅諚が下る。4月安政の大獄で京都の公家たちに謹慎などの罰が下る。8・27徳川斉昭に国元永蟄居、一橋慶喜に隠居・謹慎、水戸藩士安島帯刀に切腹などの罰が下る。10・7橋本左内が死罪になる。
七（万延元）	一八六〇	43	桜田事件以後、監視の目が緩み、永井尚志や平山敬忠などと詩文の交換をする。	1・13木村喜毅など咸臨丸で米国に向かう。1・18新見正興などの使節団が米国に渡る。3・3井伊大老が水戸浪士に桜田門外で暗殺される。9・4幕府、一橋慶喜、松平慶永などの謹慎を解く。10・13英仏軍が北京に入城し円明園を略奪する。12・5米国通訳官ヒュースケンが三田で浪士に斬殺される。

万延 二（文久 元）	一八六一	44	5・26次女幸子が岡部長常の養女となって山高信離に嫁す。6・13嗣子忠斌が死去する。7・11岐雲園で死去する。9・26養父忠正が死去する。11・14養子として岩瀬氏善の次男忠升が認められる。	2・3ロシア軍艦が対馬占領を企てる。3・23幕府が欧米諸国に江戸大坂兵庫新潟の開市開港の七年延期を申し入れる。5・28水戸浪士が英国領事館東禅寺に討ち入る。
			＊＊＊	
文久 三	一八六三		幕府が罪を赦す。	
明治一一	一八七八		栗本鋤雲が郵便報知新聞に「岩瀬肥後守の事歴」を掲載する。	
一六	一八八三		白野夏雲が白鬚神社に永井介堂撰文の顕彰碑を建てる。	
大正 四	一九一五		正五位を追贈される。	
昭和五七	一九八二		横浜市が高島台本覚寺に「横浜開港之主唱者　岩瀬肥後守忠震顕彰碑」を建てる。	
六一	一九八六		愛知県新城市に「忠震会」が作られ、川路勝楽寺に「岩瀬肥後守忠震顕彰之碑」が建てられる。	

人名索引

あ 行

か 行

さ　行

た　行

な　行

は　行

ま　行

や・ら・わ行

事項索引

あ　行

か　行

さ　行

た　行

な　行

は　行

ま　行

や・ら・わ行

《著者紹介》

小野寺龍太（おのでら・りゅうた）

1945年　生まれ。
1963年　福岡県立修猷館高等学校卒業。
1967年　九州大学工学部鉄鋼冶金学科卒業。
1972年　九州大学大学院工学研究科博士後期課程単位取得退学。
　　　　九州大学工学部材料工学科教授を経て，
現　在　九州大学名誉教授（工学博士）。
　　　　日本近代史，特に幕末期の幕臣の事跡を調べている。
著　書　『古賀謹一郎』ミネルヴァ書房，2006年。
　　　　『栗本鋤雲』ミネルヴァ書房，2010年。
　　　　『日露戦争時代のある医学徒の日記――小野寺直助が見た明治』
　　　　弦書房，2010年。
　　　　『幕末の魁 維新の殿』弦書房，2012年。
　　　　『愚劣の軌跡』春吉書房，2017年。

ミネルヴァ日本評伝選

岩《いわ》瀬《せ》忠《ただ》震《なり》

――五州何ぞ遠しと謂わん――

2018年１月10日　初版第１刷発行　〈検印省略〉

定価はカバーに
表示しています

著　者　小野寺　龍　太
発行者　杉　田　啓　三
印刷者　江　戸　孝　典

発行所　株式会社　ミネルヴァ書房

607-8494 京都市山科区日ノ岡堤谷町１
電話代表（075）581-5191
振替口座 01020-0-8076

共同印刷工業・新生製本

ISBN978-4-623-08259-9

Printed in Japan

刊行のことば

歴史を動かすものは人間であり、興趣に富んだ人間の動きを通じて、世の移り変わりを考えるのは、歴史に接する醍醐味である。

しかし過去の歴史学を顧みるとき、人間不在という批判さえ見られたように、歴史における人間のすがたが、必ずしも十分に描かれてきたとはいえない。二十一世紀を迎えた今、歴史の中の人物像を蘇生させようとの要請はいよいよ強く、またそのための条件もしだいに熟してきている。

この「ミネルヴァ日本評伝選」は、正確な史実に基づいて書かれるのはいうまでもないが、単に経歴の羅列にとどまらず、歴史を動かしてきたすぐれた個性をいきいきとよみがえらせたいと考える。そのためには、対象とした人物とじっくりと対話し、ときにはきびしく対決していくことも必要になるだろう。

今日の歴史学が直面している困難の一つに、研究の過度の細分化、瑣末化が挙げられる。それは緻密さを求めるが故に陥った弊害といえるが、その結果として、歴史の大きな見通しが失われ、歴史学を通しての社会への働きかけの途が閉ざされ、人々の歴史への関心を弱める危険性がある。今こそ歴史が何のためにあるのかという、基本的な課題に応える必要があろう。評伝という興味ある方法を通じて、解決の手がかりを見出せないだろうかというのも、この企画の一つのねらいである。

狭義の歴史学の研究者だけでなく、多くの分野ですぐれた業績をあげている著者たちを迎えて、従来見られなかった規模の大きな人物史の叢書として、「ミネルヴァ日本評伝選」の刊行を開始したい。

平成十五年（二〇〇三）九月

ミネルヴァ書房

ミネルヴァ日本評伝選

企画推薦
梅原 猛
ドナルド・キーン
佐伯彰一
角田文衞

監修委員
上横手雅敬
芳賀 徹

編集委員
石川九楊
伊藤之雄
猪木武徳
今谷 明
今橋映子
熊倉功夫
佐伯順子
坂本多加雄
武田佐知子
竹西寛子
西口順子
兵藤裕己
御厨 貴

上代

＊俾弥呼 古田武彦
日本武尊 西宮秀紀
＊仁徳天皇 若井敏明
雄略天皇 吉村武彦
継体天皇 若井敏明
＊蘇我氏四代 遠山美都男
推古天皇 義江明子
聖徳太子 仁藤敦史
斉明天皇 武田佐知子
＊小野妹子・毛人・毛野 大橋信弥
＊額田王 梶川信行
弘文天皇 遠山美都男
天武天皇 新川登亀男
持統天皇 丸山裕美子
阿倍比羅夫 熊田亮介
＊藤原四子 木本好信
＊柿本人麿 古橋信孝
＊元明天皇・元正天皇 渡部育子
聖武天皇 本郷真紹
光明皇后 寺崎保広
＊孝謙・称徳天皇 勝浦令子
藤原不比等 荒木敏夫
橘諸兄・奈良麻呂 遠山美都男
吉備真備 今津勝紀
＊藤原仲麻呂 木本好信
道鏡 吉川真司
＊藤原種継 木本好信
＊大伴家持 和田 萃
＊行基 吉田靖雄

平安

＊桓武天皇 井上満郎
嵯峨天皇 西別府元日
宇多天皇 古藤真平
醍醐天皇 石上英一
村上天皇 京樂真帆子
花山天皇 上島 享
＊三条天皇 倉本一宏
藤原薬子 中野渡俊治
＊藤原良房・基経 瀧浪貞子
菅原道真 竹居明男
＊紀貫之 神田龍身
源高明 所 功
＊安倍晴明 斎藤英喜
藤原実資 橋本義則
＊藤原道長 朧谷 寿
＊藤原伊周・隆家 倉本一宏
藤原定子 山本淳子
藤原彰子 朧谷 寿
清少納言 三田村雅子
紫式部 竹西寛子
和泉式部 ツベタナ・クリステワ
大江匡房 小峯和明
＊阿弖流為 樋口知志
坂上田村麻呂 熊谷公男
＊源満仲・頼光 元木泰雄
平将門 西山良平
藤原純友 寺内 浩
最澄 吉田一彦
円珍 岡野浩二
＊空也 石井義長
奝然 上川通夫
＊源信 小原 仁
慶滋保胤 吉原浩人
＊後白河天皇 美川 圭
式子内親王 奥野陽子
建礼門院 生形貴重
＊藤原秀衡 入間田宣夫
平時子・時忠 元木泰雄
平維盛 根井 浄
守覚法親王 阿部泰郎
藤原隆信・信実 山本陽子

鎌倉

源頼朝 川合 康
＊源義経 近藤好和
源実朝 神田龍身
＊九条兼実 加納重文
九条道家 上横手雅敬
北条時政 野口 実
熊谷直実 佐伯真一
＊北条政子 関 幸彦
北条義時 岡田清一
曾我十郎・五郎 杉橋隆夫
北条時頼 山本隆志
北条時宗 近藤成一
安達泰盛 山陰加春夫
平頼綱 細川重男
竹崎季長 堀本一繁
西行 光田和伸
鴨長明 浅見和彦
藤原定家 赤瀬信吾
＊京極為兼 今谷 明
＊兼好 島内裕子
重源 横内裕人
＊運慶 根立研介
快慶 井上一稔
法然 今堀太逸
栄西 中尾良信
慈円 大隅和雄
明恵 西山 厚
＊親鸞 末木文美士
恵信尼・覚信尼 西口順子
覚如 今井雅晴
＊道元 船岡 誠
叡尊 細川涼一
＊忍性 松尾剛次
＊日蓮 佐藤弘夫
一遍 蒲池勢至

夢窓疎石　原田正俊
*宗峰妙超　竹貫元勝

南北朝・室町

後醍醐天皇　上横手雅敬
*護良親王　新井孝重
懐良親王　森　茂暁
*赤松氏五代　渡邊大門
*北畠親房　岡野友彦
楠正成　兵藤裕己
楠正行・正儀　生駒孝臣
*新田義貞　山本隆志
*光厳天皇　深津睦夫
足利尊氏　市沢　哲
*足利直義　亀田俊和
佐々木道誉　下坂　守
細川頼之　亀田俊和
円観・文観　田中貴子
足利義詮　早島大祐
足利義満　川嶋將生
*足利義持　吉田賢司
足利義教　横井　清
足利義政　木下昌規
*大内義弘　平瀬直樹
伏見宮貞成親王　松薗　斉
*山名宗全　山本隆志
細川勝元・政元　古野　貢
畠山義就　呉座勇一
足利成氏　阿部能久

世阿弥　西野春雄
雪舟等楊　河合正朝
宗祇　鶴崎裕雄
*満済　森　茂暁
一休宗純　原田正俊
蓮如　岡村喜史

戦国・織豊

北条早雲　家永遵嗣
北条氏政　黒田基樹
大内義隆　藤井　崇
斎藤氏三代　木下　聡
*毛利元就　岸田裕之
*毛利輝元　光成準治
小早川隆景・秀秋　光成準治
*今川義元　小和田哲男
六角氏四代　村井祐樹
*武田信玄　笹本正治
*武田勝頼　笹本正治
*真田氏三代　笹本正治
*三好長慶　天野忠幸
松永久秀　天野忠幸
*宇喜多直家・秀家　渡邊大門
*上杉謙信　矢田俊文
大友宗麟　鹿毛敏夫
島津義久・義弘　福島金治
*長宗我部元親・盛親　平井上総
浅井長政　長谷川裕子
吉田兼倶　西山　克

山科言継　松薗　斉
*雪村周継　赤澤英二
正親町天皇・後陽成天皇　神田裕理
足利義輝・義昭　山田康弘
織田信長　三鬼清一郎
織田長益　八尾嘉男
豊臣秀吉　藤井讓治
豊臣秀次　矢部健太郎
*北政所おね　田端泰子
*淀殿　福田千鶴
蜂須賀正勝・家政　三宅正浩
前田利家　東四柳史明
山内一豊・忠義　長屋隆幸
*黒田如水　小和田哲男
*蒲生氏郷　藤田達生
石田三成　堀越祐一
*細川ガラシャ　田端泰子
伊達政宗　伊藤喜良
*支倉常長　田中英道
千利休　熊倉功夫
*長谷川等伯　宮島新一
顕如　神田千里
教如　安藤　弥

江戸

*徳川家康　笠谷和比古
本多忠勝　柴　裕之
*徳川家光　野村　玄

徳川吉宗　横田冬彦
*後水尾天皇　久保貴子
後桜町天皇　所　京子
光格天皇　藤田　覚
崇伝　杣田善雄
*春日局　福田千鶴
宮本武蔵　渡邊大門
*池田光政　倉地克直
保科正之　八木清治
シャクシャイン　岩崎奈緒子
*田沼意次　藤田　覚
細川重賢　安高啓明
*二宮尊徳　小林惟司
末次平蔵　岡　美穂子
*高田屋嘉兵衛　生田美智子
*林羅山　鈴木健一
吉野太夫　渡辺憲司
中江藤樹　辻本雅史
熊沢蕃山　川口　浩
*山崎闇斎　澤井啓一
山鹿素行　前田　勉
*北村季吟　島内景二
伊藤仁斎　澤井啓一
貝原益軒　辻本雅史
*ケンペル　B・M・ボダルト＝ベイリー
新井白石　大川　真
荻生徂徠　柴田　純
*雨森芳洲　上田正昭
石田梅岩　高野秀晴
白隠慧鶴　芳澤勝弘

前野良沢　松田　清
平賀源内　石上　敏
本居宣長　田尻祐一郎
杉田玄白　吉田　忠
木村蒹葭堂　有坂道子
*大田南畝　沓掛良彦
菅江真澄　赤坂憲雄
*鶴屋南北　諏訪春雄
良寛　阿部龍一
*山東京伝　佐藤至子
*滝沢馬琴　高田　衛
平田篤胤　山下久夫
国友一貫斎　太田浩司
シーボルト　宮坂正英
本阿弥光悦　岡　佳子
小堀遠州　中村利則
狩野探幽・山雪　山下善也
尾形光琳・乾山　河野元昭
*二代目市川團十郎　田口章子
伊藤若冲　狩野博幸
鈴木春信　小林　忠
浦上玉堂　高橋博巳
*佐竹曙山　成瀬不二雄
葛飾北斎　岸　文和
酒井抱一　玉蟲敏子
孝明天皇　青山忠正
*和宮　辻ミチ子
徳川慶喜　大庭邦彦
島津斉彬　原口　泉
横井小楠　沖田行司

*古賀謹一郎　小野寺龍太
*永井尚志　高村直助
*岩瀬忠震　小野寺龍太
*栗本鋤雲　小野寺龍太
大村益次郎　竹本知行
河井継之助　小川和也
*西郷隆盛　家近良樹
由利公正　角鹿尚計
*塚本明毅　塚本学
*月性　海原徹
*吉田松陰　海原徹
*高杉晋作　海原徹
久坂玄瑞　一坂太郎
*ペリー　遠藤泰生
ハリス　福岡万里子
オールコック　佐野真由子
アーネスト・サトウ　奈良岡聰智
緒方洪庵　米田該典

近代

*明治天皇　伊藤之雄
*大正天皇　F・R・ディキンソン
*昭憲皇太后・貞明皇后　小田部雄次
大久保利通　三谷太一郎
山県有朋　鳥海靖
木戸孝允　落合弘樹
井上馨　伊藤之雄

*松方正義　室山義正
北垣国道　小林丈広
板垣退助　小川原正道
長与専斎　笠原英彦
大隈重信　五百旗頭薫
伊藤博文　坂本一登
井上毅　大石眞
*井上勝　老川慶喜
*桂太郎　小林道彦
*渡邉洪基　瀧井一博
*乃木希典　佐々木英昭
星亨　小林道彦
林董　奈良岡聰智
*児玉源太郎　小林道彦
*高宗・閔妃　木村幹
山本権兵衛　室山義正
*金子堅太郎　松村正義
高橋是清　鈴木俊夫
小村寿太郎　簑原俊洋
*犬養毅　小林惟司
原敬　季武嘉也
*加藤高明　櫻井良樹
牧野伸顕　小宮一夫
田中義一　黒沢文貴
内田康哉　高橋勝浩
石井菊次郎　廣部泉
平沼騏一郎　堀田慎一郎
*鈴木貫太郎　小堀桂一郎
宇垣一成　北岡伸一
*宮崎滔天　榎本泰子
*浜口雄幸　川田稔

幣原喜重郎　西田敏宏
関一　玉井金五
水野広徳　片山慶隆
広田弘毅　井上寿一
安重根　上垣外憲一
*グルー　廣部泉
*永田鉄山　森靖夫
東條英機　牛村圭
今村均　前田雅之
蔣介石　劉岸偉
石原莞爾　山室信一
木戸幸一　波多野澄雄
近衛文麿　庄司潤一郎
*岩崎弥太郎　武田晴人
伊藤忠兵衛　末永國紀
五代友厚　田付茉莉子
大倉喜八郎　村上勝彦
*安田善次郎　由井常彦
渋沢栄一　武田晴人
中野武営　佐賀香織
益田孝　鈴木邦夫
山辺丈夫　宮本又郎
武藤山治　阿部武司・桑原哲也
池田成彬　松浦正孝
西原亀三　森川正則
小林一三　橋爪紳也
大倉恒吉　石川健次郎
大原孫三郎　猪木武徳
*河竹黙阿弥　今尾哲也
イザベラ・バード　加納孝代
*林忠正　木々康子

*森鷗外　小堀桂一郎
*二葉亭四迷　ヨコタ村上孝之
*夏目漱石　佐々木英昭
徳冨蘆花　半藤英明
巌谷小波　千葉信胤
樋口一葉　佐伯順子
*島崎藤村　十川信介
泉鏡花　東郷克美
上田敏　小林茂
*有島武郎　亀井俊介
永井荷風　川本三郎
北原白秋　平石典子
菊池寛　山本芳明
芥川龍之介　高橋龍夫
*宮沢賢治　千葉一幹
高浜虚子　坪内稔典
与謝野晶子　佐伯順子
*種田山頭火　村上護
*斎藤茂吉　品田悦一
*高村光太郎　湯原かの子
石川啄木　先崎彰容
萩原朔太郎　エリス俊子
*原阿佐緒　秋山佐和子
*狩野芳崖・高橋由一　古田亮
川村清雄　落合則子
*小堀鞆音　小堀桂一郎
竹内栖鳳　北澤憲昭
黒田清輝　高階秀爾
中村不折　石川九楊

横山大観　高階秀爾
*橋本関雪　西原大輔
小出楢重　芳賀徹
土田麦僊　天野一夫
岸田劉生　北澤憲昭
濱田庄司　濱田琢司
*山田耕筰　後藤暢子
松旭斎天勝　川添裕
中山みき　鎌田東二
佐田介石　谷川穣
*ニコライ　中村健之介
*出口なお・王仁三郎　川村邦光
島地黙雷　阪本是丸
*新島襄　太田雄三
新島八重　佐伯順子
木下広次　冨岡勝
海老名弾正　西田毅
嘉納治五郎　クリストファー・スピルマン
柏木義円　片野真佐子
津田梅子　田中智子
*澤柳政太郎　新田義之
河口慧海　高山龍三
山室軍平　室田保夫
大谷光瑞　白須淨眞
*久米邦武　髙田誠二
フェノロサ　伊藤豊
井上哲次郎　井ノ口哲也
三宅雪嶺　長妻三佐雄
*岡倉天心　木下長宏
志賀重昂　中野目徹

徳富蘇峰　杉原志啓
*竹越与三郎　西田毅
内藤湖南・桑原隲蔵　礪波護
*廣池千九郎　橋本富太郎
岩村透　今橋映子
*西田幾多郎　大橋良介
*金沢庄三郎　石川遼子
柳田国男　鶴見太郎
厨川白村　張競
村岡典嗣　水野雄司
大川周明　山内昌之
西田直二郎　林淳
折口信夫　斎藤英喜
シュタイン　瀧井一博
*西周　清水多吉
*福澤諭吉　平山洋
成島柳北　山田俊治
福地桜痴　山田俊治
村山龍平　早房長治
島田三郎　武藤秀太郎
田口卯吉　鈴木栄樹
*陸羯南　松田宏一郎
黒岩涙香　奥武則
長谷川如是閑　織田健志
*吉野作造　田澤晴子
山川均　米原謙
*岩波茂雄　十重田裕一
*北一輝　岡本幸治
*穂積重遠　大村敦志
中野正剛　吉田則昭

*満川亀太郎　福家崇洋
エドモンド・モレル　林田治男
*北里柴三郎　福田眞人
高峰譲吉　木村昌人
田辺朔郎　秋元せき
*南方熊楠　飯倉照平
石原純　金子務
*辰野金吾　河上眞理・清水重敦
*七代目小川治兵衛　尼崎博正
本多静六　岡本貴久子
ブルーノ・タウト　北村昌史

現代

昭和天皇　御厨貴
高松宮宣仁親王　後藤致人
*李方子　小田部雄次
吉田茂　中西寛
マッカーサー　柴山太
鳩山一郎　楠綾子
*石橋湛山　増田弘
重光葵　武田知己
市川房枝　村井良太
*池田勇人　藤井信幸
高野実　篠田徹
和田博雄　庄司俊作
朴正熙　木村幹
田中角栄　新川敏光

宮沢喜一　村上友章
竹下登　真渕勝
*松永安左ェ門　橘川武郎
鮎川義介　井口治夫
*出光佐三　橘川武郎
松下幸之助　米倉誠一郎
渋沢敬三　井上潤
*本田宗一郎　伊丹敬之
井深大　武田徹
*佐治敬三　小玉武
幸田家の人々　金井景子
*正宗白鳥　大嶋仁
*大佛次郎　福島行一
*川端康成　大久保喬樹
*薩摩治郎八　小林茂
坂口安吾　千葉一幹
太宰治　安藤宏
松本清張　杉原志啓
安部公房　鳥羽耕史
*三島由紀夫　島内景二
井上ひさし　成田龍一
R・H・ブライス　菅原克也
柳宗悦　熊倉功夫
バーナード・リーチ　鈴木禎宏
イサム・ノグチ　酒井忠康
熊谷守一　古川秀昭
川端龍子　岡部昌幸

藤田嗣治　林洋子
*井上有一　海上雅臣
*手塚治虫　竹内オサム
古賀政男　藍川由美
*吉田正　金子勇
武満徹　船山隆
*八代目坂東三津五郎　田口章子
*力道山　岡村正史
*西田天香　宮田昌明
安倍能成　中根隆行
サンソム夫妻　平川祐弘・牧野陽子
*天野貞祐　貝塚茂樹
和辻哲郎　小坂国継
矢代幸雄　稲賀繁美
石田幹之助　岡本さえ
*平泉澄　若井敏明
*早川孝太郎　須藤功
安岡正篤　片山杜秀
青山二郎　田野勲
島田謹二　小林信行
田中美知太郎　川久保剛
前嶋信次　杉田英明
*唐木順三　澤村修治
亀井勝一郎　山本直人
知里真志保　北原治郎太
*保田與重郎　谷崎昭男
石母田正　磯前順一
*福田恆存　川久保剛
井筒俊彦　安藤礼二

佐々木惣一　伊藤孝夫
小泉信三　都倉武之
*瀧川幸辰　伊藤孝夫
矢内原忠雄　等松春夫
式場隆三郎　服部正
大宅壮一　有馬学
清水幾太郎　庄司武史
*フランク・ロイド・ライト　大久保美春
*中谷宇吉郎　杉山滋郎
今西錦司　山極寿一

*は既刊

二〇一八年一月現在